"十二五"国家重点出版规划项目
装备综合保障工程理论与技术丛书

装备保障工程
基础理论与方法

于永利 张 柳 著

国防工业出版社

·北京·

图书在版编目(CIP)数据

装备保障工程基础理论与方法/于永利,张柳著.—北京:
国防工业出版社,2015.11
　(装备综合保障工程理论与技术丛书/于永利主编)
　ISBN 978-7-118-10664-0

　Ⅰ.①装…　Ⅱ.①于…②张…　Ⅲ.①武器装备—
军需保障　Ⅳ.①E237

　中国版本图书馆 CIP 数据核字(2015)第 290603 号

※

国防工业出版社出版发行

(北京市海淀区紫竹院南路 23 号　邮政编码 100048)
三河市众誉天成印务有限公司印刷
新华书店经售

*

开本 710×1000　1/16　印张 16　字数 248 千字
2015 年 11 月第 1 版第 1 次印刷　印数 1—2000 册　定价 56.00 元

(本书如有印装错误,我社负责调换)

国防书店:(010)88540777　　发行邮购:(010)88540776
发行传真:(010)88540755　　发行业务:(010)88540717

序

21世纪以来,世界范围内科学技术革命的崛起,信息技术飞速发展并在军事领域广泛应用,有力地冲击着军事领域变革,战争形态逐渐由机械化战争向信息化战争演变,同时对装备保障能力产生的基本形态产生了深刻影响。认真落实习主席"能打仗、打胜仗"指示要求,着眼打赢未来基于信息系统体系作战,我军装备将逐渐形成以军事信息系统为支撑、以四代装备为骨干、以三代装备为主体的装备体系格局。信息化作战需要信息化保障,体系化对抗需要体系化保障。我军装备保障面临着从机械化保障向信息化保障、从单一装备保障向装备体系保障、从线性逐级保障向立体精确保障、从符合性考核向贴近实战考核转变等严峻挑战,未来信息化作战进程中的装备保障实践,对系统科学的装备保障基础理论与方法,提出了时不我待的紧迫要求。

伴随着军事技术和作战形态的发展要求,装备保障理论与技术不断创新发展。针对装备保障的系统研究,在国外始于20世纪40年代中后期,特别是20世纪90年代以来,随着"聚焦保障""基于性能的保障"等新的理念提出,以及相关工程实践的不断深化,装备保障工程在装备全寿命过程中的基础性、全局性的战略地位和作用得到了进一步强化。我国从20世纪70年代末开始引进、消化、吸收外军装备保障先进理念,运用系统科学思想研究装备保障问题,并在装备型号论证研制以及装备保障能力建设工作中不断应用,取得了大量的理论与实践研究成果,极大地推动了装备保障工程发展。经过40多年的研究与实践,装备保障工程在我军装备建设和军事斗争准备中的地位和作用不断升华,已经成为装备保障能力建设的基石,正在深刻地影响着装备保障能力和作战能力的形成与发展。装备保障工程既是型号装备建设的基础性工程,也是装备成系统成建制形成作战保障能力建设的通用性工程,还是作战进程中装备保障实施的重要技术支撑。

装备保障工程是应用系统科学研究解决装备保障问题的学科和技术,是研究装备全寿命过程中战备完好与任务持续能力形成与不断提高的工程技术。它运用系统科学与系统工程的理论和方法,从系统的整体性及其同外界环境的辩证关系出发,分析研究装备使用、装备保障特性与装备保障系统之间的相互作用机理,装备保障特性、保障系统的形成与演化规律,以及相关的理论与方法,并运用这些机理与规律、理论与方法,通过一系列相关的工程技术与指挥管理活动,实现装备的战备完好性与任务持续性以及保障费用与保障规模要求。装备保障工程技术包括装备保障特性工程、装备保障系统和装备保障特性与保障系统综合等技术。

为了积极适应未来信息化作战对装备保障提出的要求,我们组织人员对军械工程学院维修工程研究所十余年来在装备保障工程领域的科研成果进行了系统的总结,形成了装备保障工程系列丛书(共 22 本,其中有 16 本列入“十二五”国家重点出版规划项目),旨在为装备型号论证研制以及部队面向实战装备保障与运用提供理论和技术支撑。

整套丛书分为基础部分、面向型号论证研制关键技术部分和面向部队作战训练关键技术部分。

基础部分,主要从装备保障的哲学指导、装备保障作用机理以及装备保障模型体系等方面,构建完善的装备保障工程基础理论,打牢装备保障工程技术持续发展的基础,包括《装备保障论》《装备保障工程基础理论与方法》《装备保障工程技术型谱》《装备综合保障工程综合数据环境建模与控制》《装备保障系统基础理论与方法》《装备使用任务模型与建模方法》和《装备作战单元维修保障任务模型与建模方法》。

面向型号论证研制关键技术部分,主要从装备保障的视角出发,解决装备论证、研制过程中保障特性与保障系统规划、权衡和试验验证等问题,包括《装备保障体系论证技术》《型号装备保障系统规划技术》《型号装备保障特性与保障系统权衡技术》《型号装备保障特性试验验证技术》和《现役装备保障特性评估技术》。

面向部队作战训练关键技术部分,主要面向部队作战训练从维修保障需求确定、维修保障方案制定、维修保障方案评价和维修保障力量动态运用等方面构建完善的技术方法体系,为面向实战的装备保障提供方法手段,包括《装备作战单元维修保障要求确定技术》《装备作战单元维修保障力量编配技术》《装备作战单元维修保障资源预测技术》《装备作战单元维修保障建模与仿真》《装备作战单元维修保障能力评估方法》《装备作战单元维修保障力量运用》《装备作战单元保障方案综合评估方法》《基于保障特性的装备需求量预测方法》《多品种维修器材库存决策优化技术》和《面向任务的维修单元专业设置优化技术》。

着眼装备建设和军事斗争准备迫切需求,同时考虑到相关研究工作的成熟性,本丛书率先推出基础部分和面向部队作战训练关键技术部分的主要书目,今后随着研究工作和工程实践的不断深入,将陆续推出面向型号论证研制关键技术部分。

装备保障工程是一门刚刚兴起的新兴学科,其基础理论、技术方法以及工程实践的开展远没有达到十分成熟的阶段,这也给丛书的编著带来了很大的困难。由于编著人员水平有限,这套丛书不可避免会有很多不妥之处,还望读者不吝赐教。

丛书编委会
2015 年 11 月

前　言

　　装备保障工程是装备成系统成建制形成保障能力和作战能力的战略性、全局性和基础性工程,其基础理论与方法是推动装备保障工程内涵发展、创新发展、跨越发展和持续发展的根本源动力。通过基础理论研究揭示装备保障工程客观存在的现象及规律,明确各种因果关系和原理关系,奠定装备保障工程发展的基础。

　　本书是在认真总结国内外装备保障相关研究的成果和工程实践,以及军械工程学院维修工程研究所装备保障团队10多年来研究工作的基础上编写完成的。装备保障工程基础理论与方法是装备全寿命过程开展保障工作的重要基础性指导,对装备保障工程技术体系建设具有重要的意义。本书从装备使用、装备保障特性和装备保障相互作用机理出发,重点分析研究了装备保障工程概念内涵,分别建立了使用任务、保障特性、保障系统以及相互作用的关系模型,分析了相互作用的基本规律,明确了装备保障工程全寿命实践基本问题与方法,奠定了装备保障工程应用技术体系研究的基础。

　　全书共分8章。第1章明确了装备保障工程的地位与作用,分析了国内外研究动态,给出书中主要内容要点;第2章分析了装备保障工程的概念内涵,分析了基本作用机理和基本问题,构建了基础理论与技术体系框架;第3章明确了任务系统定性定量描述,给出了模型和建模方法,分析了模型全寿命演化;第4章明确了保障对象系统保障特性的定性定量描述,给出了模型和建模方法,分析了模型全寿命演化;第5章明确了保障系统定性定量描述,给出了模型和建模方法,分析了模型全寿命演化;第6章明确了作用机理的定性定量描述,给出了模型和建模方法,分析了作用机理的基本运行规律、模型的全寿命演化;第7章分析了瞬时可用度波动现象,给出了波动的定量描述,分析了波动影响因素,明确了波动产生的机理;第8章明确了全寿命实践的两类基本问题,即稳态问题和动态问题,给出问题的数学描述,并对动态问题进行了实例研究。

本书由军械工程学院维修工程研究所于永利、张柳撰写,于永利负责全书的统稿和修改。军械工程学院维修工程研究所董岳博士、封会娟博士、刘文武博士,以及南京理工大学杨懿博士、王立超博士的学位论文对本书的撰写起到十分重要的作用,在此深表感谢。

在本书的撰写过程中得到了军械工程学院李三群、郝建平的大力支持,提出了许多宝贵意见,为出版本书提供了十分有益的帮助,对此深表感谢。

由于编者水平有限,书中缺点和不妥之处在所难免,恳请读者批评指正。

作　者

2015 年 10 月

目　录

第1章　绪　　论

1.1　装备保障工程的地位与作用

装备保障工程是在装备全寿命过程中研究其战备完好与任务持续能力的形成与不断提高的理论与技术方法,其核心是研究装备使用、装备保障特性(如可靠性维修性保障性)与装备保障系统之间的相互作用以及装备保障特性、保障系统的形成与发展规律等问题。

装备保障工程的概念是20世纪90年代我国可靠性维修性保障性领域的专家在总结美军综合后勤保障以及装备保障特性工程发展历程的基础上,根据我国武器装备建设与军事斗争准备的需求,按照系统科学的思想创造性地提出的。经过20多年的发展实践证明,装备保障工程在武器装备建设与军事斗争准备过程中具有全局性、基础性、战略性和基础性的地位与作用。

装备保障特性和装备保障系统的属性是武器装备重要的战术技术指标,是武器装备全系统的固有设计属性,是影响装备整体性能技术指标发挥和保持的内在根本因素。在作战指挥中,装备保障特性和装备保障系统的属性是合理运用装备、实现作战目标的重要决策依据。例如,导弹的发射可靠度、飞行可靠度表征了导弹成功完成预定作战任务的可信程度;军用飞机的出动架次率、再次出动准备时间直接关系到投入作战飞机的种类和数量,因而保障特性是武器装备战斗力的"倍增器"。在装备保障指挥中,装备保障特性和装备保障系统的属性是确定装备保障预案,计算预测完成作战任务需携行装备、备品备件的品种和数量,筹划维修和测试设备的数量,组织维修保障力量的决策依据,是做好装备技术保障工作的重要基础和依据。例如,平均故障间隔时间、平均修复时间、平均预防性维修时间、保障力量的运用方式等是决定装备

1

维修保障费用、影响维修保障力量的直接因素。因此,在未来信息化战争和军事斗争准备中,装备保障工程工作将直接作战和保障指挥行动,具有重要的战略性地位和作用。

当前,我军武器装备建设已从测绘仿制转向自主研制。装备建设以测绘仿制为主,装备质量建设的重点就是生产过程质量控制;装备建设以自主研制为主,装备质量建设的重点就是研制过程质量控制,而装备保障工程中的保障特性工程则是实施研制过程质量控制的核心。我军武器装备建设正从转机械化向信息化,在装备机械化建设中,建设的重点之一就是要提高单一装备的保障特性和保障能力,在装备信息化建设中,不仅要提高单一装备的保障特性,更要提高装备体系的保障特性和保障能力。在这一过程中,装备保障工程具有全局性的地位与作用。

装备保障特性工程能力是装备研制过程中装备保障特性形成的重要支撑,是装备研制单位承担装备研制任务的核心竞争力,也是国防科技工业技术基础能力的重要组成部分。装备的保障特性水平和保障能力是开展竞争、进行评价、实施监督、落实激励的重要依据。因此,在提升国防科技工业基础能力和加快部队装备作战能力和保障能力形成过程中,装备保障工程具有基础性的地位和作用。

装备保障工程基础理论围绕着装备战备完好与任务持续能力形成以及持续提高的规律认识,从单一属性和综合属性研究的角度出发,可以有两个层次:装备保障工程综合基础理论以及装备保障特性工程基础理论和装备保障系统基础理论。

装备保障工程综合基础理论主要研究任务系统、保障对象系统和保障系统之间的相互作用机理,以及上述三个系统对战备完好与任务持续能力以及保障费用与保障规模的影响,为研究对象域中各层次研究对象的战备完好与任务持续能力的设计、分析与评估及持续改进奠定理论基础。保障特性工程基础理论主要研究装备的故障"发生"(可靠性)、"发现"(测试性)的机理与规律、故障"恢复与预防"(维修性)过程的机理与规律、故障引发的事故"发生"与"控制"(安全性)的机理与规律以及"保障系统资源特性与装备的保障特性"相互作用(保障性)的机理与规律,为装备"好保障"奠定理论基础。保障系统基础理论主要研究装备保障物资资源、人力资源、信息资源、保障组织机构和保障法规制度等要素的相互作用影响规律,为保障系统实施持续改进,提高运行效率,最大限度满足装备保障需求,确保装备"保障好"奠定理论基础。保障特性工程基础理论针对每个单一特性研究工作比较丰富,保障系统基础理论也有一定的研究,本书重点研究装备保障工程综合基础理论与方法。

1.2　装备保障工程的发展历程与发展趋势

1.2.1　国外发展历程与发展趋势

装备综合保障源于美军的综合后勤保障(Integrated Logistics Support)。美军的综合后勤保障来源于后勤保障(Logistics Support)。在第二次世界大战中,后勤保障问题并没有凸现出来。在第二次世界大战后,美军开始大量装备具有电子设备的装备。美军在朝鲜战争和越南战争中,装备的开箱合格率很低(电子设备大约只有50%),故障率高、备件需求量大,维修工作频繁。美国空军几乎有 1/3 的人员和 1/3 的维修经费用于维修,后勤保障问题十分突出。在寿命周期费用中,保障费用所占比重高达 60% 甚至 70% ~80% ,并有不断增长的趋势,而装备战备完好性却很低,有些飞机能执行飞行的全任务率只有 30% ~40%。这期间美军的后勤保障负担很重,经过认真分析发现,大量的后勤保障问题是装备研制过程中存在的"先天缺陷"。因此,1964 年 6 月,美国国防部首次颁布了指令性文件 DoDI 4100.35《系统和设备的综合后勤保障要求》,明确规定要在装备设计中同步开展综合后勤保障的管理和技术活动。1968 年,这个文件更改为 DoDI 4100.35G《系统和设备的综合后勤保障的采办和管理》,提出了综合后勤保障的 11 个组成要素,其中包括综合后勤保障的 3 个管理要素和 8 个资源要素。初期的综合后勤保障主要强调整个保障体系结构的设计。为了推动综合后勤保障工作的开展,美国国防部于 1973 年 颁布了 MIL – STD – 1388 –1《后勤保障分析》和 MIL – STD – 1388 –2《国防部对后勤保障分析记录的要求》两个重要的军用标准,规定了所有装备均应开展后勤保障分析工作。

1980 年,美国国防部首次颁布了 DoDD5000.39《系统和设备的综合后勤保障的采办和管理》,1983 年又重新颁布该文件,突出了战备完好性要求,明确规定:"综合后勤保障的主要目标是以可以承受的寿命周期费用,实现武器系统的战备完好性目标。"并全面规定了综合后勤保障的政策、程序、职责、组成部分以及采办个阶段的工作内容。这个文件的颁布标志着美军综合后勤保障进入了成熟阶段。

在此期间和之后,美国三军先后颁布了一系列有关综合后勤保障的指令性文件。1972 年,美国空军颁布空军条例 AFR800 - 8《综合后勤保障工作要求》;1987 年,美国海军颁布海军作战部长办公室指示(OPNAVINST)5000.49A《采办过程中的综合后勤保障》;1988 年,美国陆军颁布陆军条例 AR700 - 127《综合后勤保障》。这些文件分别规定了各军兵种开展综合后勤保障工作的政策、程序和职责。

20 世纪 90 年代,美国国防部在总结以往装备采办经验的基础上,于 1991 年颁布了新的采办文件 DoDD 5000.1《防务采办》和 DoDD 5000.2《防务采办管理政策》,将综合后勤保障作为采办的重要组成部分。由此确立了综合后勤保障已经成为整个装备系统采办不可分割的组成部分,主要体现如下:

(1) 将"系统"定义为不仅包括主装备,还包括使用和维修人员、保障基础设施以及其他保障资源组成的保障系统。

(2) 突出了与保障相关特性的地位,将"性能"重新定义为:"系统应具有作战和保障特性。系统的保障特性包括系统作战所必需的设计和保障两个方面的要求。"并规定:"性能指标中必须包括可靠性、维修性、保障性等关键要求。"

(3) 明确提出,贯彻综合后勤保障政策的目标是:"将保障要求有效地纳入系统设计""在采办系统的同时,同步获得装备保障所需的保障系统,以便使部署的装备系统既是易保障的,也是可以得到保障的。"

(4) 明确将后勤保障分析(Logistics Support Analysis, LSA)作为系统工程组成部分。

(5) 有关综合后勤保障的政策、程序更加合理和明确,对装备研制中如何开展综合后勤保障工作给出了明确的规定。

1996 年,美国国防部重新颁布 DoDD 5000.1《防务采办》和国防部条例 DoDD 5000.2 - R《重大防务采办项目和重大自动化信息系统采办项目必须遵循的程序》,其中突出了"采办后勤"(Acquisition Logistics)的概念,以此进一步明确了综合后勤保障的地位以及实现综合后勤保障的途径。同时,规定在武器系统的整个采办过程中应当开展采办后勤的活动,以确保系统的设计和采办能够得到经济有效的保障,并确保提供给用户的装备具备必要的保障资源,以满足平时的战备完好性和战时的使用要求。同年,美国国防部颁布性能规范 MIL-PRF-49605《后勤管理信息要求》,取代 1991 年颁布的 MIL-STD-1388-2B《国防部对后勤保障分析记录的要求》。1997 年 5 月又颁布了 MIL-HDBK-502《采办后勤》,废除了 1983 年颁布的 MIL-STD-1388-1A《后勤保障分析》。"采办后勤"体现军方在保障问题上的主动作用和责任,并不否定由订购方和承制方双方共同完成综合后勤保障工作。采办后勤的内容要比综合后勤保障的内容更突出系统工程过程。

1999 年,美国国防部又颁发了《21 世纪的产品保障指南》,进一步提出产品保障的概念,在继续强调实施全寿命保障重要性以及综合后勤保障作为系统工程过程重要组成部分的同时,着力强调以用户为中心、以武器系统战备完好性和任务持续性驱动,强调军队保障系统的建设以核心保障能力建设为重点,直接把承包商的保障能力纳入到军队的装备保障系统作为军队装备保障系统的重要组成部分。2003 年 5 月美国国防部颁发的最新版本的 5000 系列采办条例将保障特性和持续保障作为武器系统性能的关键要素,并强调在产品和服务的采办和持续保障中,应考虑并在现实可行时采用基于性能的后勤(Performance Based Logistics,PBL)策略作为国防部落实产品保障的优选途径。PBL 适用于新采购、重大改进改型和升级,以及重复采购;项目管理必须确保采用健壮的系统工程过程来提供可靠的系统,同时缩短后勤补给线和降低总使用费用(Total Operation Cost,TOC);在整个寿命周期中必须对持续保障策略定期进行审查,以识别所需的修正和更改,以便及时改进持续保障策略以满足性能要求。

尽管美国国防部相关文件中采用了"采办后勤""基于性能的后勤"等概念,但是在军兵种的一些指令性文件中仍保留了综合后勤保障的概念。出现这些新的概念,综合后勤保障工作不但没有消弱,其内容和内涵反而更丰富全面。美国军方和国防工业部门已经形成了一套在装备采办过程中开展综合后勤保障工作的做法。美军自 20 世纪 60 年代提出综合后勤保障理念,强调同步进行与保障相关属性设计,80 年代开始全面推动中合后勤保障工作,90 年代中后期引入以用户为中心、以武器系统的战备完好性和任务持续性为驱动的综合后勤保障新观念,几十年的不断推陈出新,在装备发展和保障系统的建设上取得了极大的成功。

20 世纪 90 年代初的海湾战争,美军在历时 43 天战争中,F－15C 战斗机在接到命令后不到 53h 内,首批来自美国弗吉尼亚州兰利空军基地第 1 战术联队的 48 架飞机中就有 45 架出现在沙特阿拉伯的地面,显示出了极高的战备完好性和快速部署能力。战争中,部署在西南亚地区的 120 架 F－15C 战斗机总共飞行了 5906 架次,平均每架次飞行时间为 5.19h,能执行任务率高达 93.7%。F－117A 飞机出动了 1300 架次,平均每次出动持续飞行 5.2h,战备完好率达 85.5%。到科索沃战争期间,美军把海湾战争期间每架飞机平均每天出动 3.3 次,提高到每架飞机平均每天出动 3.8 次,增加 15%;任务成功率也大大提高,在海湾战争飞机以炸弹为主,导弹为辅,任务成功率较低;科索沃战争以导弹为主,炸弹含激光制导炸弹为辅,任务成功率达 0.8,其中战斧式巡航导弹、B－2 带空地导弹成功率达 0.85～0.90。

在装备型号的研制方面,美军 F－22 战斗机从方案设计一开始就把保障特性放在与隐身、超声速巡航、推力转向等同等重要的地位。在方案论证中,40% 的工作量用于与保障特性有关的工作,反复进行权衡分析,如为了提高机动性、减少雷达反射面而采用的内埋式武器舱和油箱与飞机的维修性及保障性进行反复多次的权衡。为了满足飞机的保障性要求,其中 F119 战斗机的可靠性要求比现役战斗机 F/A－18 的 F404 发动机高 1 倍。采用机载辅助动力装置、机载制氧及制氮系统、机载综合测试系统和液压驱动的武器发射架,取消了地面电源车、氧气服务车和地面测试车等地面保障设备,大大地改善飞机的自保障能力和部署的机动性。美军 JSF 战斗机更是采用全新的自主保障的理念,从而大大地减少了保障系统的规模,大大地提高了飞机再次出动的能力,如图 1－1 所示。

自海湾战争以来的几次高技术局部战争,美军后勤保障系统的运作也表现出了极高的效率。全球作战保障系统(Global Combat Support System,GCSS)与全资可视化(TAV)系统的有机结合,使得与装备保障相关的运输、供应、维护、人员等方面实现了信息共享,可以给联合指挥官提供一个"点到点"管理和监控作战单元、人员和装备的能力,为战略、战役和战术各个层次的军事行动和保障人员提供急需资源的可视化信息。例如,在伊拉克战争开始后,美国空军 F－16 战斗机控制联合直接攻击炸弹(JDAM)的机载软件就出现了问题,隶属美国空军的 416 飞行测试队(FLTS)在接到通知后,只用了不到 30h 就完成了查明问题原因、提出解决方案、重新进行系统测试、对 36 架 F－16 战斗机进行软件改装等

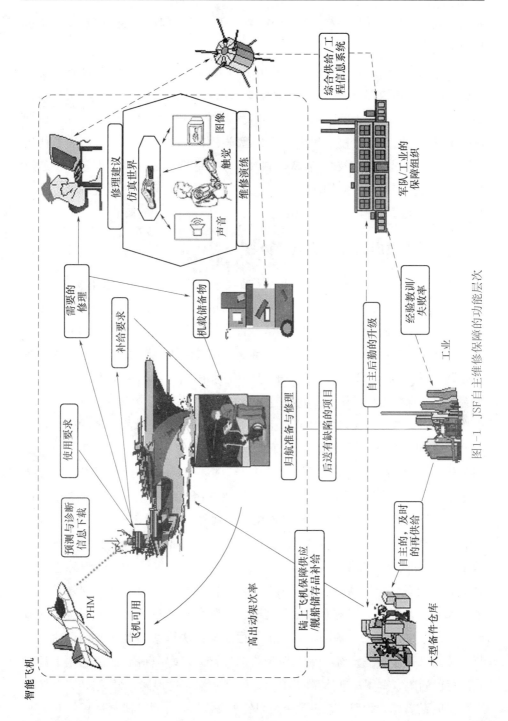

图1-1　JSF自主维修保障的功能层次

一系列软件维护保障任务（过去至少需要一周或几周时间），使这 36 架战斗机又重新投入了战斗。

美军几十年的综合后勤保障工作的实践表明，综合后勤保障是装备系统工程过程的重要组成部分，综合后勤保障要以用户的需求为牵引，要以用户为核心，要根据作战需求的变化不断地丰富和完善综合后勤保障的内涵。综合后勤保障不仅要关心装备研制过程中的相关管理工作和技术，更应该关心装备使用过程中相关管理工作与技术，装备研制过程中的综合后勤保障工作效果要通过装备使用过程中的综合后勤保障工作来发挥，也就是说只有使用过程中综合后勤保障工作及时、正确、完善才能更好地发挥出装备"先天的属性"。

1.2.2 国内发展历程与发展趋势

20 世纪 70 年代以来，我国引进和吸收美军"维修工程"概念及有关的理论，并大力推广应用，为装备保障工程的研究和应用提供了有益的基础。20 世纪 80 年代后期，美军综合后勤保障概念引入我国，考虑到后勤这一概念国内外的不同理解，国内采用"装备综合保障""综合保障"或"装备保障工程"替代了美军"综合后勤保障"。随着综合后勤保障概念的引入，国内组织研究了大量的国外有关综合后勤保障方面的资料，包括美国国防部和三军的指令、指示、条例、标准，以及其他一些指导性技术文件，积极跟踪国外综合后勤保障的发展动态。在充分消化、吸收和借鉴国外经验的基础上，结合我国的实际情况，制定并颁布了GJB 3872《装备综合保障通用要求》、GJB 1371《装备保障性分析》、GJB 3837《装备保障性分析记录》、GJB 1378《装备预防性维修大纲制定要求与方法》、GJB 2961《修理级别分析》、GJB 4355《备件供应规划要求》、GJB 5238《装备初始训练与训练保障要求》和 GJBz 20437《装备战场损伤评估和修复手册的编写要求》等国家军用标准，已经规划和正在制定的有《使用与维修工作分析》《保障方案编制指南》《装备综合保障评审指南》《装备综合保障计划编制指南》《保障设备规划要求》《技术资料规划与编写要求》《装备保障性试验与评价指南》《装备保障性评估程序与方法》《装备保障系统优化程序与方法》《装备战场损伤评估程序与方法》和《装备后续训练与训练保障要求》等国家军用标准，初步建立了具有我国特色的国家军用标准体系；出版了《可靠性维修性保障性总论》《综合保障工程》和《装备综合保障工程》等一系列的著作，为装备型号研制过程中开展装备保障工作打下了坚实的基础。在"九五""十五"和"十一五"期间,根据装备保障全寿命过程的迫切需求,安排了大量的技术攻关项目,已经取得了一些有价值、可以应用的成果。特别是总装备部和国防科工委联合颁布的相关文件,明确规定武器装备全寿命各阶段装备保障工程的工作内容、要求和考核标准,要素齐全、要求明确、责任清晰,具有很强的指导性和操作性,为在装备全寿命过程中,尤其是在装备的使用阶段,开展装备保障工程工作提供强有力的保证。

在装备型号研制过程中,初步开展了可靠性维修性保障性等保障特性的设计与分析、试验与验证,狠抓同步建设和定型阶段保障特性的考核验证,促进装备保障能力的快速形成。例如,新型导弹、新一代机研制过程中狠抓可靠性维修性保障性工作,使得研制试验、试飞工作顺利进行;又如,某型飞机的综合自动检测设备(IATE)项目和部队适应性试验工作,为解决保障问题发挥了巨大作用,这对装备正式交付部队后尽快形成战斗力和保障能力奠定了基础。

在装备使用过程中,对现役装备运用装备保障性分析技术,开展以可靠性为中心(RCM)的维修改革初见成效,为部队的正常训练和战时保障提供了保证。例如,空军的某型飞机定检优化成果,使定检时间由原来的一个月缩短为 15 天左右,飞机完好率上升了 5% ~7% ;再如,某型式坦克采取近百项改进措施,在10,000km 大修间隔中减少一次"中修"、四次"小修"、9 次"保养",使该坦克的战备完好率比改革前提高 39% ,器材费用下降近 27% 。运用装备基本作战单元综合保障分析与评估技术,分析评价了某型号飞机飞行团、某型舰船、某型自行高炮连、反坦克导弹营、防空导弹营等作战单元的综合保障能力,为改进和提高这些装备作战单元保障能力提供了有力的支撑。

然而,由于我国装备保障工程开展得比较晚,国防科技工业的基础能力较差,我军武器装备保障工程水平还比较低,装备的战备完好率和任务完成率都较低,难以形成和保持装备的战斗力。一方面,在我国现役装备使用过程中,表现为故障多、寿命短,使用和维修保障能力薄弱,部署机动性差,装备使用和维修保障费用剧增,难以承受;另一方面,在我国装备研制过程中,表现为缺乏对装备保障要求的科学论证,提出的定性定量要求不全面、不合理;与保障相关的特性设计、分析与试验工作不落实;不能同步配套研制保障资源。上述这些问题的原因是多方面的,有观念认识落后的问题,有组织管理薄弱的问题,也有队伍素质不高的问题。然而,单纯从技术能力的角度上看,当前我国装备保障工程研究领域还存在以下一些问题。

(1)装备保障工程基础理论研究薄弱。装备保障工程作为从美军综合保障引进的概念,长期以来研究工作的重点放到了美军标准体系的消化吸收、制定以及标准的工程应用方面,忽视了装备保障工程基础理论问题的研究,如装备保障对象包括了装备及其保障系统,是典型的复杂系统问题,这个复杂系统的运行规律、系统各层次所表现出的涌现性以及装备作战单元与保障系统之间的匹配机理等问题,都没有进行过深入的研究。这些研究的缺失在工程上的直接表现就是很多问题无从下手,只能依靠经验,如新装备形成保障能力问题,尽管按照提出的各种要求完成了相应的配套建设,但是装备的可用性在相当长的时间内仍存在着较大的波动(图1-2),对于这个问题的解决只能靠经验,当前的理论和方法还不能提供强有力的支撑。

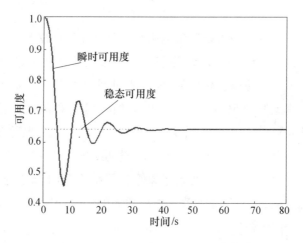

图1-2 装备可用性波动变化示例

(2)装备保障工程技术体系还不完善。装备保障工程技术体系建设,长期以来以面向单一装备研制过程的保障特性设计分析技术为主,同时与保障相关的设计属性(如可靠性、维修性和测试性)的设计分析技术也是以"静态"设计问题为主(设计要求的指标往往是 MTBF、MTTR 以及故障检测率、故障隔离率等),没有相应的"动态"问题设计参数,即表现随时间变化特性的设计参数,这显然与工程实际具有很大的差异。就"静态"问题而言,在定量设计方面也存在着很大的困难,基本上还没有寻求到可控制的设计参数来完成设计。另外,装备作战单元以上层次的研究对象以及保障系统的相关技术基本上都没有进行研究,装备论证与使用过程的装备保障工程技术存在着较大的缺口。

(3) 装备保障工程演示验证技术体系还没有被考虑。装备保障工程能力的提高不仅可以依靠装备保障工程自身的技术来完成,还可以依托其他相关领域的技术进步来推动。尤其是装备保障观念上变化,与技术推动有着密不可分的关系。美军提出的"聚焦保障"的观念与其信息化技术的广泛应用直接相关;在 JSF 战斗机中采用全新的"自主保障"的理念更是信息化、传感器、通信、供应链、故障预测、自动识别、智能材料以及虚拟现实等技术的共同推动。显然,这是运用先进技术推动装备保障能力的提高。如何根据未来作战的需要,来分析众多先进技术对装备保障能力提高的影响,规划与引导这些重要支撑技术在装备保障工程中应用是提高装备保障能力的关键。

1.3　本书主要内容及结构

全书主要内容分为四个部分。第一部分为装备保障工程论域分析,主要包括绪论和装备保障工程论域分析等两章内容,明确了装备保障工程的地位与作用,分析了国内外研究动态、装备保障工程的概念内涵、基本作用机理和基本问题,构建了基础理论与技术体系框架;第二部分为"三个系统"模型与建模方法,主要包括保障对象任务系统模型与演化、保障对象系统的保障特性模型与演化以及保障系统模型与演化等三章内容,明确了"三个系统"定性定量描述,给出了模型和建模方法,分析了模型全寿命演化;第三部分为"三个系统"作用机理模型与规律分析,主要包括"三个系统"作用机理模型与演化以及"三个系统"相互作用波动规律等两章内容,明确了作用机理的定性定量描述和波动的定量描述,给出了模型和建模方法,分析了作用机理的基本运行规律、模型全寿命演化、瞬时可用度波动现象以及波动影响因素,揭示了波动产生的机理;第四部分为装备保障工程全寿命实践基本问题与方法,明确了全寿命实践的两类基本问题,即稳态问题和动态问题,给出问题的数学描述,并对动态问题进行了实例研究。本书主要内容及结构关系如图 1 - 3 所示。

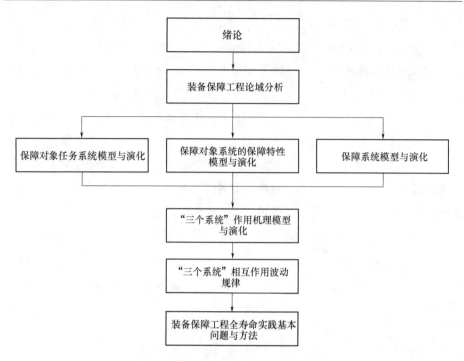

图 1-3　本书主要内容及结构关系

第2章 装备保障工程的论域分析

2.1 装备保障工程概念

2.1.1 装备保障工程定义分析

装备保障工程概念是引进的20世纪60年代产生于美军的综合后勤保障的概念(Integrated Logistics Support，ILS)。美军综合后勤保障的概念，则来源于后勤保障的概念。美军在1998年版的防务采办术语中认为，后勤保障是应用一种完善、综合的方法对在役装备的正常使用提供所必需的各种供应、修理和维护。显然，美军后勤保障的概念着力强调现役装备使用过程的保障问题，没有涉及到装备的全寿命过程，这与我军装备保障的概念十分一致。然而，20世纪60年代美军从现役装备使用中暴露了大量的保障问题中分析发现，装备研制的早期是很大保障问题产生的根源。由此，美军提出了综合后勤保障的概念，这个概念经过了长期的修改完善，到20世纪90年代，美军将综合后勤保障纳入国防部指令文件DoDI5000.2《防务采办管理政策和程序》，确定将综合后勤保障作为装备采办工作的一个不可分割的组成部分。在这个文件中综合后勤保障的定义是：综合后勤保障是进行下述工作所必需的、有秩序的、统一的并反复进行的管理和技术活动。在系统和设备的设计中综合考虑保障要求；制定与战备完好目标、设计以及两者之间相互一致的保障要求；采办所需的保障；在使用阶段以最低费用提供所需要的保障。

我军自20世纪80年代引进美军综合后勤保障概念以来，紧密结合我军装备保障实际，深入系统地研究了美军的概念，提出具有我军特色的装备综合保障的概念，在GJB 1371《装备保障性分析》指出：装备综合保障是实施下列管理和技术活动所必需的一种工程方法。

（1）在系统和设备设计中综合考虑保障问题。

（2）制订与战备完好目标、设计及相互间有最佳关系的保障要求。

（3）获得系统和设备所需的保障。

（4）在使用过程中，以最低的费用和人力提供所需的保障。

在 GJB 3872《装备综合保障要求》指出：装备综合保障是在装备寿命周期内，为满足系统战备完好性要求，降低寿命周期费用，综合考虑装备保障问题，确定保障性要求，进行保障性设计，规划并研制保障资源，及时提供装备所需保障资源的一系列管理和技术活动。随着装备综合保障工作在装备全寿命过程中的全面开展，装备综合保障概念也不断深化。

近年来，由于装备综合保障概念里"综合"的含义在国内、军内各领域理解上存在着较大的误区，如美军综合后勤保障中"综合"的含义主要是指装备全系统全寿命涉及保障工作的"综合"，而我军当前的理解"综合"有时含义过于宽泛，往往会涉及到作战、后勤等保障工作，因此为了避免对"综合"理解上造成的混乱，我们提出了装备保障工程的概念。

装备保障工程是在装备全寿命过程中研究其战备完好与任务持续能力的形成与不断提高的理论与技术方法。它运用系统科学与系统工程的理论和方法，从系统的整体性及其同外界环境的辩证关系出发，分析研究装备使用、装备保障特性与装备保障系统之间的相互作用机理，装备保障特性、保障系统的形成与发展规律，以及相关的理论与方法，并运用这些机理与规律、理论与方法，通过一系列相关的工程技术与指挥管理活动，实现装备的战备完好性与任务持续性以及保障费用与保障规模要求。

显然，这个定义涵盖了 GJB 1371《装备保障性分析》和 GJB 3872《装备综合保障要求》对装备综合保障的定义，同时进一步深化了装备保障工程在全寿命过程中所表现出的内涵。

自 20 世纪 50 年代以来，可靠性、维修性、保障性、耐久性、抢修性、安全性、环境适应性和经济可承受性等概念及其工程技术，陆续走入人们的视野。经过多年的发展，人们认识到这些特性与装备保障密切相关，而且这些特性在形成过程中相互作用、相互影响，对装备使用过程中保障能力的形成有着重要的影响，已成为装备质量的重要组成部分。从装备保障的角度出发，通常把这组与装备保障密切相关的装备质量特性称为装备保障特性（或与保障相关的特性）。装备保障系统则是由各种与装备使用与维修保障相关的要素构成的有机整体,一般包括保障物资资源、人力资源、信息资源、保障组织机构和保障法规制度等。

2.1.2　装备保障工程的内涵

从这个定义可以看出,装备保障工程是一项以系统工程为核心的管理和技术活动,是面向装备全寿命周期的技术和管理活动。装备保障工程的核心体现在综合考虑装备保障问题。

定义表明,装备保障工程的目标是:满足系统战备完好性和任务持续性要求,降低寿命周期费用和保障规模需求,也就是常讲的"两高,两低"。

装备保障工程的研究对象是:装备全系统,即要同时考虑装备以及装备的保障系统,而且研究范围要按照装备的使用要求,成系统、成建制地研究。不仅要关心装备的相关属性,还要关心装备保障系统的有关问题。

装备保障工程的研究时域是:装备全寿命周期,突破了装备保障只是关心装备使用过程问题的传统观念。

装备保障工程的具体工作是:在全寿命过程中确定保障要求,进行与保障相关的设计,规划并研制保障资源,及时提供装备所需保障资源。

全寿命过程中确定保障要求,不仅是在论证阶段要根据装备的使用要求,确定装备的保障要求,而且在装备的使用过程中,要根据装备的作战与训练任务要求,确定成系统、成建制的装备作战单元的保障要求。

全寿命过程中进行与保障相关的设计,规划并研制保障资源,不仅是在装备的研制阶段根据装备的保障要求,进行装备与保障相关的属性(如可靠性、维修性、保障性和测试性等属性)和保障系统的设计,规划保障资源,而且更要在装备使用过程中,根据装备的作战与训练任务要求,研究装备作战单元动用数量的确定、保障资源配置的规划、保障资源的获取策略等,简言之还要开展装备使用过程中成系统、成建制的装备作战单元保障能力评估、保障方案与保障行动计划的制定等工作。

2.1.3　装备保障工程与几个相关概念的关系

除在国家军用标准中明确的装备综合保障概念以外,当前我国当前还有很多与装备保障工程比较接近的概念,主要有装备保障、装备技术保障、作战保障、后勤保障等。

装备保障是军队为使所编配的武器装备顺利遂行各种任务而采取的各项保障性措施与组织指挥活动。显然,装备保障的概念与美军后勤保障的概念基本一致,是考虑现役装备的保障问题。装备保障主要包括装备供应保障和装备技术保障两部分。装备供应保障是指军事装备的筹措、储备供应及维修器材的筹措与供应的各种活动的统称。

装备技术保障是指装备从接受到退役报废,为保证装备达到和保持规定的技术状态所采取的管理与技术措施的总称。装备技术保障在我军装备保障领域相当长时间里是一个专有名词,原指技术性保障工作,后来被广泛使用,其中包含了我军后勤保障中的物资保障,使得这个概念产生了一定程度的混淆。装备综合保障包括装备使用保障和装备维修保障,有效地避免这个问题。

作战保障是军队为顺利遂行作战任务而采取的各项保证性措施与进行的相应活动的统称,主要包括情报侦察、通信、三防、工程、电子防御、气象水文、测绘等保障。

后勤保障为满足军队建设、作战和生活需要,各种后勤专业采取的各项保证性措施与进行的相应活动的统称,主要包括经费保障、物资保障、卫生保障、交通运输保障、工程建筑与营房保障等。

显然,作战保障与装备保障工程不相关。后勤保障中的物资保障、交通运输保障、工程建筑与营房保障等与装备综合保障中的装备使用保障有一定的关系,如装备的油料保障、装备部署的运输保障、保障设施建设的营房保障等。

2.2　装备保障工程的基本作用机理

在现代质量观中,装备保障是装备质量关键要素之一,主要涉及可靠性、维修性、测试性、保障性、耐久性、环境适应性和安全性等保障属性。这些属性都有自身的运作规律。可靠性、耐久性与环境适应性从不同角度对装备的故障特性进行刻画与描述,揭示的是装备故障"发生"的规律。测试性是对装备性能的可观测性进行刻画与描述,揭示的是故障"发现"的规律。维修性是对装备性能(功能)的恢复进行刻画与描述,揭示的是故障"恢复与预防"过程的规律。保障性是对装备的保障过程进行刻画与描述,揭示的是保障系统的保障资源与装备相关设计特性相互作用规律。安全性是对装备的事故特性进行刻画与描述,揭示的是装备事故"发生"与"控制"规律。装备保障工程是上述装备保障特性的综合反映,而且综合揭示了装备保障特性、装备保障系统运行与装备使用之间的相互作用的规律。装备使用是一切保障活动的驱动,装备保障特性是开展保障活动的基础,装备保障是高效推动保障活动的载体,它们相互影响不可替代,共同支撑装备保障工作工程目标的实现(图 2 - 1)。

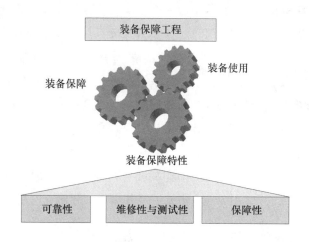

图 2 - 1　装备保障、装备使用与装备保障特性之间的关系

　　装备保障工程的总目标是提高装备的战备完好性和任务持续性,缩减保障规模和降低保障费用。实现战备完好性与任务持续性要求,必须以装备保障特性和保障系统为支撑。围绕保证装备战备完好性和任务持续性,保障各个特性之间,存在相互约束、相互支撑、相互协调的关系。安全性是以"事故"为核心,通过确保装备使用安全、故障安全、保障安全,对可靠性、维修性、保障性、测试性形成约束。保障性作为与装备保障系统的"交互接口",为维修性和测试性提供支撑条件。战备完好性和任务持续性的实现,靠单个通用质量特性是难以保证的,必须依靠特性之间的相互协调。为此,在装备论证中,应从战备完好性、任务持续性出发,统筹提出各特性的要求,不能片面强调单个特性;在装备方案设计中,要充分考虑各特性指标实现的技术可行性、经费约束等,做好各个特性指标间的权衡。

2.3 装备保障工程的基本问题

装备保障工程就是运用系统工程的方法,解决全寿命过程中与装备保障的相关问题。装备全寿命过程涉及论证、研制、生产、使用、退役和报废等几个阶段。装备的全寿命过程中与装备保障相关问题的研究涉及到装备体系、装备作战单元、装备基本作战单元和装备等几个层次。从装备保障的角度来看,这几个层次都属于保障对象。显然,保障对象及其保障系统之间的运作是以作战或训练赋予保障对象的任务为牵引的。换句话讲,作战任务驱动了装备的使用,而装备的使用牵动了装备保障。反之,保障系统运行会影响保障对象的状态,保障对象的状态会影响作战任务的完成,另外保障系统的相关属性会直接影响到作战任务的决策。从这个意义上看,装备保障工程研究对象是作战任务、保障对象以及保障系统所构成的复杂系统问题,可以把作战任务、保障对象以及保障系统分别看作为这个复杂系统的子系统,即作战任务系统、保障对象系统和保障系统。这三个子系统相互关系(图2-2)构成了装备保障工程研究的基本问题。

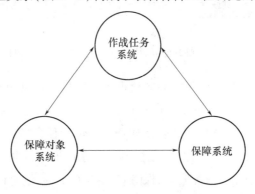

图2-2 作战任务系统、保障对象系统与保障系统的相互关系

(1)面向装备全寿命过程的作战任务系统、保障对象系统和保障系统的概念体系问题,主要涉及不同层次的作战任务、保障对象以及保障系统的定义、定义的相互衔接与一致性等问题。

(2)作战任务系统、保障对象系统与保障系统的自身运行机理及相互作用机理问题。

（3）作战任务系统和保障对象系统的保障相关特性及保障系统属性概念体系问题。

（4）作战任务系统和保障对象系统的保障相关特性及保障系统属性的内、外因影响分析及作用机理问题，主要涉及这个复杂系统各层次表现出的有关装备保障问题的涌现性如何把握问题，这些层次的各种特性、属性的定义及这些概念的完备性问题。

（5）作战任务系统、保障对象系统和保障系统的建模方法学与模型框架问题。

（6）作战任务系统和保障对象系统的保障相关特性及保障系统属性多层次参数体系确定方法学问题与参数体系框架问题。

（7）作战任务系统和保障对象系统的保障相关特性及保障系统属性多层次模型体系的建模方法学与模型体系框架问题，尤其是这些特性、属性之间关系的"动态"模型框架的问题。

（8）作战任务系统、保障对象系统及保障系统所构成的复杂系统的系统理论与方法问题。

2.4 装备保障工程理论与技术体系

1. 装备保障工程的基础理论框架

围绕装备保障工程研究的 8 个基本问题，可以构建出装备保障工程基础理论框架，如图 2-3 所示。该框架以复杂系统的系统理论与方法为基础，从三个系统的概念体系出发，通过系统的运行机理、作用机理研究，建立三个系统的特性与属性的概念体系，分析特性与属性的作用机理，在相关方法学研究的基础上，确立参数体系框架并建立相应的模型体系框架。

2. 装备保障工程参数体系与模型体系框架

装备保障工程参数体系与模型体系是定量研究装备保障工程问题的重要基础。装备保障工程参数体系的构架可以从参数类型和保障对象的层次两个方向上形成参数体系的框架，如图 2-4 所示。保障对象层次主要考虑装备、装备基本作战单元、装备作战单元和装备体系等层次。参数类型主要考虑作战任务系统的参数、保障对象系统的参数、保障系统的参数和综合参数四个方面。在这四

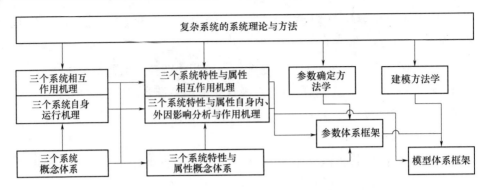

图 2-3　装备综合保障基础理论框架

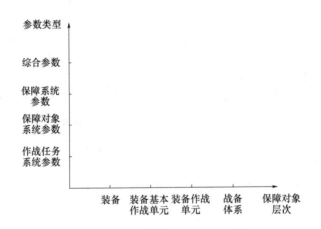

图 2-4　装备保障工程参数体系框架

类参数中,保障对象系统的参数、保障系统参数综合参数在以往的研究中对应在装备这个层次上有比较成熟的研究工作。例如,GJB 1909 系列标准中给出了各类装备的参数,形成了比较完备的参数体系,但是对作战任务系统的参数研究工作较为薄弱。对于装备基本作战单元、装备作战单元和装备体系这几个层次的参数体系,在以往的研究中没有给与足够的重视,国内研究工作较少。美军在作战任务系统参数体系构建方面做了大量的研究工作,代表性的工作是"通用联合作战任务清单"。美军在装备基本作战单元、装备作战单元和装备体系这几个层次的参数体系研究工作方面主要体现在美军军兵种的相关文件中,基本上构成了图 2-4 框架下的完整的参数体系。无论是美军还是国内的研究工作当前都没有给出描述这些系统"动态"特征的参数体系,全部是以"静态"参数体系为主。

　　装备保障工程模型框架集中反映的主要是三个系统的特性、属性与其影响因素(包括内因、外因)之间的客观规律(图 2－5)。其框架主要从模型属性层面和研究对象构成层面来构架。模型属性层面主要考虑系统运行定性描述和逻辑关系以及特性、属性定量关系等。研究对象主要考虑三个系统及其组成的复杂系统两个层次。保障对象的层次关系隐含在参数中。框架的建立和框架中的模型反映的是我们对三个系统及其组成的复杂系统客观规律的认识,与装备寿命周期无关。框架中的模型在保障对象系统的装备层次已经建立了很多成熟的模型,如系统可靠性框图模型、系统可靠性串联、并联定量模型等。综合参数模型在装备这个层次也有一定的工作,如系统的瞬时可用度模型等。这些模型是以"静态"模型为主,主要解决的是一些稳态参数或平均参数的问题。目前,"动态"模型问题已经成为制约我们解决很多工程问题的瓶颈。

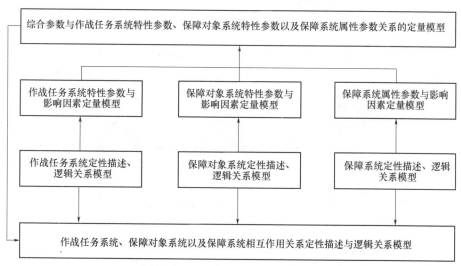

图 2－5　装备综合保障模型体系框架

　　如图 1－2 所示的问题,装备的瞬时可用度已经表现出明显的前期的波动特性,但是现有的参数体系以及模型的相关研究并不能让我们科学地认识到这个问题,更没有手段来分析研究。在这个问题传统的研究工作,关心的是方程是否具有稳定的解,而工程上更为关心的问题是在装备投入运行的前期波动规律是什么规律,是否是可以控制的,怎样实现这种控制。显然,这个需求要求在综合模型的框架中建立相应的控制模型。图2-6反映了实际与期望变化之间的关系,这是建立控制模型的重要基础。

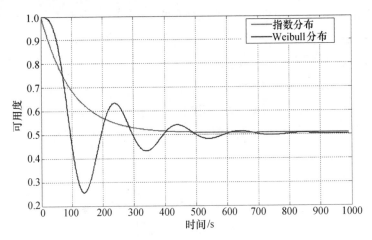

图2-6　可用度实际变化规律与期望变化规律关系

另外,保障对象特性参数模型的研究中,"动态"模型还是比较少见。在可靠性与性能一体化的模型中开始考虑了这种模型问题,而对于维修性、保障性、测试性这些特性而言,还没有"动态"模型。保障系统属性参数的动态模型更是十分罕见。例如,器材满足率、人员在位率、人员称职率等参数明显是随时间变化的函数,但在建模处理中假定为常数,从而建立"静态"模型。

2.5　装备保障工程技术体系的若干问题

1. 装备保障工程技术体系框架

装备保障工程技术体系框架是为在装备寿命周期内全面、系统实施保障工作,提供纵向(时间)相互衔接、横向(组成)层次分明,且能互为支持、不断体现时代特色的完整的技术体系总体描述。从技术体系的层次上,可以分为基础技术体系、支撑技术体系、演示验证以及应用技术体系,如图2-7所示。

基础技术体系着力解决从基础理论的装备保障工程模型框架到各种具体的装备保障工程模型的实现过程中所涉及的各种建模技术,这些技术与装备的寿命周期无关,与建模对象的层次密切相关。

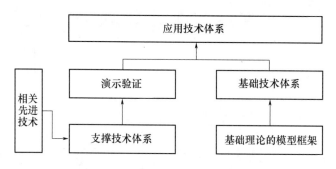

图 2 - 7　装备保障工程技术体系框架

　　支撑技术体系与演示验证着力解决与提高装备保障能力密切相关的先进技术的探索及其在装备保障对象与保障系统中有效运用的可行性,从而规划建立装备保障工程支撑技术体系,进一步综合集成这些支撑技术在一定的环境(保障对象和保障系统)或试验平台下进行演示验证,预测发现新的装备综合保障模式及其新技术。

　　应用技术体系着力解决运用基础技术所建立的模型以及支撑技术体系和演示验证所提出的新的保障模式与技术,实现装备全寿命过程各阶段保障工程的工作目标要求,具体可以分为论证技术、设计分析技术、试验验证技术、生产过程的保证技术以及使用过程中的运用与保障技术等。

2. 装备保障工程基础技术体系

　　装备保障工程基础技术是连接装备保障工程基础理论与装备保障工程应用技术的重要桥梁和纽带。从基础理论的模型框架出发,按照作战任务系统、保障对象系统、保障系统以及三个系统相互作用的定性定量模型总体构想,可以分别确立其建模技术体系,这些建模技术往往与具体的领域建模方法相关,如数学物理方法、控制理论方法、随机理论方法和仿真理论方法等。考虑到保障对象的层次衔接关系,要关注在保障对象层次上反映出来的模型的聚合与解聚技术,从而建立考虑保障对象多层次问题的一体化模型。考虑模型的整体性及其一体化问题,还要特别关注这些模型的数据建模技术,以便建立一体化的装备综合保障数据模型,从而支撑这些模型的一体化运行。基础技术体系的直接输出是给出一套完整的装备保障工程模型,如图 2 - 8 所示。

　　装备保障工程基础技术当前比较成熟的工作集中在保障对象的装备层次,如装备各种与保障相关特性的建模技术(可靠性建模技术、维修性建模技术

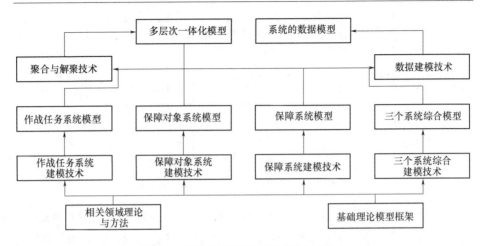

图 2-8　装备保障工程基础技术体系框架

等）。在"十五"期间,维修保障系统的建模技术和面向装备基本作战单元的保障特性建模技术,也取得了一些有益的研究成果。"十一五"期间,关于装备作战单元、装备体系层次的建模技术,以及三个系统的"动态"问题的建模技术、面向装备保障的作战任务系统的建模技术、聚合与解聚技术和针对模型的数据建模技术等研究开始起步。

3. 支撑技术体系与演示验证

装备保障工程支撑技术体系与演示验证是从影响装备保障能力的先进技术的探索、分析、应用可行性研究出发,构建出以先进技术为基础的装备保障工程支撑技术体系,运用演示验证技术(如试验技术、数字仿真技术与半实物仿真技术等)建立装备保障工程支撑技术的演示验证平台,通过演示验证平台对支撑技术演示验证,确定提高装备保障能力明显的支撑技术组合,预测支撑技术组合的发展方向,为进一步提高装备保障能力提供强有力的先进技术保证,如图 2-9所示。装备保障工程支撑技术体系属于先进技术推动装备保障能力提高的范畴,但不是任何先进技术都能用于装备保障能力的提高,所以要通过演示验证确定出确实有效的技术,并进行优化组合,从而确保先进技术的运用能够达到最佳效果。

装备综合保障支撑技术体系与演示验证在国内基本上没有开展任何研究工作。美军在最近提出的"自主保障"的理念以及故障预测与健康管理在 F-35战机上的应用,充分表明美军在这方面做了很多有益的工作,建立较为完善的装

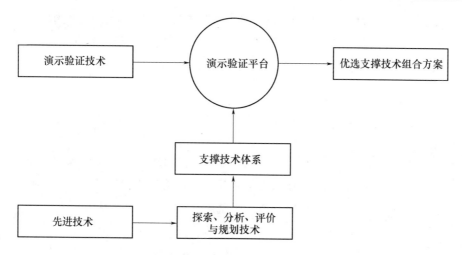

图 2 - 9　装备保障工程支撑技术体系与演示验证框架

备保障工程支撑技术体系以及良好的演示验证平台,为先进技术推动装备保障能力的提高提供了非常完善的环境。国内这方面研究工作的差距还很大,严重地制约了装备保障在先进技术推动下实现能力的快速提高。

4. 装备保障工程应用技术体系

装备保障工程应用技术是实现全寿命过程中各个阶段装备保障工程目标的重要手段和工具。装备保障工程应用技术体系框架可以装备全寿命过程各个阶段的保障工程工作(论证、设计与分析、试验与验证、生产过程保证和使用过程运用与保障)和保障对象层次(装备体系、装备作战单元、装备基本作战单元、装备),两个方面来构建,如表 2 - 1 所列。

表 2 - 1　装备综合保障应用技术体系框架

寿命阶段技术 保障对象层次	论　证	设计与 分析	试验与 验证	生产过程 保证	使用过程运用 与保障
装备体系					★
装备作战单元					★
装备基本作战单元	★				★
装备	★	★	★	★	★

注:★表示已经完成或正在研究的技术

装备保障工程应用技术是装备保障工程技术体系中研究最多、最为成熟、工程上应用最为广泛的技术体系,特别是其装备层次的技术研究已经相当成熟。从表 2-1 中可以看出,装备以上层次的研究工作空白还比较多。

2.6　本章小结

本章从装备保障工程概念引入入手,分析了概念的内涵外延以及相关概念,明确了装备保障工程的作用机理,提出了装备保障工程研究的基础问题,构建了理论与技术体系,为基础理论研究奠定了基础。

第3章　保障对象的任务系统模型及演化

3.1　任务系统定性定量描述

目前许多学者在作战领域的研究中,提出了很多描述作战任务和作战行动的参数,他们在提出这些参数时大多立足作战本身,对装备作战单元使用过程描述欠充分,且对装备保障相关问题的研究考虑较少,因此需要在现有作战任务参数的基础上,增加与装备保障相关,但未包含在现有作战任务参数体系中的参数。

3.1.1　现有作战任务和作战行动参数分析

结合现有的作战任务和作战行动参数特点,将其分为任务威胁、任务目的、任务主体、任务时间、任务空间、任务方式6类参数。

1. 任务威胁参数

任务威胁参数是描述任务期间敌方活动的参数,主要包括敌作战力量、敌作战目的、敌主要行动方向、敌防御重点、敌可能的行动方式和步骤、敌攻击强度。

2. 任务目的参数

任务目的参数是描述装备作战单元作战使用目标的参数,包括描述作战效果、作战目标等参数。其中,作战效果是期望的结果或效果,按照作战任务不同可以分为不同的描述参数,如命中率、毁伤程度、发现概率、作战效能、任务完成概率等。作战目标是作战所要打击的对象或要夺占的地域,包括打击目标的种类、纵深等。

3. 任务主体参数

任务主体参数是描述装备作战单元相关的参数,主要包括兵力编成、动用装备的种类及数量、装备的战术技术指标、消耗弹药种类和数量等。

4. 任务时间参数

任务时间参数是与使用任务时间相关的参数,主要包括任务持续时间、任务开始时间、任务结束时间、任务最早开始时间、任务最早结束时间、任务最迟开始时间、任务最迟结束时间。

任务通常都具有明确的开始时间、结束时间和持续时间,但由于任务性质不同,任务持续时间通常是不确定的。例如,作战持续时间有时很难准确得到,一般可以按照传统的方法以实战经验来估算。再如,陆军某集团军阵地进攻战役有一个概略的进攻速度,就是一昼夜8km。因此,对于这种进攻任务来说,任务的结束时间具有不确定性,就存在最早结束时间和最迟结束时间。由于作战任务具有连续性和阶段性,因此后续阶段的开始时间也存在不确定性,需要用最早开始时间和最迟开始时间来进行描述。

5. 任务空间参数

任务空间参数是描述作战区域、战场环境、作战方向的参数。其中,作战区域参数包括使用任务执行地域、海域、空域等空间位置和形状的描述。战场环境参数包括对自然环境、社会环境和人工环境的描述,自然环境包括对地形、天候、季节、水文、气象等的描述;社会环境是指以人为主体的社会文化环境,包括描述对作战和装备保障有影响的政治、经济、人口、文化、战区交通、地方武装、支前的组织能力等方面;人工环境根据战斗、训练需要而构建于自然环境之上的环境,主要包括工事、障碍物、通路、机场、电磁环境。作战方向参数是对军队遂行作战任务的行动方向的描述,按作战类型,可分为进攻作战方向和防御作战方向;按在作战中的地位,也分为主要作战方向和次要作战方向。

6. 任务方式参数

任务方式参数包括对作战类型、作战样式、基本战法、执行方式、协同配合方式的描述。

作战类型是作战行动的性质,一般可以分为进攻和防御两大类。作战样式是按敌情、地形、气候等不同情况,对作战类型的具体划分。基本战法主要包括达成任务目的的途径、采取的步骤等。执行方式是作战力量执行使用任务的方法和形式。协同配合方式是各种作战力量按照统一的协同计划在行动上的协调配合。按范围,分为战略协同、战役协同和战术协同;按军兵种,分为军种之间的协同、兵种之间的协同等。

3.1.2 考虑装备保障的使用任务参数分析

下面分别分析现有描述作战任务的各个参数是如何影响装备保障的,然后分析现有作战任务参数对这些影响的描述程度是否充分。如果现有作战任务参数对这些影响的描述不够充分,则需要对现有作战任务参数进行补充;如果现有作战任务参数对装备保障分析已经充足,则无需补充。

1. 任务威胁参数

任务威胁是牵动使用任务的重要外部因素,使用任务威胁参数如表 3 - 1 所列。

表 3 - 1　使用任务威胁参数

参数种类	使用任务威胁参数
敌作战力量	出动的兵力、出动装备的种类和数量
敌作战目的	作战目标
敌主要行动方向	敌行动的主要方向、次要方向
敌防御重点	敌防御的重点目标、重点地域、重点兵力
敌可能的行动	敌可能的行动、行动可能的开始时间、行动可能的结束时间、行动可能的持续时间、行动可能执行的地域
敌攻击强度	攻击的间隔时间、投射弹药的数量

任务威胁是牵动我方作战任务执行的重要因素,作战任务又会牵动装备保障的运行,因而任务威胁对装备保障的影响很大程度上是通过我方的作战任务来产生。任务威胁通过作战任务影响装备保障的同时,也给装备保障力量的野战生存带来了挑战,从而给装备保障防卫也带来了影响。例如,作战部署阶段,敌方如果采取侦察监视等作战活动,伪装、隐蔽等反侦察就是装备保障防卫的重点;作战开始前如果敌方对我实施电子进攻,装备保障的防卫的重点就称为防敌电子干扰和破坏;作战开始后,如果敌方实施远程火力打击,那么伪装隐蔽、构筑防卫工事就成为装备保障防卫的主要内容之一。

从上述分析可以看出,影响装备保障的任务威胁参数主要有敌可能的行动(敌可能的行动、行动可能的开始时间、行动可能的结束时间、行动可能的持续时间、行动可能执行的地域)和敌攻击强度(攻击的间隔时间、投射弹药的数量)两个方面的参数。

2. 任务目的参数

与任务目的相关的现有作战任务参数主要有作战目标和作战效果,描述作战效果的参数有毁伤程度、发现概率、作战效能、任务完成概率等。作战任务不同、武器装备不同,通常用不同的参数来描述其作战目标和作战效果。

作战目标和作战效果很大程度上决定了武器装备的使用情况,如机动的目的地决定了机动的公里数、对打击目标的毁伤程度决定了发射的弹药数,而机动的公里数和发射的弹药数又直接影响武器装备的使用时间,在相同条件下武器装备的使用时间不同对装备保障的影响也不同。

从上述分析可以看出,装备保障比较关注武器装备在不同作战目标和作战效果下的使用时间,而现有作战任务参数对这个方面描述欠充分。为了满足装备保障的需要,添加任务量这个参数用于描述武器装备的使用时间。由于武器装备的种类不同,使用任务的类型不同,其使用时间的度量参数也有差异,如机动任务用机动距离度量,火力任务用发射的弹药数量度量,为了用统一的时间来度量武器装备的工作时间,需要将这种广义时间转换成日历时间,即用月、天、小时、分钟表示。借助转换系数,可以将任务量统一转换为日历时间上,转换关系为

$$T_{日历} = T_{广义}/Q$$

式中: $T_{日历}$ 为日历时间; $T_{广义}$ 为不能以日历时间给出的其他工作时间形式, Q 为转换系数,是根据使用任务的不同而确定的广义时间与日历时间之间的一个时间转换系数,这个转换系数与任务期间武器装备的战技术性能指标有关。因此,将现有作战任务参数与增加的任务参数放在一起进行整理,得到使用任务的目的参数,如表 3 - 2 所列。

表 3 - 2　使用任务目的参数

参数种类	使用任务目的参数
作战目标	作战目标
作战效果	毁伤程度、发现概率、作战效能、任务完成概率等
任务量	机动距离、发射弹药数量等广义时间、日历时间

3. 任务主体参数

与任务执行主体相关的现有作战任务参数主要有:编制装备的种类、型号和数量,动用装备的种类、型号和数量,战术技术性能参数等。战术技术性能参数与装备的种类有关,不同种类的装备描述其战术技术性能的参数也不同,如飞机的飞行马赫数、雷达的发现概率、导弹的最远射程、火炮由行军状态转为战斗状态的时间等,这些参数在武器装备相关的国军标或教科书中可以查到,这里不再

赘述。下面分别分析这些参数对装备保障的影响。

不同种类和型号的装备,其保障方式、保障资源、保障流程等是不同的,同时装备种类不同,装备保障的级别设置也是不同的。装备的数量对装备保障也有影响,武器装备越多,所需的保障资源就越多。部分装备的战术技术性能参数对装备保障会产生影响,如火炮由行军状态转为战斗状态的时间,这些参数的特点是与装备的使用直接相关,从而会给装备保障带来影响。

武器装备是装备保障的客体,武器装备自身的状态将直接影响装备保障活动。因此,除了上述描述任务主体的参数外,还需要增加描述武器装备自身状态的参数,包括装备可靠性维修性参数、任务期间装备损坏情况、装备的新旧程度。

因此,将现有作战任务参数与增加的任务参数进行规整,得到使用任务的主体参数,如表 3 - 3 所列。

表 3 - 3 使用任务执行主体参数

参数种类	使用任务主体参数
装备编制情况	编制装备的种类、型号、数量
装备完好数量	任务开始时刻(或任务期间,或任务结束时刻)完好的装备型号及数量
装备战术技术性能	射程、作战半径、载重量、运行速度、由行军状态转入战斗状态时间、由战斗状态转入行军状态时间等
装备损坏情况	任务期间损坏装备的型号、数量、比例
装备新旧程度	装备的服役时间
装备可靠性	各型装备的任务可靠度、平均故障间隔时间等
装备维修性	各型装备的任务维修度、恢复功能的任务时间等

4. 任务时间参数

与时间相关的现有作战任务参数主要有任务持续时间、任务开始时间、任务结束时间、任务最早开始时间、任务最早结束时间、任务最迟开始时间、任务最迟结束时间。下面分别分析这些参数对装备保障的影响。

任务开始时间、任务最早开始时间和任务最迟开始时间规定了装备保障资源和各级机构完成准备和部署的时限,装备保障的相关工作要在任务开始时间前完成,以确保使用任务能够开始,如装备战损修复、弹药和器材补充。

任务结束时间、任务最早结束时间和任务最迟结束时规定了武器装备使用后的维修、保养等保障活动的开始时间。

任务持续时间决定了装备保障活动的规定或允许的时间,装备保障的各项活动需要控制在任务规定或允许的范围内,否则将会影响任务的完成,如机动任务的维修时间不能太长,否则将影响装备作战单元达到目的地的时间。

从上述分析可以看出,作战任务的上述参数都对装备保障有着不同的影响,不同层次、不同类型的使用任务的时间都可以用这些参数来表示,不需要再添加新的任务参数。

5. 任务空间参数

与任务空间相关的作战任务参数如表 3 - 4 所列。

表 3 - 4　使用任务空间参数

参数种类			使用任务空间参数
作战区域			经度、维度、高程
战场环境	自然环境		地形:地形类型、道路性质、道路路况
			天候:气压、气温、湿度、风向、日降水量、风沙等
			季节:(春/夏/秋/冬)
			水文:湖泊水库名称、面积、水深;河流名称,水深,流速,底质
			气象:(晴/雨/雪/雾)
	社会环境		政治、经济、人口、文化、战区交通、地方武装、支前的组织能力
	人工环境		工事:工事编号、工事类别、工事位置、工事方向
			障碍物:障碍位置、障碍密度、材质、地雷类型
			通路:通路起点、终点、长度、宽度
			机场:机场位置、跑道长度、跑道宽度
			电磁环境:电磁辐射源位置、数量、电磁辐射源工作方式等
作战方向			主要作战方向、次要作战方向

使用任务的执行地域对装备保障的影响表现在:装备保障力量要配置在使用任务执行区域或者尽量靠近,装备保障力量的配置地域、展开地幅、运送的路线、部署变更需要与使用任务执行地域有机衔接。另外,装备保障各项活动需要在一定的区域内开展,加上各项活动也要考虑到指挥、管理、地形、环境、防卫等方面的趋利避害,从而制约装备保障各项活动实施的地域。同时,不同地域具有

不同的地理环境,如在高寒地、热带丛林、荒漠草原、沿海地域的气候环境不同,装备在不同的自然环境下表现出来的可靠性就有很大差异,这就给装备的维护保养、修理以及器材供应提出了不同的要求,进而影响装备保障各项活动的开展。另外,部署在不同地域或处于不同作战方向的装备作战单元,遭遇敌方威胁、敌火力打击的强度就不同,对装备构成的损坏程度就不一样,从而对装备抢修和器材供应的要求就不同。

从上述分析可以看出,装备作战单元使用任务的作战区域、战场环境特点、作战方向对使用任务的影响比较大,而从现有作战任务参数对这些方面的描述已经比较充分,可以为装备保障分析提供足够的信息,因此在描述任务空间时不需要添加新的任务参数。

6. 任务方式参数

装备作战单元在任务期间的作战类型、作战样式、执行方式、协同配合方式不同对装备保障的影响也是不同的。

以进攻和防御为例,来说明不同类型的作战任务对装备的影响。进攻任务,是对敌人进行的主动攻击,其特点具有很大的主动性、突然性、快速机动性和速决性,从而要求装备保障应以充足的弹药、器材供应及伴随保障为主,而且时效性要强;防御任务是依托阵地和有利地形抗击敌人进攻的战斗,其武器装备的行动空间相对固定和被动,容易遭敌各种兵力、火力突击,所以装备保障的重点之一就是器材供应和装备抢修。

装备作战单元协同配合的程度不同,对装备保障级别设置、保障力量配属等方面的要求也就不同。例如,装甲师如果编成两个梯队,前后对敌形成接替进攻的方式,这时装备保障力量在使用时就比较分散,较多的力量就向下配属使用,增强伴随保障能力;如果装甲师编成一个梯队,这时较少的保障力量向下配属,装备保障力量需要统一编组。

装备作战单元执行任务方式不同对装备保障也会产生不同的影响,如采用摩托化行军、铁路输送两种不同的机动方式对装备保障的需求和部署是完全不同。另外,使用任务中装备发挥的功能不同,如火力任务、机动任务、信息任务等,对装备保障的影响是不同的,需要选择不同的参数对其进行描述。

从上述分析可以看出,装备作战单元的作战类型、作战样式、执行方式、协同配合方式对装备保障有着很大的影响。从现有作战任务参数来看,不需要增加其他种类的参数。

3.1.3　面向装备保障的使用任务参数集合确定

结合上述对使用任务各类参数的规整和分析,建立如表3-5所列的使用任务参数集合,其中装备可靠性和装备维修性参数是考虑装备保障需要而添加的参数。

表3-5　面向装备保障的使用任务参数集合

参数种类	参数
任务威胁	敌作战力量、敌作战目的、敌主要行动方向、敌防御重点、敌可能行动方式和步骤、敌攻击强度
任务目的	作战(训练)目标:打击对象、争夺地域
	作战(训练)效果:发现概率、命中概率、作战效能、任务完成概率等
	任务量:机动距离、发射弹药数量、日历工作时间等
任务主体	装备编制情况:编制装备的种类、型号、数量
	装备完好数量:任务开始时刻(或任务期间,或任务结束时刻)需要完好装备的型号、数量
	装备战技术性能:射程、作战半径、最大航程、载重量、运行速度、由行军状态转入战斗状态时间、由战斗状态转入行军状态时间等
	装备损坏情况:任务期间损坏装备的型号、数量、比例
	装备新旧程度:装备的服役时间
	装备可靠性:任务可靠度、平均故障间隔时间等
	装备维修性:维修度、恢复功能的任务时间等
任务时间	开始时间、结束时间、持续时间、最早开始时间、最迟开始时间、最早结束时间、最迟结束时间
任务空间	作战区域:地域、海域、空域的名称和坐标,机动路线(航线、航道)的起点、终点、途中停靠点,装卸地域(车站、港口、码头、场站等)
	战场环境:自然环境(地形:地形类型、道路性质、道路路况,天候:气压、气温、湿度、风向、日降水量、风沙等,季节,水文:湖泊水库名称、面积、水深,河流名称、水深、流速、底质,气象),人工环境(工事:工事编号、工事类别、工事位置、工事方向,障碍物:障碍位置、障碍密度、材质、地雷类型,通路:通路起点、终点、长度、宽度,机场:机场位置、跑道长度、跑道宽度,电磁环境:电磁辐射源位置、数量、电磁辐射源工作方式等),社会环境(对作战和装备保障有影响的政治、经济、人口、文化、战区交通、地方武装、支前的组织能力)
	作战方向:主要作战方向、次要作战方向
任务方式	作战类型、作战样式、基本战法、执行方式、协同配合方式

3.1.4　几类典型使用任务的参数分析

不同类型的使用任务特点是不同,因此在描述各类使用任务时要能够体现其特色。下面针对几类典型的使用任务,分别分析确定其使用任务参数。

1. 火力任务

火力任务的主要特征是向打击目标发射各种弹药,借助弹药爆炸产生的威力,破坏对方重要设施、摧毁和瘫痪对方的作战体系、削弱对方的作战能力,从而控制战场,达成预期效果。

因此,火力任务的执行地域、开始时间、持续时间、打击目标和毁伤程度、发射的弹药种类和数量、武器装备损坏情况就成为描述火力任务参数的重点。

2. 机动任务

机动任务的特点是装备作战单元的空间位置发生位移,具有一定的方向性、速度性和距离性。常见的机动任务类型有行军、开进、撤离、输送等。行军、开进、撤离等任务只需要自身力量就能完成空间转移,而输送任务需要依靠外部力量才能完成空间转移。下面以行军和输送为例分别针对各自特点分析其任务参数。

行军任务的特点是装备作战单元的位置和内部各部分的相对位置关系不断变化,行军方式多样,武器装备所处的自然环境、战场环境随着所处位置的变化而变化,武器装备在行军过程中比较容易暴露,可能遭受对方的袭扰,从而使武器装备发生损坏。装备作战单元在行军过程中方式、位置及环境的变化都会给装备保障带来不同的影响。在选择行军任务的参数,需要明确行军的开始时间和完成时限,行军路线(航线、航道)的起点、终点和途中停靠点,行军方式、队形、距离、速度,沿途路况、气象水文地理环境、社情民情以及可能遭遇的敌情等环境信息。

输送任务是借助运输工具将作战兵力从一个地域输送到另一个地域,一般由准备、装载、运行、卸载四个阶段构成。不同阶段的目的和内容不同,并且前后阶段具有连续性,需要紧密衔接,同时运输过程中不同种类的武器装备、弹药对运输工具和条件的要求是不同的,从而对装备保障的要求也就不同。在选择输送任务的参数时,需要明确输送的开始时间、完成时限,装卸地域(车站、港口、码头、场站等)、运输路线(航线、航道),装备对运输工具和运输保存环境的的要求、沿途路况、气象水文地理环境、社情民情以及可能遭遇的敌情等环境信息。

3. 信息任务

信息任务的主要特征是装备作战单元运用电磁能或定向能以及计算机网络而开展的获取、传递、处理信息以及破坏对方获取、传递、处理信息的功能。按照目的不同,信息任务可以分为信息支持任务和信息攻防任务。信息任务在执行时一般贯穿于整个作战过程,影响和支配作战的各个领域,主要表现在:任何战场空间的任何作战行动都需要不间断地获取和使用信息,都需要在信息支持和保障下进行;为抗击敌方的信息进攻,必须实施不间断的信息防御。因此,执行信息任务的装备使用的持续性强。另外,武器装备在执行信息任务时,容易发生电磁能或定向能的泄漏,从而暴露自己的位置,遭受敌人火力袭击或者信息进攻,使己方的装备遭到破坏;同时,武器装备执行信息任务的电磁环境如果比较恶劣,会造成装备的功能系统损坏或损伤。信息任务的特点给装备抢修、器材供应等保障活动提出了很高的要求。因此,信息任务参数主要描述任务的执行地域、持续工作时间、战场环境等信息。

4. 使用准备任务

使用准备任务的特点是装备作战单元的空间位置相对固定,内部各部分的相对位置基本保持不变,如果隐蔽、伪装、防护等工作不到位,就会暴露目标,进而使装备作战单元遭受火力打击;使用准备任务通常为下一阶段装备作战单元的使用做准备,并且使用准备任务开始时间和持续时间受作战时机的影响较大,通常不固定。使用准备任务的特点要求装备保障要面向下一阶段的使用任务和使用要求,及时做好装备检查、维护、抢修以及弹药、油料、器材补充和供应等工作,保证装备作战单元能够迅速转入机动、战斗等状态。另外,使用准备任务地域的地形、气候、水文等地理环境,尤其是高原寒地、荒漠草原、雷雨、风暴、台风等,都会给武器装备带来不利影响,从而需要装备保障提前做好趋利避害的准备。

结合使用准备任务的特点,执行区域、战场环境、本阶段损坏装备及数量以及下阶段任务开始时间、动用装备及数量、所需弹药是使用准备任务重点关注的参数。

5. 综合使用任务

综合使用任务是上述几种使用任务的综合,通常需要多种武器装备各种能力的综合运用。综合使用任务融合了上述几类使用任务的特点。在选取综合使用任务的参数时,需要针对综合使用任务对武器装备的总目的和总要求,对综合使用任务的特征进行描述。

从上述分析可以看出,使用任务的种类不同,使用任务的特征就不同,描述使用任务的参数也就不同,如表3-6所列。

表3-6 几种类型使用任务参数

任务类型		任务威胁	任务目的	任务主体	任务时间	任务空间	任务方式
火力任务		·敌作战力量 ·敌作战目的 ·敌主要行动方向 ·敌防御重点 ·敌可能行动方式和步骤 ·敌攻击强度	·发射弹药种类及数量 ·打击目标 ·打击效果	·兵力编成 ·完好装备及数量 ·损坏装备及数量（率）	·开始时间 ·持续时间	·执行区域 ·战场环境 ·作战方向	·射击方式 ·协同配合方式
机动任务	行军、开进、撤收等		·目的 ·距离	·兵力编成 ·完好装备及数量 ·损坏装备及数量（率）	·开始时间 ·结束时间	·机动路线 ·战场环境	·机动队形 ·机动速度
	输送		·输送目的 ·输送距离	·输送的兵力 ·完好装备及数量 ·损坏装备及数量（率）	·开始时间 ·结束时间	·运输路线 装卸地域 ·战场环境	·运输交通工具
信息任务			·作战目标 ·作战效果 ·任务量	·兵力编成 ·完好装备及数量 ·损坏装备及数量（率）	·开始时间 ·结束时间 ·持续时间	·执行区域 ·战场环境 ·作战方向	·执行方式 ·协同配合方式
使用准备任务			任务量	·兵力编成 ·本阶段损坏装备及数量 ·下阶段动用装备及数量	·开始时间 ·完成时限	·执行区域 ·战场环境	
综合使用任务			·作战目标 ·作战效果 ·任务量	·兵力编成 ·完好装备及数量（率） ·损坏装备及数量（率）	·开始时间 ·结束时限	·执行区域 ·战场环境	·执行方式 ·协同配合方式

3.2 任务系统模型与建模方法

3.2.1 任务系统的模型框架

任务系统的建模任务主要包括以下两个方面：

（1）对任务系统结构的规范化描述，具体涉及：①使用任务层次关系的描述与任务分解；②使用任务时序关系与邻接关系的描述；③上下层使用任务之间的逻辑关系的描述。这是因为使用任务系统自身具有复杂性，存在层次关系、时序关系、邻接关系、逻辑关系等多种关系，仅用一个模型很难将其结构描述清楚。

（2）对任务系统的定量参数描述，具体涉及：①相邻层次使用任务参数之间的定量关系描述；②使命任务与阶段任务之间的定量关系描述等。其主要目的是在任务系统概念的基础上，建立任务参数之间以及任务参数与其影响因素之间的定量关系。

由此，可以得到任务系统的建模框架，如图 3 – 1 所示。

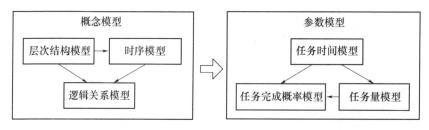

图 3 – 1　保障对象任务系统的模型框架

其中，任务系统的概念模型是对使用任务系统结构特征的定性描述，主要用于使用任务的规范化描述。层次结构模型用于描述使命任务之间的层次关系；时序模型用于描述作战单元要执行的使用任务、使用要求以及使用任务之间的邻接关系和时序关系；逻辑关系模型用于描述上、下层使用任务之间的逻辑关系。每种模型从一个侧面来描述系统的一部分特性，不同的模型之间相互补充，按照一定的约束和连接关系集成在一起，共同完成对系统的描述。

任务系统的参数模型是对任务参数之间以及任务参数与其影响因素之间定量关系的客观描述。针对任务的不同参数需要分别建立模型，这些参数模型组来共同描述使用任务之间的作用关系。本书从任务分派的角度出发,选择了任务时间、任务量和任务完成概率这 3 个参数,分别建立参数模型。其中,任务时间模型为任务量模型和任务完成概率模型的基础,而任务量模型又是任务完成概率模型的基础。

3.2.2　任务层次结构模型

3.2.2.1　建模分析

使用任务具有层次性,不同层次作战单元的作战使命任务是不同。低层作战单元的使命任务支撑和隶属高层作战单元的使命任务,高层作战单元的使命任务约束和影响低层作战单元的使命任务。因此,使用任务系统层次结构模型要能够把各层作战单元的使命任务描述出来,并且要能够反映使命任务的层次性。

3.2.2.2　建模方法

1. 任务层次结构模型的图示表达

任务层次结构模型采用使命任务节点和连接线进行图形描述。其中,使命任务节点表示作战单元的使命任务;连接线是连接目标任务节点的折线段,连接线终止端(箭头)的使用任务是由连接线起始端(箭尾)的使用任务分派而来(图 3 - 2)。

图 3 - 2　使命任务节点和连接线

使命任务节点与连接线的组合使用时,表示使命任务与使命任务之间的层次和隶属关系。

2. 使命任务参数的表达

在图形描述任务层次结构的基础上,还需对每一使命任务的参数进行描述。它是层次结构模型中重要的组成部分。虽然使命任务的内容和种类多样,描述任务的参数各异,但可以用一个统一的结构化表格来描述,如表 3 - 7 所列。

表3-7　使命任务的参数表

使命任务参数		指标
使命任务名称		
任务要求	作战目的、作战对象、作战效果	
任务主体	兵力构成、装备编制	
任务时间	任务持续时间、任务开始时间、任务结束时间	
任务空间	作战地域、战场环境、作战方向	
任务方式	作战类型、作战样式、基本战法	

3.2.2.3　模型示例

如图3-3所示,假设:某防空旅下辖导弹1营、导弹2营、导弹3营、高炮4营、高炮5营、高炮6营以及直属分队,负责掩护军指的对空安全,主要拦截敌空袭的巡航导弹。防空旅和导弹1营在此战斗中需要完成的作战任务和使用任务如表3-8和表3-9所列。

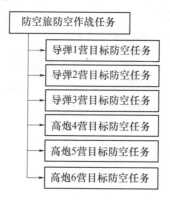

图3-3　使用任务系统层次结构模型示例

表3-8　防空旅防空作战任务参数

任务名称		防空旅防空作战任务
任务主体	任务执行主体	防空旅
	兵力编成	导弹1营、导弹2营、导弹3营、高炮4营、高炮5营、高炮6营以及直属分队
任务时间	开始时间	8月1日 00:00:00
	结束时间	8月23日 05:00:00

（续）

任务名称		防空旅防空作战任务
任务地域	作战区域	FT 市 1 号、2 号作战地域附近
	主要作战方向	CZ 县—YQ 县—FT 市
	战场环境	·自然环境:SD 平原的海拔高度在 20～60m,山地一般海拔 1000～1500m,属于暖温带半湿润大陆性季风气候,7、8 月常有暴雨; ·社情民情:作战地域内各民兵营经动员扩编,齐装满员,编成内的各分队,具有一定的作战能力
任务目的	作战目标	掩护战役基本指挥所的对空安全,确保战役基本指挥所未被敌空袭兵器摧毁
	作战效果	摧毁全部敌空袭兵器
	任务量	拦截进入旅火力范围内的敌空袭兵器
任务方式	作战类型	对空防御
	基本战法	在重点保卫目标的外围进行纵深而有重点的部署,以机动和密集防空火力相结合的方式,歼灭突入战区的空袭兵器
	协同配合方式	弹炮结合,多层打击
任务威胁	敌作战力量	第××轰炸机连队的 B52 轰炸机 2 架
	敌作战目的	对 SD 某广播电视中心进行空中打击
	敌来袭路线	G 岛—黄海—青岛—霸州—SD

表 3-9　导弹 1 营目标防空任务参数

任务名称		导弹 1 营目标防空任务
任务主体	任务执行主体	导弹 1 营
	编制装备	S 车 1 辆、F 车 2 辆、光学瞄准具 1 部、导弹 8 枚
任务时间	开始时间	8 月 1 日 00:00:00
	结束时间	8 月 23 日 05:00:00
任务地域	作战区域	FT 市 1 号、2 号作战地域附近
	主要作战方向	CZ 县—YQ 县—FT 市
	战场环境	·自然环境:SD 平原的海拔高度在 20～60m,山地一般海拔 1000～1500m,属于暖温带半湿润大陆性季风气候,7、8 月常有暴雨; ·社情民情:作战地域内各民兵营经动员扩编,齐装满员,编成内的各分队,具有一定的作战能力

（续）

任务名称		导弹 1 营目标防空任务
任务目的	作战目标	掩护战役基本指挥所的对空安全,确保战役基本指挥所未被敌空袭兵器摧毁
	任务量	拦截进入营火力范围内的敌空袭兵器
任务方式	作战类型	对空防御
	基本战法	以机动和密集防空火力相结合的方式,歼灭突入战区的空袭兵器
	协同配合方式	与高炮营组成弹炮结合防空系统
任务威胁	敌作战力量	第××轰炸机连队的 B52 轰炸机 2 架
	敌作战目的	对 SD 某广播电视中心进行空中打击
	敌来袭路线	G 岛—黄海—青岛—霸州—SD

3.2.3 任务时序模型

3.2.3.1 建模分析

作战单元的使命任务一般是分阶段完成的,每个阶段实现不同的子任务,各阶段任务之间具有一定的逻辑约束性。任务时序建模就是要把阶段任务的界定、划分以及相互关系描述清楚。

1. 阶段任务的界定

阶段任务是使命任务的时序环节,不同层次的作战单元都有各自的使命任务,因此也有不同的阶段任务划分。阶段任务划分细致,对作战单元使用过程的描述更清楚,阶段任务划分粗糙,对作战单元使用过程的描述更模糊。但是,由于不同层次作战单元所包含的种类与数量的构成差异较大,过于细致的描述有时会使复杂程度增加。因此,需要合理界定阶段任务。一般来说,顶层作战单元使命任务的划分相对粗糙,而低层作战单元使命任务的划分较为细致。

对于装备体系而言,其构成复杂,任务涉及的作战单元和装备种类繁多、功能各异、数量巨大,对其内部兵力的使用要求也各异,直接从装备体系的使用过程、内部兵力的协同配合上很难找出其变化规律,因此可以考虑以装备体系战役行动目的发生变化的时刻来界定其阶段任务。

对于作战单元而言,虽然任务涉及的装备种类和数量不少,但仍可以以其战术活动目标或内部兵力使用方式发生变化的时刻作为界定阶段任务的基点。例如,防空旅的打靶任务可以分解成驻地准备、行军、远程输送、集结、行军至靶场、展开、空情预警、第 1 次火力射击、第 2 次火力射击这几个阶段任务。

对于最小任务单元而言,使用任务不同,任务所需的功能就不同,装备功能系统之间的组合也就不同,因此可以考虑以装备使用方式的变化时刻作为界定阶段任务的基点。

2. 阶段任务间的相互关系

阶段任务之间的相互关系主要表现为邻接关系,即相邻阶段任务之间的相互关系。例如,一个阶段使用任务的执行情况会影响后一个阶段的使用任务的执行,后一个阶段使用任务会在前一个阶段使用任务基础上执行。

阶段任务之间的邻接关系存在两种基本形式:①确定型邻接关系,即前一个阶段使用任务执行后,后一个阶段使用任务必定执行;②概率型邻接关系,前一个阶段使用任务执行后,后继的几个使用任务按照一定的概率或条件来执行,前一个阶段使用任务没有执行完毕,后一个阶段执行哪一个使用任务是不确定,如表 3 - 10 所列。

表 3 - 10　使用任务之间的邻接关系

邻接关系		说　明
确定型		作战单元执行使用任务时,执行完一个使用任务再接着执行下一个使用任务,使用任务和使用任务之间在时序上没有交叉和重叠
概率型	条件	满足某个条件时作战单元才能执行该使用任务,如果不满足该条件则作战单元不执行该使用任务
	分支	作战单元的某个使用任务执行结束之后,需要借助条件来判断后续执行哪一个使用任务
	循环	作战单元需要反复执行某个使用任务直至不满足条件为止

3. 阶段任务的划分

阶段任务的划分往往不是一步完成的,需要经过对复杂任务的多步分解才能实现,分解步骤如下:①以概率型邻接关系为分割点将复杂任务分成若干个子任务;②将子任务分解成满足时序模型所需的阶段任务。

由于子任务也是一种复杂的使用任务,因此可以将子任务先定义成更小的子任务,然后进一步细化,从而降低使用任务分解的难度。这样子任务经过多步分解,就可以分解为时序模型所需的阶段任务,即若干个时间上连续但不重叠的阶段任务序列,整个过程如图 3-4 所示。

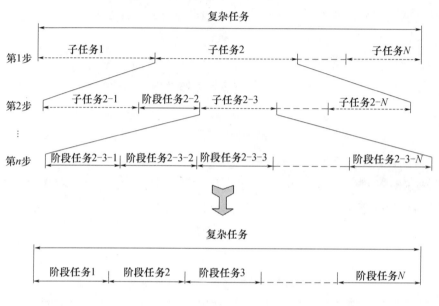

图 3-4 复杂任务分解示意图

3.2.3.2 建模方法

1. 任务时序的图示表达

任务时序模型采用节点和时序连接线进行图形描述。其中,节点包括阶段任务节点、标识节点和邻接节点 3 种类型,阶段任务节点表示作战单元的一个阶段任务,标识节点表示作战单元任务的开始节点和结束节点,邻接节点表示相邻阶段任务之间的关系。时序连接线为连接节点之间的有向线段,如图 3-5 所示。

2. 阶段任务参数表达

阶段任务参数表由描述阶段任务的参数及其指标构成,是对阶段任务的定性定量描述,如表 3-11 所列。

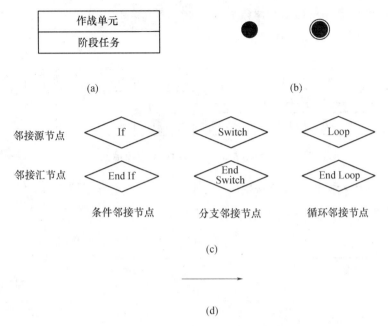

图 3-5　任务时序的图形描述方法

（a）阶段任务节点；（b）开始节点与结束节点；（c）邻接节点；（d）时序连接线。

表 3-11　阶段任务参数表

阶段任务参数		指标
阶段任务名称		
任务主体	兵力构成、装备编制	
任务时间	任务持续时间、任务开始时间、任务结束时间	
任务区域	作战区域、战场环境、作战方向	
任务目的	作战目标、作战效果、任务量	
任务威胁	敌作战力量、敌作战目的、敌主要行动方向、敌防御重点、敌可能行动方式和步骤、敌攻击强度	
任务方式	协同配合方式、执行方式	

3.2.3.3　模型示例

仍以 3.2.2.3 节中防空旅防空战斗为例，可建立防空旅和导弹营的任务时序模型。

1. 防空旅使用任务时序模型

防空旅使用任务时序模型如图 3 – 6 所示。

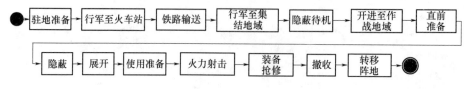

图 3 – 6　防空旅使用任务时序模型

2. 防空旅驻地准备参数示例

防空旅驻地准备使用任务参数如表 3 – 12 所列。

表 3 – 12　防空旅驻地准备使用任务参数

任务名称		驻地准备
任务主体	任务执行主体	防空旅
	兵力编成	导弹 1 营、导弹 2 营、导弹 3 营、高炮 4 营、高炮 5 营、高炮 6 营以及直属分队
任务时间	开始时间	8 月 1 日 00:00:00
	结束时间	8 月 7 日 06:00:00
任务地域	作战区域	1 号驻地
	战场环境	自然环境:晴间多云、温度 19 ~ 38℃、相对湿度 30% ~ 40%、无风沙
任务目的	作战目标	在驻地进行作战准备,保证随时可以执行作战任务
	任务量	装备不工作

3. 导弹 1 营使用任务时序模型

导弹 1 营的使用任务时序模型如图 3 – 7 所示。

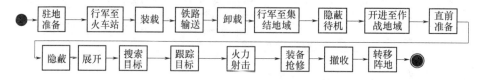

图 3 – 7　导弹 1 营使用任务时序模型

4. 导弹 1 营驻地准备参数示例

导弹 1 营行军至火车站使用任务参数如表 3 – 13 所列。

表 3 – 13　导弹 1 营行军至火车站使用任务参数

任务名称		行军至火车站
任务主体	任务执行主体	导弹 1 营
	装备损坏情况	损坏率:0;轻损 0,中损 0,重损 0,报废 0
	装备完好数量要求	在任务开始时刻需要 S 车 1 辆、F 车 2 辆、光学瞄准具 1 部、导弹 6 枚保持完好
任务时间	开始时间	8 月 7 日 06:00:00
	结束时间	8 月 7 日 12:00:00
任务地域	机动路线	1 号驻地→火车站
	战场环境	自然环境:晴、温度 19 ~25℃、相对湿度 31% ~35%、无风沙,路况:二级公路
任务目的	作战目标	行军至火车站,准备铁路输送
	机动距离	60km
任务方式	机动队形	1 ~3 连按顺序列队前进
	机动速度	20km/h

3.2.4　任务逻辑关系模型

3.2.4.1　建模分析

高层作战单元执行任务实际上是由多个低层作战单元具体进行的,因而低层作战单元的任务完成情况对高层作战单元的任务完成结果有一定的影响。高层使用任务与低层使用任务之间存在一定的逻辑关系,随着阶段不同而不断发生变化。

相邻两层阶段任务的逻辑关系模型反映的是在作战单元的阶段任务期间,下级作战单元的使用任务如何影响作战单元任务执行情况的,因此建模时需要把阶段任务期间内每个下级作战单元的使用过程给描述出来。作战单元阶段任务的开始、结束时间要与下级作战单元的使用过程的开始、结束时间保持一致。

任务逻辑关系是高层使用任务成败与其对应的各低层使用任务成败之间的关系,主要有与、或、表决、冷储备 4 种关联方式。

1. 与

若高层任务可分成 n 个低层子任务,当且仅当所有低层子任务都成功时高层任务才成功,或只要一个子任务失败则高层任务失败,这时高层任务与 n 个低层子任务构成与关系。

2. 或

若高层任务可分成 n 个低层子任务,只要有一个低层子任务成功高层任务就成功,当且仅当所有低层子任务都失败时高层任务才失败,这时高层任务与 n 个低层子任务构成或关系。

3. 表决

若高层任务可分成 n 个低层子任务,只要有 k 个或 k 个以上低层子任务成功,则高层任务成功,这时高层任务与 n 个低层子任务构成表决关系,也称 k/n 关系。

4. 冷储备

若高层任务可分成 n 个低层子任务,n 个低层任务按照序号依次执行,第 1 个子任务执行时,其他子任务不执行作为冷储备,当第 1 个子任务失败时,储备的任务逐个去顶替它,直到 n 个子任务全部失败,则高层任务失败。这时高层任务与 n 个低层子任务构成冷储备关系。

由于关系具有传递性,上述 4 种基本的逻辑关系,可以组合形成各种各样的新关系。

3.2.4.2 建模方法

1. 任务逻辑关系的图示表达

任务时序模型采用节点和连接线进行图形描述。其中,节点包括逻辑关系节点和阶段任务节点等 2 种类型;逻辑关系节点分为与、或、表决、冷储备 4 种,各种类型的逻辑关系节点又分为源节点和汇节点,其表示方法如表 3 – 14 所列。

表 3 – 14　逻辑关系节点

逻辑关系节点	符号	语　义
与	&	上下层使用任务之间在逻辑上是与的关系
或	O	上下层使用任务之间在逻辑上是或的关系

（续）

逻辑关系节点	符号	语　义
表决	k/n	上下层使用任务之间在逻辑上是表决的关系
冷储备	X	上下层使用任务之间在逻辑上是冷储备的关系

连接线包括时序连接线和逻辑连接线。时序连接线是连接节点之间的有向线段,表示作战单元阶段任务的转移和推进,反映了任务时序模型的动态行为;逻辑连接线是连接阶段任务节点与逻辑节点之间的线段,如图 3-8 所示。

(a)　　　　　　　(b)

图 3-8　连接线

(a) 时序连接线;(b) 逻辑连接线。

2. 任务逻辑关系建模的规则

(1) 建模时逻辑关系节点要成对出现。由一对逻辑关系节点、使用任务序列按照图 3-9 所示的方式排列而成组合称为任务逻辑关系组合。在任务逻辑关系组合内阶段任务节点之间用时序连接线连接,阶段任务节点与交汇点之间用逻辑连接线连接。

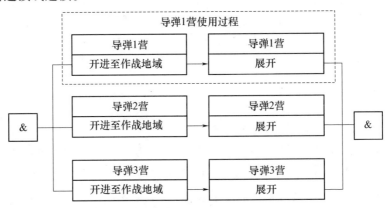

图 3-9　逻辑关系的示例

(2) 建模时逻辑关系节点可以嵌套使用,用来表示多个逻辑关系组合之间的逻辑关系,如图 3-10 所示,逻辑关系节点之间用逻辑连接线连接。

49

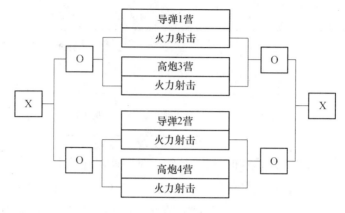

图 3 - 10　逻辑关系组合示例

（3）建模时逻辑关系节点不能将作战单元的使用过程割断，如图 3 - 11 所示。

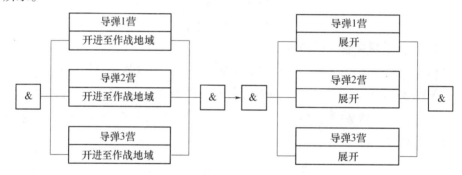

图 3 - 11　逻辑关系描述的错误示例

3.2.4.3　模型示例

仍以 3.2.2.3 节中防空旅防空战斗为例，建立防空旅各阶段任务的逻辑关系模型示例。下面给出防空旅行军至火车站、火力射击的使用任务逻辑关系模型，如图 3 - 12、图 3 - 13 所示。其中，防空旅火力射击任务的战术要求为：1 营 4 营、2 营 6 营、3 营 5 营分别构成了 1 号、2 号、3 号个火力单元，3 个火力单元成梯队式部署，1 号和 2 号火力单元属于第一梯队，分别拦截来自不同方向的巡航导弹，3 号个火力单元属于第二梯队，拦截前两个火力单元没有拦截下的巡航导弹。

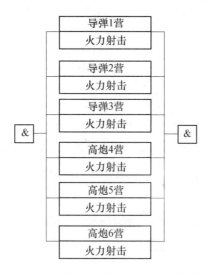

图 3 – 12 防空旅行军至火车站任务逻辑关系模型

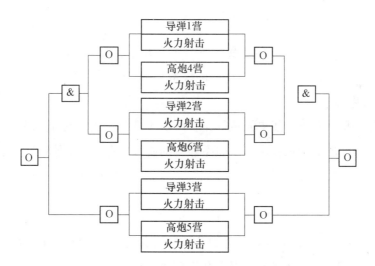

图 3 – 13 防空旅火力射击任务逻辑关系模型

3.2.5 任务时间模型

3.2.5.1 阶段任务的任务时间模型

作战单元阶段任务的任务时间模型反映阶段任务期间作战单元任务开始结束时间与子作战单元开始结束时间之间的定量关系。

作战单元阶段任务的任务时间模型的基础是作战单元阶段任务的任务逻辑关系模型。由于在任务逻辑关系模型中,作战单元阶段任务与子作战单元的阶段任务(或复杂任务)在时间上是对齐的,因此作战单元阶段任务的开始结束时间和子作战单元阶段任务(或复杂任务)的开始结束之间的定量关系为

$$t_s = t_{is}, \ t_e = t_{ie} \qquad i = 1, 2, \cdots, n \qquad (3-1)$$

式中:n 为作战单元中子作战单元的数量;t_s、t_e($t_s < t_e$)分别为作战单元阶段任务的开始和结束时间;t_{is}、t_{ie}($t_{is} < t_{ie}$)分别为第 i 个子作战单元阶段任务(或复杂任务)的开始和结束时间。

式(3-1)表示每个子作战单元的开始时间与结束时间分别与作战单元阶段任务的开始和结束时间一致,或者表示各子作战单元任务的持续时间与作战单元任务持续时间相等。

3.2.5.2　复杂任务的任务时间模型

任务时间模型反映一个复杂任务与阶段开始、结束时间之间的定量关系。不同邻接关系下,复杂任务的任务时间模型是不同的。

1. 顺序邻接

顺序邻接关系下作战单元执行完一个阶段任务接着执行下一个阶段任务,如果作战单元的复杂任务由 n 个顺序邻接的阶段任务构成,则复杂任务与阶段任务时间参数之间的关系为

$$t_s = t_{1s}, t_e = t_{ne}, t_e - t_s = \sum_{i=1}^{n} (t_{ie} - t_{is}) \qquad (3-2)$$

式中:t_s、t_e($t_s < t_e$)分别为复杂任务的开始时间和结束时间;t_{is}、t_{ie}($t_{is} < t_{ie}$)分别为第 i 个($i=1,2,\cdots,n$)阶段任务的开始时间和结束时间。

2. 条件邻接

条件邻接关系阶段任务在满足一定的条件时才会执行。在条件邻接关系下,复杂任务与阶段任务时间参数之间的关系为

$$t_s = t_{ps}, t_e = t_{pe}, t_e - t_s = t_{pe} - t_{ps} \qquad (3-3)$$

式中:t_s、t_e($t_s < t_e$)分别为复杂任务的开始时间和结束时间;t_{ps}、t_{pe}($t_{ps} < t_{pe}$)分别为第 i 个($i=1,2,\cdots,n$)阶段任务的开始时间和结束时间。

3. 分支邻接

作战单元执行完某个使用任务后,需要借助条件来判断执行 n 个阶段任务中的哪一个,但无论执行哪个阶段任务,都要在作战单元要求的时间范围之内。当阶段任务按照分支关系组成复杂任务时,复杂任务与阶段任务时间参数之间的关系为

$$t_s = t_{is}, t_e = t_{ie}, t_e - t_s = t_{ie} - t_{is} \tag{3-4}$$

式中:t_s、t_e($t_s < t_e$)分别为复杂任务的开始时间和结束时间;t_{is}、t_{ie}($t_{is} < t_{ie}$)分别为第 i 个($i=1,2,\cdots,n$)阶段任务的开始时间和结束时间。

4. 循环邻接

循环邻接关系下,作战单元需要反复执行某个阶段任务,直至不满足执行条件为止。当阶段任务按照循环邻接关系组成复杂任务时,复杂任务与阶段任务时间参数之间的关系为

$$t_s = t_{ps}, t_e = t_{pe}, t_e - t_s = N(t_{pe} - t_{ps}) \tag{3-5}$$

式中:t_s、t_e($t_s < t_e$)分别为复杂任务的开始时间和结束时间;t_{ps}、t_{pe}($t_{ps} < t_{pe}$)分别为第 i 个($i=1,2,\cdots,n$)阶段任务的开始时间和结束时间;N 为作战单元执行该阶段任务的次数。

3.2.6　任务量模型

3.2.6.1　阶段任务的任务量模型

任务量模型是在作战单元阶段任务的逻辑关系模型的基础上建立的。在逻辑关系模型中,作战单元阶段任务的目标已经被分解成了若干个子目标,并分派到了各个子作战单元。任务量模型描述的是作战单元阶段任务某个子目标的任务量与其子作战单元任务量之间的定量关系。由于作战单元阶段任务的完成情况只能在任务结束时刻通过各子作战单元的任务完成情况进行判断,因此作战单元阶段任务的任务量也只能在任务结束时刻才与各子作战单元的任务量具有定量关系。然而作战单元执行任务具有"松耦合"特点,决定了并不是所有使用任务下作战单元的任务量与其子作战单元的任务量上都有定量关系。

设作战单元下辖 n 个子作战单元,作战单元阶段任务某个子目标的任务量为 t_w,该子目标下第 i 个子作战单元的任务量为 t_i($i=1,2,\cdots,n$)。

1. 与

由于 n 个子作战单元与作战单元任务之间的逻辑关系为与,即每个子作战单元的使用任务成功,作战单元的使用任务才会成功。此时,子作战单元与作战单元任务量之间的关系为

$$t_1 + t_2 + \cdots + t_n = t_W \tag{3-6}$$

2. 或

由于 n 个子作战单元与作战单元任务之间的逻辑关系为或,即只要有一个子作战单元的使用任务成功,作战单元的使用任务就会成功。因此,当总任务量为 t_W 时,至少个有一个子作战单元的任务量也必须为 t_W 才能表现出或的关系,即

$$t_i = t_W(i \in I, I 是 \{1 \sim n\} 的非空子集) \tag{3-7}$$

3. 表决

由于 n 个子作战单元与作战单元任务之间的逻辑关系为表决关系,即只要有 k 个子作战单元的使用任务成功,作战单元的使用任务就会成功。如果 n 个子作战单元使用任务的成功数量为 $s(k \leqslant s \leqslant n)$,则使作战单元阶段任务成功的子作战单元任务组合为 $x_{sj} = \{x_{sj1}, x_{sj2}, \cdots, x_{sjn}\}, j = 1, 2, \cdots, m_s, m_s = C_n^s = n! / s! (n-s)!$ 个,x_{sji} 表示 x_{sj} 组合下第 i 个子作战单元的使用任务完成情况,$x_{sji} = 1$ 表示使用任务成功,$x_{sji} = 0$ 表示使用任务失败。此时,作战单元任务量与子作战单元任务量之间的关系为

$$\sum_{j=1}^{m_s} x_{sji} t \geqslant t_W \qquad 当 s = k 时,等号成立 \tag{3-8}$$

4. 冷储备

由于 n 个子作战单元与作战单元任务之间的逻辑关系为冷储备,子作战单元的任务量与作战单元任务量 t_W 的关系为

$$t_j < t_W, t_i = t_W, t_k = 0 \qquad 1 \leqslant j < i < k \leqslant n \tag{3-9}$$

上述 4 个任务量模型适用于描述不同逻辑关系下任务量之间的关系,如果高层任务与低层任务之间逻辑关系是上述 4 种基本逻辑关系的组合时,可以参考任务逻辑关系模型,从整体到局部建立任务量之间的定量关系。

3.2.6.2 复杂任务的任务量模型

复杂任务通常分解成若干个阶段任务来执行,不同阶段任务内作战单元需

要完成不同的任务量,当所有阶段任务完成后,作战单元就有一个总的任务量。通常来说,任务类型不同,衡量任务量的参数也就不同,但任务量都可以转换到日历时间上,因此各种类型的阶段任务之间总是有定量关系的。在不同邻接关系下,复杂任务的任务量与阶段任务的任务量之间的关系是不同的,下面分别研究。

1. 顺序邻接

顺序邻接关系下作战单元执行完一个阶段任务接着执行下一个阶段任务,如果作战单元的复杂任务由 n 个顺序邻接的阶段任务构成,则复杂任务的任务量就是这 n 个阶段任务的任务量的累积,即

$$t_W = k_1 t_1 + k_2 t_2 + \cdots + k_n t_n \tag{3-10}$$

式中: t_W 为复杂任务的任务量; t_i 为第 i 个阶段任务的任务量; k_i 为第 i 个阶段任务与复杂任务之间的转换系数。

2. 条件邻接

条件邻接关系下阶段任务在满足一定条件时作战单元才执行,此时复杂任务的任务量为

$$t_W = p_c t \tag{3-11}$$

式中: p_c 为满足阶段任务执行条件的概率; t 为该阶段任务的任务量。

3. 分支邻接

作战单元执行完某个使用任务后,需要借助条件来判断执行 n 个阶段任务中的哪一个,假设满足第 i 个阶段任务执行条件的概率是 p_{ci} ,则复杂任务的任务量为

$$t_W = \sum_{i=1}^{n} p_{ci} t_i \tag{3-12}$$

式中: t_i 为第 i 个阶段任务的任务量。

4. 循环邻接

作战单元需要反复执行某个阶段任务,直至不满足执行条件为止,则当阶段任务按照循环邻接关系组成复杂任务时,复杂任务的任务量为

$$t_W = Nt \tag{3-13}$$

式中: N 为作战单元执行该阶段任务的次数。

3.2.7 任务完成概率模型

3.2.7.1 阶段任务的任务完成概率

作战单元阶段任务的任务完成概率模型反映作战单元与其子作战单元阶段任务完成概率之间的定量关系。由于作战单元阶段任务的完成情况只能在任务结束时刻通过各子作战单元的任务完成情况进行判断,因此作战单元阶段任务的任务完成概率模型仅适用于任务结束时刻。

设作战单元下有 n 个子作战单元,由于作战单元的阶段任务通常与子作战单元的阶段任务相对应,因此作战单元阶段任务的任务完成概率为

$$P_{MC} = f_r(P_{MC(1)}, P_{MC(2)}, \cdots, P_{MC(n)}) \qquad (3-14)$$

式中:$P_{MC(i)}$ 为与作战单元阶段任务相对应的第 i 个子作战单元复杂任务或阶段任务的任务完成概率;f_r 为作战单元使用任务与 n 个子作战单元使用任务之间的逻辑关系函数。下面分别给出不同基本逻辑关系下作战单元阶段任务完成概率的计算方法。

1. 与

与关系下所有子任务成功作战单元的使用任务才成功,此时作战单元的任务完成概率为

$$P_{MC} = \prod_{i=1}^{n} P_{MC(i)} \qquad (3-15)$$

2. 或

或关系下只要有一个子任务成功作战单元的使用任务就成功,此时作战单元的任务完成概率为

$$P_{MC} = 1 - \prod_{i=1}^{n} (1 - P_{MC(i)}) \qquad (3-16)$$

3. 表决

表决关系下只要有 k 个或 k 个以上子任务成功,则作战单元的使用任务就成功。如果 n 个子作战单元使用任务的成功数量为 $s(k \leqslant s \leqslant n)$,则此时可以使作战单元的阶段任务成功的子作战单元任务组合为 $x_{sj} = \{x_{sj1}, x_{sj2}, \cdots, x_{sjn}\}, j = 1,$ $2, \cdots, m_s, m_s = C_n^s = n! \ / s! \ (n-s)!, x_{sji}$ 表示 x_{sj} 组合下第 i 个子作战单元的使用

任务完成情况, $x_{sji} = 1$ 表示使用任务成功, $x_{sji} = 0$ 表示使用任务失败。此时, 作战单元阶段任务的任务完成概率为

$$P_{MC} = \sum_{s=k}^{n} \sum_{j=1}^{m_s} \left\{ \prod_{i=1}^{n} \left[P_{MC(i)}^{x_{ji}} \left(1 - P_{MC(i)} \right)^{1-x_{ji}} \right] \right\} \qquad (3-17)$$

特别地, 如果每个子作战单元的任务完成概率都一样, 即 $P_{MC(i)} = P$, 则

$$P_{MC} = \sum_{i=k}^{n} C_n^i P^i \left(1 - P \right)^{n-i} \qquad (3-18)$$

4. 冷储备

冷储备关系下只要有一个低层子任务成功时高层任务就成功, 此时高层任务的任务完成概率为

$$P_{MC} = \sum_{i=1}^{n} \left[P_{MC(i)} \prod_{j=0}^{i-1} \left(1 - P_{MC(j)} \right) \right], P_{MC(0)} = 0 \qquad (3-19)$$

3.2.7.2　复杂任务的任务完成概率

复杂任务是由阶段任务按照各种邻接关系组成的任务序列, 每个阶段任务的完成情况都会不同程度地影响复杂任务的完成情况。下面讨论不同邻接关系, 复杂任务的完成概率模型。

1. 顺序邻接

顺序邻接关系下作战单元按照顺序依次执行各个阶段任务, 从完成使用任务这个角度来说, N 个阶段任务之间的是 "与" 的逻辑关系。此时复杂使用任务完成概率为

$$P_{MC} = \prod_{i=1}^{N} P_{MC}^{(i)} \qquad (3-20)$$

式中: $P_{MC}^{(i)}$ 为第 i 个阶段任务的任务完成概率。

2. 条件邻接

条件邻接关系下阶段任务在满足一定条件时作战单元才执行, 则在条件邻接关系下复杂任务的任务完成概率为

$$P_{CMC} = p_c P_{MC} \qquad (3-21)$$

式中: p_c 为满足阶段任务执行条件的概率; P_{MC} 为阶段任务的任务完成概率。

3. 分支邻接

作战单元执行完某个使用任务后,需要借助条件来判断执行 n 个阶段任务中的哪一个,假设满足第 i 个阶段任务执行条件的概率是 p_{ci},则复杂任务的完成概率为

$$P_{\text{CMC}} = \sum_{i=1}^{N} p_{ci} P_{\text{MC}}^{(i)} \qquad (3-22)$$

式中:$P_{\text{MC}}^{(i)}$ 为最小任务单元执行第 i 个阶段任务的任务完成概率。

4. 循环邻接

作战单元需要反复执行某个阶段任务,直至不满足执行条件为止,则当阶段任务按照循环邻接关系组成复杂任务时,复杂任务的任务完成概率为

$$P_{\text{CMC}} = \prod_{i=1}^{N} P_{\text{MC}} \qquad (3-23)$$

式中:P_{MC} 为该阶段任务的任务完成概率;N 为该阶段任务的执行次数。

3.3 装备全寿命过程中任务模型的演化与应用

前面所建立的任务模型,实际上是一个客观描述任务的通用模型,适用于装备全寿命过程的各个阶段。只是由于各阶段的任务描述的侧重点有所不同,任务模型的表现形式会有所不同。若从装备全寿命过程的角度来看,就可以看到任务模型在全寿命各阶段的一路演化过程,如图 3-14 所示。

在论证阶段,主要是根据顶层的使命任务,分析确定型号装备的使用任务。这一阶段的特点是:使命任务通常是基于未来作战的某种考虑,站位较高,任务描述较为笼统;完成使命任务的装备保障对象可能存在多种组合模式;描述任务的各级参数指标均无法唯一确定;等等。

在这一阶段进行任务建模时,首先从顶层的使命任务开始,然后逐层分解,直至基本作战单元/装备的作战任务截至。分解的原则是按照装备的体系结构开展,如联合作战装备体系的任务→军兵种装备体系的任务→装备作战单元的任务→最小作战单元的任务→基本作战单元/装备任务。

在每一层次的任务分解过程中,都要建立任务的时序模型、与上一层次的任务逻辑关系模型以及定量参数模型。由于不确定性的因素较多,在建模的过程

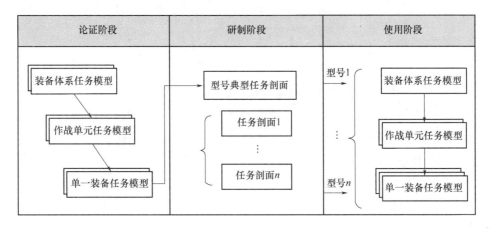

图 3 - 14　任务模型在装备全寿命过程中的演化

中,会存在多种可能的定性定量模型选择,需要通过大量的权衡和优化分析与验证,最终决策。

经过任务建模,最终能够形成一组单一装备的任务时序模型和定量模型,而这些模型是开展装备型号研制活动的输入。

在研制阶段,主要是依据型号的各种可能的任务模型,分析确定型号的各种典型任务剖面,以此为基础开展型号装备的研制活动。这一阶段的特点是:型号的典型任务剖面较为明确,如任务剖面的阶段时序划分、各阶段时序的任务描述参数、装备使用方式以及装备使用要求等均已清楚地给出。

在这一阶段进行任务建模,实际上就是将论证阶段的单一装备的任务模型转换为型号的各种典型任务剖面。

在使用阶段,主要是依据装备的战技性能和作战运用模式,确定各级作战任务和要求。这一阶段的特点是:各种型号装备进入到部队的作战编制体制当中,此时装备的专用质量特性和通用质量特型均已确定,作战使用任务及其要求非常明确,执行作战任务的装备保障对象较为明确,装备之间的相互关系及运用模式基本清晰。

在这一阶段进行任务建模,与论证阶段建模相同,也是自上而下逐层构建的。不同的是,因为任务及其要求明确、任务执行主体明确,建模过程中需要权衡和优化的工作大量减少。所建立的模型如同 3.2 节中所述的样子。

3.4　本章小结

本章在分析任务系统定性定量描述的基础上,提出了任务系统的模型框架,建立了任务概念模型(含层次结构模型、时序模型、逻辑关系模型)和任务定量参数模型(含任务时间模型、任务量模型以及任务完成概率模型),并对任务系统模型在装备全寿命过程中的演变进行了分析。

第4章 保障对象系统的保障特性模型与演化

4.1 保障对象系统通用质量特性的定性定量描述

保障对象系统是指直接执行各种军事任务的武器装备或武器装备的集合,是保障系统进行保障的直接对象。它与作战单元中执行作战任务的主体相对应,可分为装备体系保障对象、装备作战单元保障对象、装备基本作战单元保障对象、装备保障对象等。

保障对象系统的保障特性主要指保障对象系统的可靠性、维修性和保障性(RMS)等质量特性,这些特性反映了武器装备的战备完好和任务成功性的水平。

4.1.1 单一装备保障对象的 RMS 参数描述

单装是最小单位的保障对象系统。对于单装而言,描述其通用质量特性水平的参数不仅包括了可靠性、维修性等 RMS 单项参数,还包括了战备完好性、任务持续性等 RMS 综合参数。RMS 单项参数,如可靠度、故障率、平均故障间隔时间、致命性故障间的任务时间、修复率、平均修复时间、恢复功能的任务时间等;RMS 综合参数如战备完好率、使用可用度、出动架次率、任务成功概率等。

目前,在国家军用标准中,针对军兵种各类装备提出了 RMS 通用质量特性的参数集及其适用范围。例如,GJB 1909 中所涉及到的武器装备类型包括核战斗部、卫星、军用飞机、舰船、装甲车辆、火炮、弹药和电子系统等,后续的国军标以及许多其他相关文献则针对不同的军兵种也不断扩充到了更多种类武器装备,如图 4-1 所示。

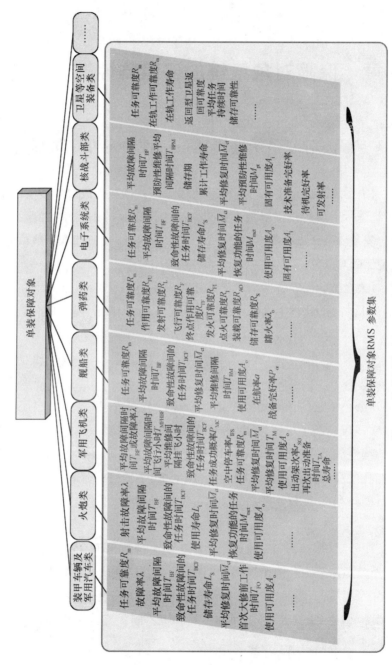

图4-1　单装保障对象RMS参数集

4.1.2　装备基本作战单元保障对象系统的 RMS 参数描述

装备基本作战单元保障对象系统是由若干个单一武器装备按照一定的功能可靠性方式组合而成的,可以单独遂行作战任务,在平时是使用与训练任务的最底层独立载体。装备基本作战单元保障对象系统的构成较单装层要复杂许多,其使用也具有随机性。

装备基本作战单元层保障对象系统在遂行作战任务时,是以一个功能整体的方式呈现的。其中的每个武器装备个体只是这个整体的一个组成部分,它们各自不能单独完成整体的作战任务,而只有通过互相的功能配合才能达到这个目的。从这个意义上来讲,装备基本作战单元层保障对象系统可以近似看作一个"单装",它内部的每个装备则相当于单装的每个功能系统,这些装备在任务过程中作为一个整体"抱团"运行。每个装备的故障将会根据任务要求的功能可靠性组成,来影响整个保障对象系统的故障或正常状态。

鉴于此,当关注装备基本作战单元保障对象系统的 RMS 单项质量特性时,可以将单装的 RMS 单项参数引用过来,必要时可以根据层次特性赋予其具体的含义。同时,由于装备基本作战单元保障对象系统可以执行一定的作战任务,所以往往需要从整体上综合把握其在执行任务时的特性,如是否"召之即来"、是否"来之能战"等,也即装备基本作战单元保障对象的战备完好性和任务持续性。因此,从这个意义上来讲,当关注装备基本作战单元保障对象系统的 RMS 综合质量特性时,采用 RMS 综合参数比较合适。目前,围绕装备基本作战单元保障对象系统的 RMS 参数描述展开了一定的研究。针对各军兵种的各类不同的武器系统,不论是在 RMS 单项参数还是 RMS 综合参数方面,基本上均提出了参数的定义及描述,如图 4-2 所示。

4.1.3　装备作战单元保障对象系统 RMS 参数描述

装备作战单元保障对象系统由若干个装备基本作战单元(或最小任务单元)保障对象系统构成。各组成部分在功能上是一种"松耦合"关系。在执行任务时,各组成部分独立执行整个系统所赋予的各自的任务要求,其各自的任务执行效果按照规定的任务逻辑关系影响整个系统任务的成败。在这种情况下,只能根据任务成功判据来判断系统的最终成败,而对于系统的中间状态何时发

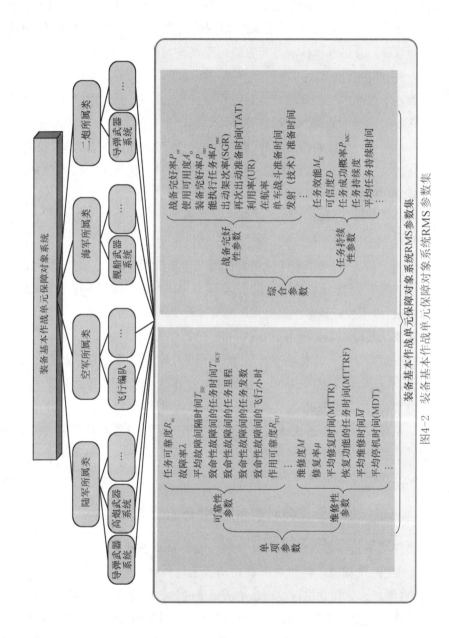

图4-2 装备基本作战单元保障对象系统RMS参数集

生引起系统状态改变的致命性故障则并不明确。由此会影响到装备作战单元保障对象系统的 RMS 参数描述和定义。

在实际的作战或训练中,装备作战单元保障对象系统作为一个整体来遂行其所受领的作战任务,人们所关注是整体系统所呈现出来的完成任务的能力。所以,仍可考虑使用 RMS 综合参数对其进行描述。

但是,由于装备作战单元保障对象系统在执行任务过程中的致命性故障不能明确划分,导致无法定义和度量与其紧密相关的致命性故障间的任务时间、恢复功能的任务时间等 RMS 单项参数,也无法区分系统的能工作状态和不能工作状态,从而也就不能定义使用可用度这一 RMS 综合参数。

因此,在选取 RMS 单项参数时,可以在绕开致命性故障的前提下,提出某些 RMS 单项参数,如基本可靠度、平均故障间隔时间、基本维修度、平均修复时间等。这些参数仍然以系统中所有装备的全串联为模式,涉及到的只是装备的故障,因此与平时意义上是相同的。在选取 RMS 综合参数时,只能选取装备完好率、任务成功概率或可信度等与致命性故障无关的 RMS 参数,而对于战备完好率、使用可用度等参数则尽量绕开。这是因为任务成功概率描述的是其在一定的保障条件下完成作战任务的能力,可以用任务成功完成次数与任务执行总次数之比来表示。装备完好率则可以通过系统中装备的完好数量与装备总数量之比来表示。由此,可以给出装备作战单元保障对象系统的 RMS 参数描述,如图 4 – 3 所示。

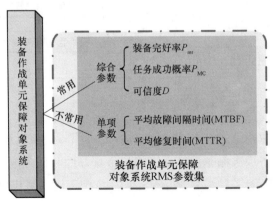

图 4 – 3　装备作战单元保障对象系统 RMS 参数集

装备体系保障对象系统是由多个装备作战单元保障对象系统构成。装备体系保障对象系统的运行特点与装备作战单元保障对象系统相同,可以认为它们的 RMS 参数描述也相同,这里不再另行区分。

4.2 保障对象系统通用质量特性模型与建模方法

4.2.1 保障对象系统通用质量特性模型框架

保障对象系统的建模任务主要包括两个方面:

(1)建立保障对象系统的 RMS 模型,描述保障对象系统执行任务的作战保障能力。但是由于不同层次,保障对象系统执行的任务复杂程度和参与执行任务的武器装备的构成有很大差异,所关注的侧重点也不同,仅用一个模型很难将其结构描述清楚。

(2)对保障对象系统产生的维修任务进行描述,具体涉及维修任务的一般形式、维修任务的全解、特定任务阶段的维修任务概率子集、以及维修任务总量等内容。

由此,可以得到保障对象系统的建模框架,如图 4-4 所示。

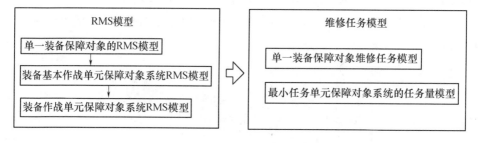

图 4-4　保障对象系统的模型框架

其中,保障对象系统的 RMS 模型是对各层次保障对象系统 RMS 特性的定量描述,主要反映各层次保障对象系统的战备玩好性和任务成功性。对于单一装备保障对象而言,更关注装备的 RMS 单项参数和使用可用度等综合参数模型。对于装备基本作战单元及装备作战单元保障对象系统而言,更为关注保障对象系统的 RMS 综合性参数,如战备完好率、任务效能和任务完成概率等。随着保障对象系统层次的不同,对 RMS 参数及模型的关注点也不同。保障对象系统层次越低,越关注 RMS 单项参数,保障对象系统层次越高,越关注 RMS 综合参数。

保障对象系统的维修任务模型,按层次可分为单一装备保障对象的维修任务模型和最小任务单元保障对象系统的任务量模型,按类别可分为自然故障维修任务模型和战损故障维修任务模型,按照内容,可分为维修任务全集(或概率)模型和维修任务量模型。这些模型交织在一起,为保障系统输出维修任务及维修任务量。

4.2.2　单一装备保障对象 RMS 模型

1. 可靠性框图模型

可靠性框图模型是针对复杂产品的一个或一个以上的功能模式,用方框表示系统各组成部分的故障或它们的组合与系统故障的逻辑图。它反映了系统与各单元功能状态之间的逻辑关系,如串联、并联、冷储备、表决和混联等。

在一定的假设条件下,如假设系统和单元仅有"故障"和"正常"两种状态、各单元的状态均相互独立等,可靠性框图模型可以转化为数学模型,从而建立系统与组成单元的 RMS 参数之间的定量关系,并由此可求解系统的可靠度和平均故障间隔时间等参数。

2. 状态转移模型

状态转移模型是将系统划分为若干个不同的状态,并描述这些状态之间转移关系的逻辑模型。状态转移模型的建立依赖于对系统状态的明确区分。随着系统单元数的增加,系统的状态数呈指数分布增长,最终会导致"状态爆炸"。因此,状态转移模型优于解决组成单元较少的系统的 RM 建模问题。其所对应的数学机理就是随机过程的理论与方法,可以求解系统可靠度、可用度、首次故障前时间分布、平均开机时间、平均停机时间、$[0,t]$ 的平均故障次数等 RM 参数。

3. 数学模型

常用的 RMS 综合参数的数学模型如下:

(1) 战备完好率模型。系统的战备完好率 P_{or} 可以由系统的可靠度参数和维修度参数来综合获得,即

$$P_{or} = R(t) + Q(t) \times P(t_m < t_d) \tag{4-1}$$

式中:t 为任务持续时间;$R(t)$ 为在前一项任务中无故障的概率;$Q(t)$ 为在前一项任务中发生故障的概率;$P(t_m < t_d)$ 为系统的维修时间 t_m 不大于到下一项任务开始时间 t_d 的概率。

（2）使用可用度模型。系统的使用可用度 A_o 是一种稳态可用度,可以用系统中的能工作时间和不能工作时间来表达,即

$$A_o = \frac{U}{U + D} \times 100\% \qquad (4-2)$$

式中:U 为能工作时间;D 为不能工作时间。

（3）可信度模型。可信度 D 描述的是系统的持续工作能力,一般可以由系统中的任务可靠度参数和任务维修度参数来表达,即

$$D = R_M + (1 - R_M)M_0 \qquad (4-3)$$

式中:R_M 为任务可靠度;M_0 为任务期间的维修度。

（4）任务效能模型。任务效能 E_M 是可信度参数和可用度参数的进一步综合,可以由可用度矩阵和可信度矩阵的乘积给出,即

$$E_M = A \times D \qquad (4-4)$$

4. 仿真模型

仿真模型是利用仿真的手段解决较为复杂的 RMS 参数建模问题。例如,对于任务成功概率 P_{MC} 来说,适当建立其仿真模型,就可以采用统计的方法来获得,即

$$P_{MC} = \frac{\eta_{\text{系统成功完成任务的次数}}}{N_{\text{系统执行任务的总次数}}} \times 100\% \qquad (4-5)$$

4.2.3　最小任务单元保障对象系统 RMS 模型

1. 建模分析

最小任务单元保障对象系统的各组成部分以整体"抱团"的方式来遂行作战任务,每个组成部分将会按照任务要求的可靠性关系,来影响整个最小任务单元保障对象系统的正常或故障状态。在执行任务的过程中,若其各个组成部分按照一定的功能逻辑关系能够满足任务执行要求,则最小任务单元保障对象系统就处于可用状态;反之,一旦这些组成部分的整体性能下降到不能满足任务功能的程度,则最小任务单元保障对象系统就会发生故障,从而转换到不可用状

态。最小任务单元保障对象系统的这种运行特点与单装保障对象类似。因此，可以应用多种传统方法来构建模型。

2. 建模方法

假设最小任务单元保障对象系统是由各种单一装备构成的。因此，最小任务单元保障对象系统的 RMS 参数应该从其各个装备的 RMS 参数聚合而来，这个聚合的过程就构成了最小任务单元层的 RMS 模型，如图 4 - 5 所示。

从图 4 - 5 中可以看出，最小任务单元保障对象系统的 RMS 建模可以从以下几个方面进行：

（1）某一阶段任务下，最小任务单元保障对象系统的 RMS 单项参数可以由各个单装的 RMS 单项参数聚合得到。

（2）某一阶段任务下，最小任务单元保障对象系统的 RMS 综合参数可以由各个单装的 RMS 单项参数聚合得到。

（3）某一阶段任务下，最小任务单元保障对象系统的 RMS 综合参数可以由其自身的 RMS 单项参数计算得到。

（4）在复杂任务下，最小任务单元保障对象系统的 RMS 参数可以由各阶段的 RMS 参数综合得到。

对于情况（1）和（2），可以建立最小任务单元保障对象系统的可靠性框图模型或状态转移模型，利用数学方法进行参数之间定量关系的分析和建立；也可以直接建立仿真模型，通过仿真统计获取最小任务单元保障对象系统的各种 RMS 单项参数或综合参数，如 MTBF、MTTR、任务成功概率等。

对于情况（3），可以直接建立最小任务单元保障对象系统的 RMS 综合参数与其 RMS 单项参数之间的关系模型，如直接使用式（4 - 1）~ 式（4 - 5），或在此基础上针对不同的需求进行相应的公式推导和建立；也可以借助仿真方法，建立最小任务单元保障对象系统的仿真过程，通过仿真统计来获取其 RMS 综合参数。

对于情况（4），可以根据 PMS 理论，建立复杂任务的 PMS 模型，利用数学方法计算复杂任务的任务效能或可信度等 RMS 参数，如：$D_{复杂任务} = D_{阶段任务1} \times D_{阶段任务2} \times \cdots \times D_{阶段任务i} \times \cdots$；同时，也可以利用仿真的方法进行仿真统计计算，这里不再赘述。

至此，对于最小任务单元层保障对象系统的任何一个复杂任务及其每个阶段任务，都可以建立一组 RMS 模型。

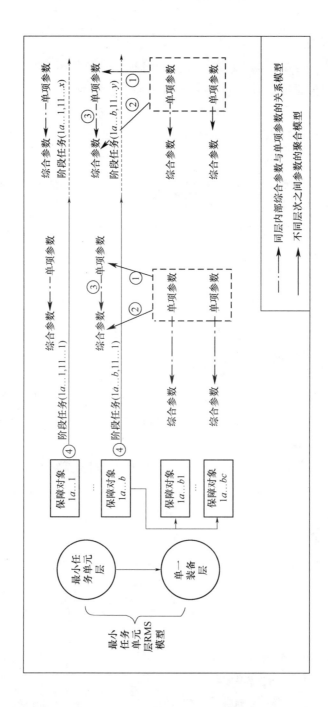

图4-5 最小任务单元保障对象系统RMS建模方法

3. 模型示例

导弹营保障对象系统包括搜索指挥车、发射制导车、光学瞄准具和导弹等组成部分。其典型任务有行军任务和火力射击任务。

1）可靠性框图模型

在行军过程中,导弹营保障对象系统需要遵守行军速度,行军间歇阶段应停车检查各部的固定是否松动,检查轮胎、制动箍是否发热等;发生后故障及时维修,且采用"即坏即修"的维修策略;行军任务中主要涉及各装备的动力系统和转向行走系统等。由此可建立任务可靠性框图,如图 4－6 所示。

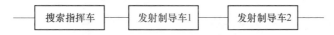

图 4－6　导弹营行军任务可靠性框图

在发射过程中,导弹营保障对象系统受领任务后,搜索指挥车在指定的空域内搜索、发现、跟踪和识别目标,并把目标指示结果给发射制导车。发射制导车捕获目标进行跟踪,并进行拦截可能性计算,发射 2 枚导弹(假设此阶段为两发齐射),击毁目标。此阶段,任务时间短,不允许维修。由此可建立任务可靠性框图,如图 4－7 所示。

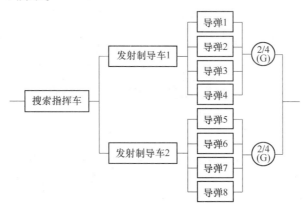

图 4－7　导弹营行军火力射击任务可靠性框图

2）仿真结果分析

假设,行军过程中导弹营保障对象系统各装备的故障和维修时间分布均服从指数分布,输入数据如表 4－1 所列。

表4-1　导弹营保障对象系统行军任务的输入数据

装　备	R 参数		M 参数	
搜索指挥车	致命性故障间的任务里程	1550km	恢复功能的任务时间	1/12.0h
发射制导车	致命性故障间的任务里程	1550km	恢复功能的任务时间	1/12.0h
任务时间	16h			
任务量	300km			
转换系数	30km/h			

利用依据任务可靠性框图构建的仿真模型以及相关 RMS 参数的统计模型，可以得到导弹营保障对象系统在行军任务下的 RMS 输出参数，如表4-2所列。

表4-2　导弹营保障对象系统行军任务的输出数据

最小任务单元保障对象的 RMS 参数类型	参数值
$R_m(t)$	$R_m = (t) = e^{-t/517}$（km）
MTBCF	517km
$G_m(t)$	$G_m(t) = 1 - e^{-t/0.08}$（h）
MTTRF	0.08h
$N_{(0 \to t)}$	1.8
A_o	0.99
P_{MC}	0.67

同样假设，导弹营保障对象系统各装备的故障和维修时间分布均服从指数分布，输入数据如表4-3所列。

表4-3　导弹营保障对象系统火力射击任务的输入数据

装　备	R 参数	
搜索指挥车	致命性故障间的任务时间	50h
发射制导车	致命性故障间的任务时间	45h
导弹	任务可靠度	0.98
任务时间	0.001389h	
任务量	4 枚导弹	
转换系数	0.000695 枚/h	

利用依据任务可靠性框图构建的仿真模型以及相关 RMS 参数的统计模型，可以得到导弹营保障对象系统在火力发射任务下的 RMS 输出参数，如表 4 – 4 所列。

表 4 – 4　导弹营保障对象系统火力射击任务的输出数据

最小任务单元保障对象的 RMS 参数类型	参数值
MTBCF	13.7h

4.2.4　装备作战单元保障对象系统 RMS 模型

1. 建模分析

装备作战单元保障对象系统是由若干个最小任务单元层保障对象系统构成的。这些最小任务单元保障对象被赋予不同的任务要求，独立承担了一定的作战任务。这些任务的执行效果，会按照一定的任务逻辑关系来影响整个装备作战单元的任务执行情况。装备作战单元保障对象系统的这种"松耦合"构架，导致了其 RMS 建模的困难，如图 4 – 8 所示。

由图 4 – 8 中可以看出，在执行任务的过程中，装备作战单元保障对象系统的状态很难确定。这是因为无论最小任务单元保障对象系统发生怎样的停机事件，也无法判断它们对整体效果的影响，只能在任务执行终点才能判断其任务的成败。

在执行任务过程中装备作战单元保障对象系统表现出来的"松耦合"性，直接导致了系统配置的波动变化。如果能够按照系统配置的变化对任务阶段进行更为细致的划分，就可以满足配置的不变性要求，也就可以采用传统的方法进行建模。

2. 建模方法

借助 PMS 理论和方法对装备作战单元保障对象系统的某个阶段任务进行 RMS 建模。首先将装备作战单元层保障对象系统的某个阶段任务，按照一定的划分方法，划分为一系列时间上连续且不相互重叠的子阶段任务，这里称为装备作战单元级子阶段任务。要确保每个装备作战单元级子阶段任务在系统配置、任务要求、故障判据及故障行为等方面是不变的，同时将装备作战单元的任务要

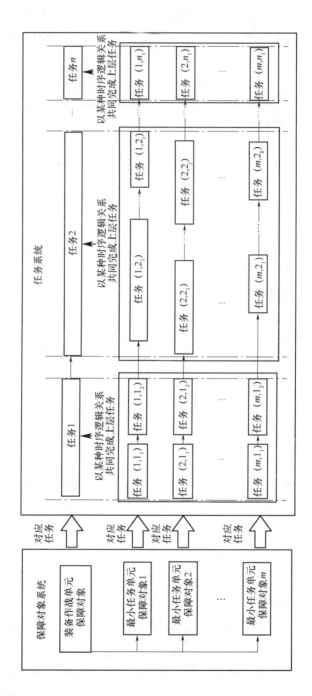

图4-8 装备作战单元保障对象系统的任务结构

求分配到子阶段任务的任务要求上,如图 4 – 9 所示。在此基础上,针对每个装备作战单元级子阶段任务,按照最小任务单元层保障对象系统的建模方法进行 RMS 参数模型的构建,就可以获取装备作战单元保障对象系统针对其每个装备作战单元级子阶段任务的相关 RMS 参数的变化情况。通过对所有装备作战单元级子阶段任务的 RMS 参数变化的研究,可以从一定程度上掌握整个装备作战单元保障对象系统在执行某阶段任务过程中的内部变化规律。

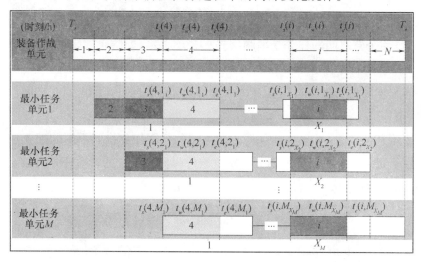

图 4 – 9　装备作战单元保障对象系统的子阶段任务的划分

3. 模型示例

以防空旅装备作战单元保障对象系统的任务成功概率模型 $P(t, t_w)$ 为例进行探讨。假设防空旅保障对象的行军任务是由其下属的 3 个导弹营最小任务单元保障对象的行军任务共同执行完成,已知防空旅及其 3 个导弹营的相关数据如下。

(1) 防空旅及其 3 个导弹营的行军任务数据,如表 4 – 5 所列。

表 4 – 5　防空旅及其 3 个营的行军任务数据

保障对象	任务开始时间	任务结束时间	任务量要求	备注
导弹 1 营	当日 00:00:00	当日 16:00:00	300km	30km/h
导弹 2 营	当日 04:00:00	当日 20:00:00	300km	30km/h
导弹 3 营	当日 08:00:00	次日 24:00:00	300km	30km/h

（2）防空旅中 3 个导弹营在行军任务下的 RM 数据，如表 4 - 6 所列。

表 4 - 6　防空旅中 3 个营在行军任务下的 RM 数据

保障对象	寿命分布	MTBCF	维修时间分布	MTTRF
导弹 1 营	指数分布	518km	指数分布	0.08h
导弹 2 营	指数分布	518km	指数分布	0.08h
导弹 3 营	指数分布	518km	指数分布	0.08h

（3）3 个营之间的任务是串联（与）的逻辑关系，即防空旅行军任务的完成，要求 3 个营的行军任务都要完成。

（4）假设 3 个营之间存在独立性，即 3 个营独立执行任务，互相之间没有约束和影响。

按照 PMS 方法，将防空旅保障对象系统的行军任务按照不同的配置进行装备作战单元级子阶段任务的划分。防空旅保障对象系统的行军任务可以划分为 5 个装备作战单元级子阶段任务，如图 4 - 10 所示。

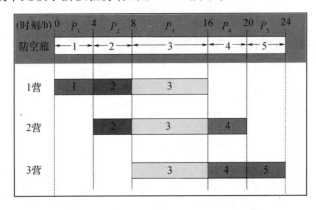

图 4 - 10　防空旅行军任务的 PMS 分解

为了简化，这里采取等分配法进行任务要求的分配。首先对各个营保障对象系统进行最小任务单元级子阶段任务的任务要求划分，然后按功能组成关系，综合得到防空旅保障对象系统在每个装备作战单元级子阶段任务内的任务要求。

对于防空旅按照 PMS 方法划分的 5 个子阶段任务，利用仿真方法可以求解防空旅在子阶段任务 i 下的 $R_i(t)$ 和 $G_i(t)$，即

$$R_1(t) = e^{-t/518}, \; G_1(t) = 1 - e^{-t/0.08}$$
$$R_2(t) = e^{-t/259}, \; G_2(t) = 1 - e^{-t/0.08}$$
$$R_3(t) = e^{-t/173}, \; G_3(t) = 1 - e^{-t/0.08}$$
$$R_4(t) = e^{-t/259}, \; G_4(t) = 1 - e^{-t/0.08}$$
$$R_5(t) = e^{-t/518}, \; G_5(t) = 1 - e^{-t/0.08}$$

防空旅行军任务阶段的整体任务成功概率为

$$P = \sum_{i=1}^{5} P_i = 0.9438$$

4.2.5　单一装备保障对象的维修任务模型

分析维修任务的来源可知,不论是自然故障维修任务还是战损维修任务均来自于单一装备。

1. 自然故障维修任务模型通用描述方法

自然故障维修任务是为了将出现自然故障的装备恢复到规定状态所进行的维修活动,主要包括自然故障维修任务名称、所涉及的故障单元、所属功能系统、所属装备、维修类型、维修级别、维修方式、维修时间和维修资源等信息要素。一般可以从装备的故障模式影响与危害度分析(FMECA)入手,参考部队装备的实际维修保障经验数据,经由修理级别分析(LORA)和维修工作分析(MTA)等综合获得。

由于装备的各个功能系统的可靠性不同,各功能系统故障发生的概率有较大的差异,因此在建立装备维修任务全集表时,应按功能系统对其所有的自然故障维修任务发生概率进行归一处理。从而不仅要呈现全部的维修任务信息,同时还应将每一条维修任务发生的概率展示出来。这些概率的确定需要以大量的部队实际经验数据为基础,由此所获取的装备自然故障维修任务概率全集表如表 4-7 所列。

表 4-7　自然故障维修任务概率全集表示例

自然故障维修任务编号	自然故障维修任务名称	所涉及的故障单元	所属功能系统	所属装备	维修类型	维修级别	维修方式	维修时间	维修资源	概率

2. 战损维修任务模型通用描述方法

战损维修任务是为了排除装备在战场上由于敌方武器装备打击造成的战斗损伤而进行的维修活动,主要包括战损子维修任务名称、所涉及的损伤单元、所属功能系统、所属装备、维修类型、维修级别、维修方式、维修时间和维修资源等要素。一般可以从装备的损坏模式及影响分析(DMEA)入手,参考部队装备的实际维修保障经验数据,经由修理级别分析(LORA)和维修工作分析(MTA)等来综合获得。

在实际的作战或训练中,在装备遭受战损后会根据战损部件的多少及其重要程度,判断此次任务中装备的轻、中、重的损伤程度。由于装备的一次损伤可能涉及到若干个战损子维修任务,我们将其组合称为一条战损维修任务。

以每个装备为研究对象,确定其所有战损子维修任务可能的组合方式,并判断这些组合的损伤程度,从而形成一系列归属不同损伤程度的战损维修任务。同时,针对每种损伤程度下的所有战损维修任务,确定其基于这种损伤程度的归一概率。实际上,这些组合和概率的确定,需要以大量的部队实际经验数据为基础,由此获得装备的战损维修任务概率全集表,如表4-8所列。

表4-8 战损维修任务概率全集表示例

损伤程度	战损维修任务编号	所包含的战损子维修任务编号	所包含的战损子维修任务名称	所涉及的损伤单元	所属功能系统	所属装备	维修类型	维修级别	维修方式	维修时间	维修资源	概率
轻损	A	1										0.6
		2										
	B	1										0.3
		3										
	C	4										0.1
中损	I	5										1
		9										
重损	a	2,3,5,6,7										0.8
	b	b	1,3,4									0.2

78

4.2.6　最小任务单元保障对象系统维修任务量模型

在实际的作战或训练中,不同的作战任务阶段由于任务的强度和难度不同,保障对象系统发生自然故障的总量和遭受战损的程度不同,要求保障系统完成的自然故障维修任务或战损维修任务的总量也不同。

4.2.6.1　自然故障维修任务量模型构建方法

最小任务单元保障对象系统的自然故障维修任务量模型是基于具体作战任务阶段的。在不同的作战任务阶段,最小任务单元层保障对象系统的配置不同,所呈现的 RM 质量水平也不同,进而发生自然故障的种类和频度也不相同,这就直接造成了自然故障维修任务量的差异。

由于自然故障维修的任务量与当前阶段的维修策略紧密相关的,此处依然假设采用"即坏即修"的维修策略。在这种维修策略下,只有考察最小任务单元保障对象系统在特定任务下的全串联模型,才能保证所获取的自然故障维修任务量的完备性。

最小任务单元保障对象系统的自然故障维修任务子集是基于具体作战任务阶段的,它以单装的自然故障维修任务概率全集为基础,以作战任务信息和保障对象系统在特定任务下的功能组成及 RMS 质量参数为依据,通过逐层向上进行概率归一综合而获取。因此,构建最小任务单元保障对象系统自然故障维修任务量模型需要从两个方面入手,如图 4 - 11 所示。

(1) 构建最小任务单元保障对象系统的自然故障维修任务子集。先构建基于阶段任务的某类装备的自然故障维修任务子集,再构建基于阶段任务的最小任务单元保障对象的自然故障维修任务子集。

(2) 构建最小任务单元保障对象系统的自然故障维修任务量模型。首先确定此阶段任务期间,最小任务单元保障对象所产生的自然故障总量,然后再把这个总量分配到每一条维修任务上,从而建立自然故障维修任务量模型。自然故障总量的获取也可以采取多种方法,如仿真法、估算法和解析法等。

4.2.6.2　战损维修任务量模型

最小任务单元保障对象系统的战损维修任务量模型也是基于具体作战任务

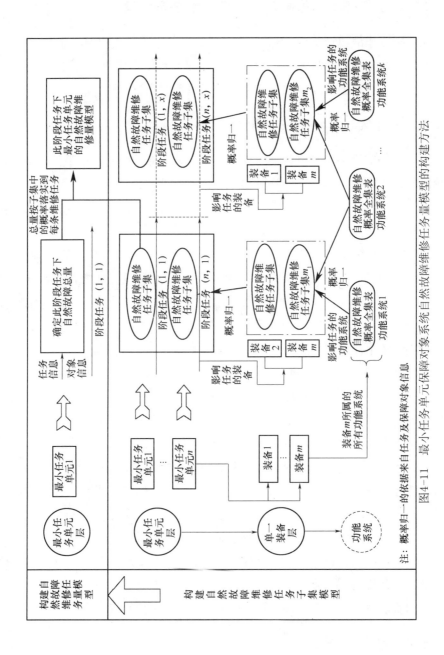

图4-11 最小任务单元保障对象系统自然故障维修任务量模型的构建方法

注：概率归一的依据来自任务及保障对象信息。

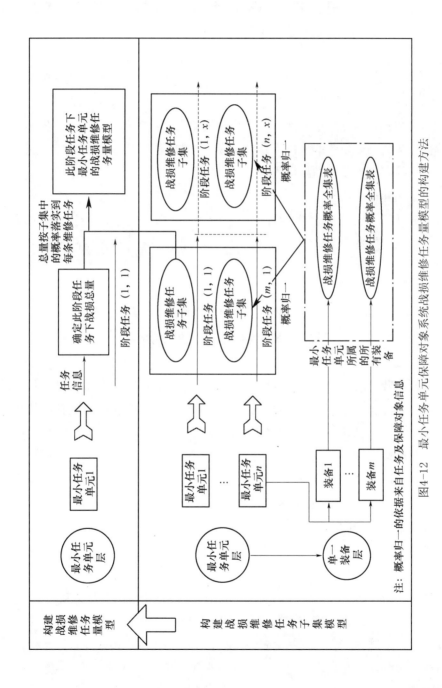

图 4-12　最小任务单元保障对象系统战损维修任务量模型的构建方法

注：概率归一的依据来自任务及保障对象信息

阶段的。在不同的作战任务阶段,最小任务单元保障对象系统的轻中重战损比例不同,则战损维修任务发生的频度也不同,因此造成了战损维修任务量的差异。

构建最小任务单元保障对象系统战损维修任务量模型也需要从两个方面入手,如图 4 - 12 所示。

(1)构建最小任务单元保障对象系的战损维修任务子集模型。首先构建基于阶段任务的每个装备的战损维修任务子集,然后再构建基于阶段任务的最小任务单元保障对象系统的战损维修任务子集。

(2)构建最小任务单元保障对象系统的战损维修任务量模型。首先确定此阶段任务期间,最小任务单元保障对象所产生的战损总量,然后再把这个总量分配到每一条维修任务上,从而建立最小任务单元层保障对象系统战损维修任务量模型。

4.3 装备全寿命过程保障对象系统保障特性模型的演化与应用

前面所建立的保障对象模型,是一个客观描述保障对象 RMS 和维修任务的通用模型,适用于装备全寿命过程的各个阶段。只是由于各阶段的任务描述的侧重点有所不同,保障对象系统模型的表现形式会有所不同。若从装备全寿命过程的角度来看,就可以看到保障对象系统模型在全寿命各阶段的演化过程,如图 4 - 13 所示。

在论证阶段,主要是根据顶层的使命任务所需的装备体系能力,逐层分解,分析确定型号装备的 RMS 指标。这一阶段的特点是:使命任务所对应的装备体系保障对象构成复杂、规模庞大,保障对象系统的构成存在多种可能选择性,并不唯一确定。

在这一阶段进行任务建模时,首先从顶层的装备体系保障对象系统 RMS 开始,然后逐层分解,直至确定出装备的 RMS 截至。分解的原则是按照部队的编制体制结构开展,如联合作战装备体系保障对象系统→军兵种装备体系保障对象系统→装备作战单元保障对象系统→最小作战单元保障对象系统→单一装备保障对象。

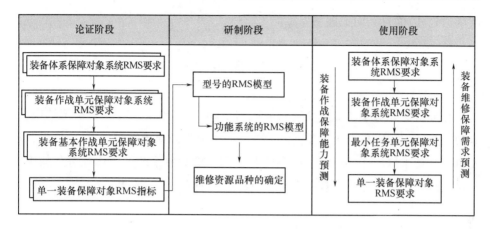

图 4 – 13　保障对象系统模型在装备全寿命过程中的演化

　　在每一层次的保障对象系统 RMS 的分解过程中,都要以第 3 章中的任务的时序模型、与上一层次的任务逻辑关系模型为基础。由于不确定性的因素较多,在建模的过程中,会存在多种可能的定性定量模型选择,需要通过大量的权衡和优化分析与验证,最终决策。

　　经过逐层的保障对象系统 RMS 建模与分解,最终能够确定单一装备 RMS 的参数指标,而这一指标是开展装备型号研制活动的输入。

　　在研制阶段,主要是依据型号的 RMS 指标要求,开展型号的功能结构设计。在这一阶段,尚需要逐层建立各功能系统的 RMS 模型,反复权衡,最终确定装备的各层次结构。在此基础上,明确型号所需的维修保障资源的品种。

　　在这一阶段进行任务建模,实际上就是将论证阶段的单一装备 RMS 指标转换为型号的功能结构设计和维修保障资源的品种需求。

　　在使用阶段,主要是依据装备的战技性能、作战运用模式和作战任务和要求,一方面分析确定针对特定任务的维修保障任务需求(如任务量),另一方面分析预测保障对象系统完成任务要求的作战保障能力水平。

　　这一阶段的特点是:各种型号装备进入到部队的作战编制体制当中,此时装备的专用质量特性和通用质量特型均已确定,作战使用任务及其要求非常明确,执行作战任务的装备保障对象较为明确,装备之间的相互关系及运用模式基本清晰。

　　在这一阶段进行任务建模,与论证阶段建模不同,一方面自上而下预测保障需求,另一方面自下而上评估保障能力。

4.4　本章小结

在分析保障对象系统定性定量描述的基础上,提出了保障对象系统的模型框架,建立了单装、最小任务单元和装备作战单元保障对象系统的 RMS 模型,以及单一装备维修修任务模型和最小任务单元保障对象系统的维修任务量模型,并对保障对象系统模型在装备全寿命过程中的演变进行了分析。

第5章 保障系统模型与演化

5.1 保障系统的定性定量描述

对于保障系统的定性定量描述,一般从两个层次开展:一是对保障系统的顶层参数的描述;二是对保障系统内部各项资源的描述。

对保障系统顶层参数的描述,主要有保障任务的平均完成时间、保障任务的完成概率和维修保障费用,这3项指标是从保障系统完成任务的能力和总费用的角度提出的。

对于保障系统资源级参数的描述,分为8大资源类30个具体参数,如图5-1所示。其中,描述人力人员的参数有人员满编率、人员在位率、人员技术水平、专业对口率和称职率;描述供应保障的参数有备件完好率、备件数量满足率、备件品种齐全率;描述保障设备的参数有保障设备完好率、保障设备利用率、保障设备数量满足率和品种齐全率;描述技术资料的参数有技术资料满足率、技术资料品种配套率和适用性;描述训练与训练保障的参数有人员参训率、培训合格率、科目完成率、训练器材利用率、训练器材满足率、训练设备满足率和训练设施利用率;描述计算机资源保障的参数有软件可靠性和计算机硬件完好率;描述保障设施的参数有保障设施利用率和保障设施完好率;描述包装、装卸、储存与运输的参数有包装等级、装卸能力、储存环境和运输能力等。此30项参数也是从资源能力的角度提出来的。

5.2 保障系统模型与建模方法

5.2.1 保障系统的模型框架

保障系统的建模任务主要包括两个方面:一是对装备保障系统构成和运作

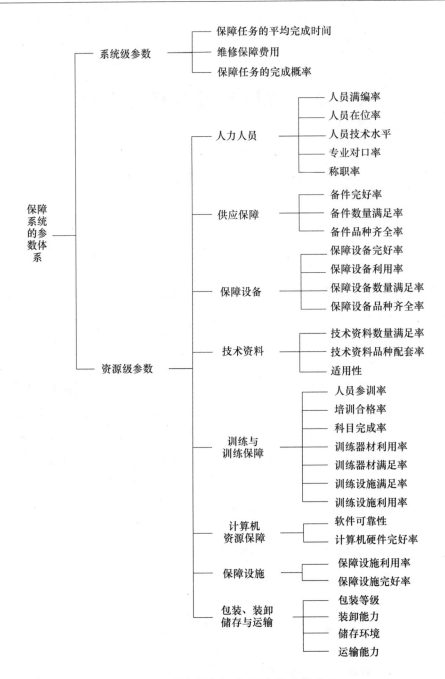

图 5-1 装备维修保障系统评价参数体系

过程进行描述,分别建立系统构成模型和运作模型;二是对保障对象系统产生的维修任务被分配在保障系统的哪个层次、哪个维修实体进行维修展开描述,具体涉及维修任务到保障层次的分配关系、维修任务量的分摊、维修实体承担的维修任务总量等内容。由此,可以得到保障系统的建模框架,如图 5 - 2 所示。

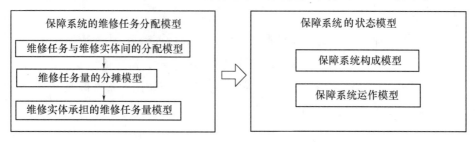

图 5 - 2　保障系统的模型框架

保障系统的维修任务分配模型是保障对象系统和保障系统之间的连接,描述的是保障对象系统产生的维修任务被分配到保障系统的某个保障层次下的某个维修机构的过程。具体过程可通过三个模型表示,分别是维修任务维修实体间的分配模型、维修任务量的分摊模型,以及维修实体承担的维修任务量模型。

保障系统的状态模型,主要包括保障系统构成模型和保障系统运作模型,反映的是保障系统的组成关系和业务运作关系。

5.2.2　保障系统的构成模型

5.2.2.1　建模分析

装备保障系统的构成要素比较多,各要素间的相互关系较为复杂。在装备保障系统构成建模时,可从保障系统的构成要素(组织机构或保障力量)入手,分析构成要素的类别和要素之间的相互关系。

1. 分类关系分析

分类关系描述的是装备保障系统组成要素之间的类别区分。通过对装备保障系统的各级机构层层分解,可以发现,构成装备保障系统的最底层要素主要是部署类、保障指挥类、维修类、运输类、器材保障类等的最小单位,如军械修理组。

2. 组合关系分析

组合关系描述的是装备保障系统的层次结构关系。最小单元之上的其他层次的保障系统机构均是由这些最小单位组合而成,只不过有的是由同类最小单位组成,如一个维修分队就是由各种修理组组成的,而有的是由不同类的最小单位组成,如前进保障群是由保障指挥人员、维修分队、器材分队和运输分队组成的。

3. 关联关系分析

关联关系描述的是装备保障系统机构之间的指挥关系、业务指导关系、协同保障关系、接替保障关系、维修支援关系、器材供应关系和装备运输关系等。例如,维修支援关系是指维修机构在保障实力受损或保障任务繁重情况下,若不能及时完成保障任务时,上级机构对其实施支援的关系。

4. 属性分析

装备保障系统机构的属性描述可分为基本属性、空间属性、行为属性、任务属性、资源配置属性和能力属性六个方面。基本属性描述装备保障系统机构的名称、隶属关系等;空间属性描述装备保障系统机构的配置地域(地点)、部署形式等;行为属性描述装备保障系统机构所执行的业务活动;任务属性描述装备保障系统机构可干什么、在干什么;资源配置属性描述装备保障系统机构的资源实力;能力属性描述装备保障系统机构的固有能力和效能。

5.2.2.2 建模方法

1. 基于实体的构建方法

考虑到装备保障系统构成模型的描述,核心在于反映出各级保障机构的特征及相互关系,因此,可采用实体来描述各级保障系统机构。考虑到不同层次的实体性质、规模差异较大,因此将最底层的实体,亦即保障系统的最小单元,定义为单元体,如保障指挥组、维修组、器材保障组和装备运输组等。而将其他层次的保障系统实体定义为聚合体,顾名思义,聚合体均可由最底层的单元体组合而成,即通过单元体的自底向上的层层聚合,建立上层实体,最终就可以描述整个装备保障系统的构成。这就是基于实体的装备保障系统构成建模方法,如图5-3所示。

基于实体的系统构成建模方法实际上是一种E-R建模方法,它通过建立实体,并利用实体间的关系来复合和关联实体。它体现为两个方面:层次的嵌套复合和实体之间的相互关联。首先,将不同的实体向上复合,形成新的实体,再以新的实体再次复合,如此循环嵌套,就可构成整个系统的层次关系。需要注意的是,在这个向上复合的过程中,通常需要遵循一定的规律,受一定规则的约束。其次,一个系统之所以是一个有机整体,不仅体现在从下至上的复合关系中,更体现为实体的之间的相互关联上。因此,在层次结构建模完毕的基础上,需进一步对实体可能存在的交互关系进行描述和建模。

由图 5-3 可知,基于实体来描述系统的构成,实际上就是在约束规则的控制下,不断定义新的实体的过程。当定义到最顶层的一个实体时,实际上就是定义了一个系统。将整个层次的实体按照复合方式进行组合,并定义实体间的关联关系,就形成了整个系统的构成模型。

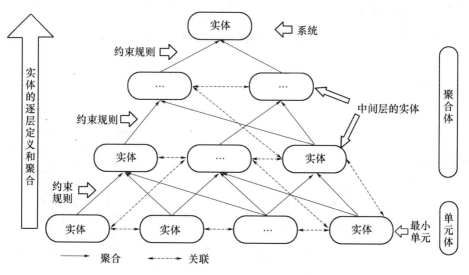

图 5-3　基于实体的系统构成建模方法

2. 建模步骤

基于实体进行装备保障系统构成建模,可以分为如下步骤。

(1) 定义最小单元。定义最小单元就是确定实体的分辨率,即实体粒度。例如,保障群和其所辖的修理队都是一个实体,定义最小单元,实际上就是选择保障群作为最低层次,还是选择修理队作为最低层次。

(2) 对实体进行分类,建立实体的分类模型。将这些实体按照某种原则进行分类,建立实体的分类模型。在这个基础上,按照实体类进行聚合来定义上层实体,从而确保所有同类实体所需描述的实体信息处于一致性。

（3）以实体类为基础,构建系统的组合关系模型。依据所定义的实体类,按照实体类之间的不同组合方式,将不同的实体类进行聚合,逐层构建上层实体,直至定义到装备保障系统,就形成了系统的层次结构模型。

（4）分析并建立实体间的关联关系模型。对装备保障系统中可能存在的实体间的关联关系进行定义,界定实体间可能存在的交互关系,并对这些关联的应用规则进行分析和形式化表达。

（5）建立实体的属性模型。

5.2.2.3 模型示例

1. 分类关系模型

基于 UML 可建立装备保障系统的实体关系模型,如图 5 - 4 所示。

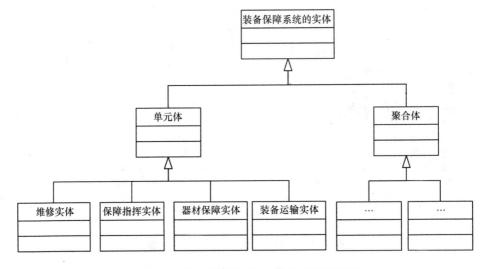

图 5 - 4 装备保障系统的实体分类关系模型

图 5 - 4 中,箭头表示"共享",即子类共享一个父类。需要注意的是,由于功能组合不同,聚合体还可分为由多类单元体组成的类不同的功能组合的保障实体。

实体分类关系用"kind - of"进行描述,其函数表达式为:$K(x,y)$,表示实体类 y 是实体类 x 的子类,即 x 和 y 属于父类与子类关系。

分类关系具有传递性,即当实体类 x 直接包含实体类 y,且类 y 直接包含类

z 时,则实体类 x 包含类在,即

Direct Contain(x,y) ⋀ Direct_Contain(y,z)→Contain(x,z)

Contain(x,y) ⋀ Contain(y,z)→Contain(x,z)

依据分类关系的传递性,可根据实体的分类关系模型中的各个节点,通过遍历查找实体所述的实体类,继而选择该类实体对应的属性进行属性描述。

2. 组合关系模型

实体的组合关系包括分解关系和聚合关系。以某维修队为例,下辖维修组和器材保障组两个子实体,如图 5 – 5 所示。

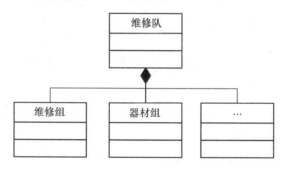

图 5 – 5　装备保障系统的实体组合关系模型

图 5 – 5 中,◆ 所代表的含义为"聚合",即下层实体聚合组成上层实体。

实体组合关系用" part – of"进行表述,其函数表达式为:P(x,y),即实体 y 是实体 x 的一部分, x 和 y 属于父子关系。

组合关系也具备传递性。当 x 直接包含 y,且 y 直接包含 z 时,则有 x 包含 z,即

Direct_Contain(x,y) ⋀ Direct_Contain(y,z)→Contain(x,z)

Contain(x,y) ⋀ Contain(y,z)→Contain(x,z)

依据组合关系的传递性公理,可根据实体的组合关系模型,通过遍历查找实体的所有上层实体,继而明确实体间的聚合和解聚对象。

3. 关联关系模型

以某旅前进保障群中的指挥组、修理组和器材供应组为例,指挥组对修理组和器材供应组是指挥关系,器材供应组对维修组是器材供应关系,则三者的关联关系模型如图 5 – 6 所示。

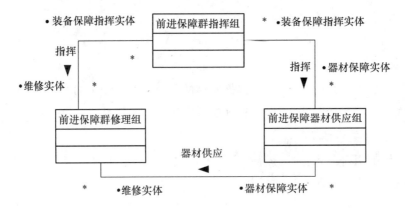

图 5-6 装备保障系统实体关联关系模型

实体的关联关系用"associate with"表述,其函数表达式为 $A(x,y)$,表示实体 x 对实体 y 实施某种关联关系。

需要注意的是,系统的实体数量众多,为了保证关联关系建模的完整性和准确性,建模过程必须遵循一定步骤。实体关联关系建模的步骤是:首先,选择底层装备保障系统的某个实体,建立其与本层装备保障系统实体之间的保障关系;其次,建立其与上保障分系统实体间的保障关系;最后,选择上层装备保障系统的某个实体,重复上述步骤,直至顶层装备保障系统,即可建立整个装备保障系统所有实体之间的关联关系模型。

4. 基于及时性的实体属性模型

(1)保障指挥实体的属性描述模型(表 5-1)。保障指挥实体是具备指挥决策功能的后方指挥机构、指挥组等,其属性构成在实体属性框架的基础上,应当着重体现出其与保障指挥相关的能力。

表 5-1 保障指挥实体的属性描述模型

属性类	属性	属性描述
基本属性	名称(ID)	名称需填写,但 ID 号是标识实体的唯一编号
	上层实体	根据组合模型自动生成
	下层实体	根据组合模型自动生成
	关联作用对象	根据关联关系模型自动生成
	类型	保障指挥实体
空间属性	配置地域(地点)	通常用坐标标识

（续）

属性类		属性	属性描述
行为属性		可执行活动	属于可选项,内容详细见表属性框架分析中
		当前活动	系统运行时自动标识
任务属性		可执行任务	可选项目,包括指挥任务、部署任务
		当前任务	系统运行时自动标识
资源配置		人员配置	按照资源属性进行填写,属于属性中的属性
		设备配置	按照资源属性进行填写,属于属性中的属性
能力属性	固有能力	通信方式	属于可选项,包括有线通信、无线电子通信、机动通信
		有线通信速度	采用有线通信时的通信速度
		无线电通信速度	采用无线电通信时的通信速度
		平均机动通信速度	采用机动通信时的通信速度
		平均指挥决策时间	对每一条业务信息处理的时间,通常用单次耗时表述
		平均展开时间	从撤收状态转换为展开状态的平均时间
		平均撤收时间	从展开状态转换为撤收状态的平均时间
		运力满足率	运力满足情况所能达到的水平
		平均运力等待时间	运力不足时,需要等待的时间
		平均机动速度	用每千米耗时进行表述
	外化能力	平均指挥服务时间	多次不同方式下的指挥决策决策时间的平均值
		平均部署能力	多次部署或部署变更任务所耗时间的平均值

　　（2）维修实体的属性描述模型（表 5 - 2）。维修实体是实施维修保障的单元,其职责主要是实施装备维修,并在部署及部署变更命令下实施机动部署,因而其主要的能力属性应当体现与维修和部署相关的方面。

表 5 - 2　维修实体的属性描述模型

属性类	属性	属性描述
基本属性	名称(ID)	名称需填写,但 ID 号是标识实体的唯一编号
	上层实体	根据组合模型自动生成
	下层实体	根据组合模型自动生成
	关联作用对象	根据关联关系模型自动生成
	类型	维修实体
空间属性	配置地域(地点)	通常用坐标标识

（续）

属性类		属性	属性描述
行为属性		可执行活动	属于可选项,内容详细见表属性框架分析中
		当前活动	系统运行时自动标识
任务属性		可执行任务	可选项目,包括部署任务、维修任务集
		当前任务	系统运行时自动标识
资源配置		维修人员配置	按照资源属性进行填写,属于属性中的属性
		携行器材配置	按照资源属性进行填写,属于属性中的属性
		维修设备配置	按照资源属性进行填写,属于属性中的属性
能力属性	固有能力	服务台配置数量	该维修实体的编组数量
		平均修理时间分布	服从于某个分类类型的时间函数
		平均展开时间	从撤收状态转换为展开状态的平均时间
		平均撤收时间	从展开状态转换为撤收状态的平均时间
		运力满足率	运力满足情况所能达到的水平
		平均运力等待时间	运力不足时,需要等待的时间
		平均机动速度	用每千米耗时进行表述
	外化能力	平均维修等待时间	某段时间内,维修任务进入后所需等待的平均时间
		服务强度	用于表示维修实体的服务系统的使用强度
		平均维修服务时间	通过某种方法计算得知的反映某个阶段的平均维修能力参数
		平均部署能力	多次部署或部署变更任务所耗时间的平均值
		各类资源满足率	某个时间段内资源的满足情况
		各类资源利用率	某个时间段内资源的使用情况

（3）器材保障实体的属性描述模型（表 5 - 3）。器材保障实体是向其维修实体或其他器材保障实体提供器材保障的实体,其职责包括器材的筹措、管理和供应。器材保障实体的能力属性主要侧重于实体的器材供应和获取速度,以及器材的满足情况和利用情况。

表 5 - 3　器材保障实体的属性描述模型

属性类	属性	属性描述
基本属性	名称(ID)	名称需填写,但 ID 号是标识实体的唯一编号
	上层实体	根据组合模型自动生成
	下层实体	根据组合模型自动生成
	关联作用对象	根据关联关系模型自动生成
	类型	器材保障实体
空间属性	配置地域(地点)	通常用坐标标识
行为属性	可执行活动	属于可选项,内容详细见表属性框架分析中
	当前活动	系统运行时自动标识
任务属性	可执行任务	可选项目,包括部署任务和器材保障任务
	当前任务	系统运行时自动标识
资源配置	人员配置	按照资源属性进行填写,属于属性中的属性
	运行器材配置	按照资源属性进行填写,属于属性中的属性
	设备配置	按照资源属性进行填写,属于属性中的属性
能力属性	固有能力	供应服务台数量 该维修实体的编组数量
		平均装载时间分布 服从于某个分类类型的时间函数
		平均卸载时间分布 服从于某个分类类型的时间函数
		平均出库时间分布 服从于某个分类类型的时间函数
		平均展开时间 从撤收状态转换为展开状态的平均时间
		平均撤收时间 从展开状态转换为撤收状态的平均时间
		运力满足率 运力满足情况所能达到的水平
		平均运力等待时间 运力不足时,需要等待的时间
		平均机动速度 用每千米耗时进行表述
	外化能力	平均供应服务时间 某段时间内,各次供应服务时间的平均值
		平均部署能力 多次部署或部署变更任务所耗时间的平均值
		平均器材周转速度 周转器材的平均周转周期
		平均器材周转率 周转器材的周转频率
		平均器材满足率 某个时间段内器材的满足情况
		平均器材利用率 某个时间段内器材的使用情况

（4）装备运输实体的属性描述模型(表 5 - 4)。装备运输实体是装备运输力量的最小保障单元,其主要职责是提供装备运输服务,并在部署及部署变更命

令下实施机动部署,因而其能力属性主要体现在机动能力和装备运输能力两个方面。

表 5－4 装备运输实体的属性描述模型

属性类		属性	属性描述
基本属性		名称(ID)	名称需填写,但 ID 号是标识实体的唯一编号
		上层实体	根据组合模型自动生成
		下层实体	根据组合模型自动生成
		关联作用对象	根据关联关系模型自动生成
		类型	装备运输实体
空间属性		配置地域(地点)	通常用坐标标识
行为属性		可执行活动	属于可选项,内容详细见表属性框架分析中
		当前活动	系统运行时自动标识
任务属性		可执行任务	可选项目,包括部署任务和装备运输任务
		当前任务	系统运行时自动标识
资源配置		人员配置	按照资源属性进行填写,属于属性中的属性
		设备配置	按照资源属性进行填写,属于属性中的属性
能力属性	固有能力	运输服务台数量	该实体的编组数量
		平均装载时间分布	服从于某个分类类型的时间函数
		平均卸载时间分布	服从于某个分类类型的时间函数
		平均展开时间	从撤收状态转换为展开状态的平均时间
		平均撤收时间	从展开状态转换为撤收状态的平均时间
		运力满足率	运力满足情况所能达到的水平
		平均运力等待时间	运力不足时,需要等待的时间
		平均机动速度	用每千米耗时进行表述
	外化能力	平均运输服务时间	某段时间内,各次运输任务所耗时间的平均值
		平均部署能力	多次部署或部署变更任务所耗时间的平均值

5.2.3　保障系统的运行模型

5.2.3.1　建模分析

装备保障系统的运行模型实际上是对保障触发下的活动及交互进行的抽象和形式化描述,如图 5－7 所示。

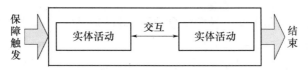

图 5 - 7　装备保障系统运行模型的要素

交互含有两个方面的内涵,包括用于交互介质的交互信息和用于交互约束的交互规则。保障触发和结束则通常以信息的方式进行体现,因而保障触发和结束实际上也是一类交互信息,只不过使用该交互信息作为介质的交互双方是装备保障系统与环境,而不是装备保障系统自身的实体。

1. 交互信息分析

装备保障系统的交互信息主要包括系统内部实体交互所需的请示、指示、命令、报告、通知、建议等信息,装备保障系统与环境交互的信息,即维修任务信息和相应的反馈信息,以及用于改变实体某种状态的信息,如维修支援到达后,需要将维修实体的服务台数量改变,继而以发出服务台数量变更信息。对装备保障系统的各类交互信息进行总结和归类,如表 5 - 5 所列。

表 5 - 5　装备保障系统的交互信息

交互信息类型	交互信息
命令	部署命令、部署变更命令等
请示	保障部署变更请示、维修请示、维修支援请示、器材申请请示、维修支援撤回请示、运力支援请示、装备后送请示、装备下送请示等
指示	现地修理指示、伴随修理指示、固定修理指示、维修支援指示、维修支援撤回指示、器材供应指示、器材接取指示、器材接收指示、装备后送指示、装备下送指示、装备接取指示、运力支援指示等
建议	装备保障建议
报告	维修任务完成情况报告、维修支援到达报告、维修支援撤回报告、部署任务完成报告、部署转移任务完成报告、器材供应任务完成报告、器材到达报告、器材接收报告、器材接取报告、装备运输任务完成报告、装备到达报告、运力支援任务完成报告、运力支援到达报告等
通知	维修支援通知、维修撤回通知、器材接取通知、器材供应通知、部署通知、部署变更通知、装备下送通知、装备接取后送通知、运力支援通知、运力支援撤回通知等
通报	保障情况通报
与保障对象系统的交互	维修任务信息、保障任务完成通知、装备状态更新信息、作战部署信息、作战部署变更信息等

　　某些交互信息属于保障触发信息,是装备保障系统运行的根本动因。在建模时,通常按照不同的保障触发建立保障过程模型表达系统的运行,将这些表达保障触发的相关信息分析和总结,如表 5-6 所列。

表 5-6　各类实体产生的保障触发信息

实体类型	保障触发信息
保障对象系统	维修任务信息
维修实体	器材申请请示、维修支援请示、维修支援撤回请示、运力支援请示
保障指挥实体	部署命令、部署变更命令
器材保障实体	器材申请请示、运力支援请示
装备运输实体	运力支援请示

2. 交互规则分析

　　交互规则是对实体活动间的交互规律和约束规则的描述。交互规则主要包括逻辑规则、基于实体关联和信息对等的综合约束规则两个方面。其中,逻辑规则是对通过提供活动开始条件及结束条件对实体之间的活动交互进行的约束。通常以输入和输出信息间的逻辑关系进行表述。基于实体关联和信息对等的综合约束,包括实体关联约束和活动的输入、输出信息对等两个方面的共同约束。实体间的关联关系的界定是要明确对实体间可能存在的交互,因而两个实体是否能交互,首先就限制在两者是否存在某种关联上。在此基础上,才能进一步判定实体执行的某一活动是否能够触发下一实体的某个活动。

3. 活动建模分析

　　活动的执行是装备保障系统运行的根本手段。活动可以分为外部活动和内部活动,外部活动是指实体间的交互活动,而内部活动则体现为一系列的动作及动作间的逻辑。从这个意义上讲,实体活动的结束是下一个实体开始执行活动的外部条件,需要以交互信息为介质进行触发;动作的结束是实体自身的下一个动作的开始条件,作为交互信息来触发下一实体的相关活动。

　　当实体受交互信息所触发后,实体开始按照动作和动作间的逻辑关系逐步推进。动作的执行是以占用实体的使用权、消耗实体的资源为代价,随着动作的推进,实体的当前状态必然不断发生变化。因此,在动作的逻辑推进过程中,当实体的当前状态不能满足下一动作的需要时,就会造成针对当前任务的实体活动的中断,并只有在需求得到满足后才能继续执行。

实体活动的描述如表 5 - 7 所列。

表 5 - 7　实体活动模型的形式化描述

属性	注释
ID	实体的 ID,实体活动的唯一编号
E_Name	实体的名称,实体的名称可能相同,但可通过其 ID 号进行区分
E_Class	实体类型,表示执行活动的实体类型
Act_name	活动的名称,不同类型的实体其可执行的活动各不相同
In_infors	实体活动的输入信息,是活动的执行条件的信息体现方式
$f(P\_act,\cdots)$	构成活动的动作及动作间的逻辑关系,通常以动作逻辑图的形式进行描述
Status bar	活动执行中所改变的相关实体状态。状态改变也可当做是实体的一个动作,因而实体状态的改变在通常在活动动作中进行描述
Out_infors	实体活动的输出信息,实体是活动的结束或中断条件的信息体现
Start time/End time	整个活动的开始、结束时间

5.2.3.2　建模方法

1. 基于活动和交互的装备保障系统运行建模方法

从前面分析可知,只要建立了系统运行中涉及的活动模型、交互信息模型(包括系统内部的交互信息和与环境的交互信息)和交互规则模型,即可建立装备保障系统的运行模型。由此,可建立一种基于活动和交互的装备保障系统运行建模方法,如图 5 - 8 所示。

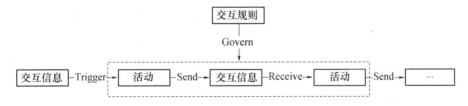

图 5 - 8　基于活动和交互的装备保障系统运行建模方法

由此,可定义基于活动和交互装备保障系统运行建模的步骤如下。

(1) 交互信息建模。分析装备保障系统内部,以及与环境进行交互时存在的交互信息,并提供交互信息的建模语言,建立形式化的交互信息模型。

（2）交互规则建模。分析交互中可能存在的交互规则,并提供交互规则的建模语言,建立形式化的交互规则模型。

（3）活动建模。分析装备保障系统的可能存在的活动,并按照实体类型进行分类,提供活动的建模语言,建立形式化的活动模型。

（4）构建装备保障系统运行模型。依据交互信息模型,交互规则模型和活动模型构建装备保障系统运行模型。

2. 交互信息建模方法

交互信息的建模语言是交互信息知识的表达形式,包括显式的图元化语言形式及配套的数据语言。其中,显式的语言通常用图元进行表达,而配套的数据语言则是对图元的形式化描述,如表5-8～表5-11所列。

表5-8 交互信息的图元化建模语言

交互信息	图元化建模语言	注释
开始信息		系统运行的开始
结束信息		系统运过的结束
信息入口		表示接入下一个分过程
信息出口		表示过程连接上一个分过程
信息流		一般信息流
	——Y——	决策结果为"是"的信息
	——N——	决策结果为"否"的信息

表5-9 开始/信息入口图元的形式化描述

属性	注 释
图元 ID	图元的唯一编号
图元名称	开始图元/信息入口
触发实体	产生交互信息的实体,如××高炮营
触发信息	交互信息类型,如维修请示
下一图元 ID	用于表述图元间的顺序,是过程推进的重要依据

表 5 – 10　结束/信息出口图元的形式化描述

属性	注　释
图元 ID	图元的唯一编号
图元名称	结束图元/信息出口
结束信息	交互信息类型
去向实体	结束信息的作用对象
上一图元 ID	

表 5 – 11　信息流图元的形式化描述

属性	注　释
图元 ID	
图元名称	信息流
信息类型	该信息流图元所代表的信息
输出实体	信息的来源,如指挥组
去向实体	信息的去向,即流向哪个实体,如维修组
下一图元 ID	
上一图元 ID	

3. 交互规则建模方法

交互规则的建模语言是交互规则相关知识的表达形式,包括显式的图元化语言形式及配套的数据语言。其中,显式的语言通常用图元进行表达,而配套的数据语言则是对图元的形式化描述,如表 5 – 12、表 5 – 13 所列。

表 5 – 12　逻辑规则的图元化建模语言

交互信息	图元化建模语言	注释
与	&	多个信息到达才触发下一个活动
或	O	多个信息均可触发下一个活动
异或	X	多个信息均可触发下一个活动,但在同一时刻仅有一个可触发
并行	▌	活动结束后输出多个信息

表 5 - 13　逻辑图元的形式化描述

属性	注　释
图元 ID	图元的唯一编号。即便多次使用同一图元,其 ID 却各不相同
图元名称	与图元/或/异或/并行
信息族关系	分别用逻辑算子表述,AND( )、OR( )、XOR( )、PARALLEL( )
上一个图元 ID	
下一个图元 ID	

4. 活动建模方法

活动的建模语言是活动知识的表达形式,包括显式的描述语言及配套的数据语言。其中,显式的描述语言通常用图元进行表达,而配套的数据语言则是对图元的形式化描述,如图 5 - 9 和表 5 - 14 所示。

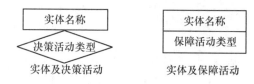

图 5 - 9　实体活动的图元化建模语言

表 5 - 14　实体活动图元的形式化描述模型

属性	注　释
图元 ID	图元的唯一编号。即便多次使用同一图元,其 ID 却各不相同
图元名称	实体活动
实体名称	执行活动的实体名称,如军械修理组
活动名称	实体执行的活动名称,如现地修理
上一个实体及活动	触发该活动执行的上一个实体及其活动
下一个实体及活动	该活动执行完毕后所触发的下一个实体及活动
上一个图元 ID	
下一个图元 ID	

需要指出的是,活动中涉及的动作间逻辑关系的描述与交互规则中的定义相同,不再赘述。

5.2.3.3 模型示例

1. 交互信息模型

交互信息的通用形式化描述模型如表 5 – 15 所列。

表 5 – 15 交互信息的通用形式化描述模型

属性名称	注　　释
ID	String,当前交互信息在系统中的编号,产生一个信息即生成一个 ID
Name	String,信息的名称
Can – receiver	String,可接收该信息的实体类型
Can – sender	String,可发出该信息的实体类型
Class	String,属于何种类型的交互信息,如部署命令常用信息类 ID 表示
Content	复杂数据结构,信息所表达的内容,不同类型的交互信息其内容各不相同
Sender	String,信息的发出者,用其 ID 表示
Receiver	String,信息的接收者,用其 ID 表示
S/R Time	Time( ),信息的发出或接收时间

2. 交互规则模型

装备保障系统运行中的逻辑规则通常包括与、或、异或和并行 4 种。其中,"与"逻辑规则表示当某一实体的某个活动在多个实体活动完成后,才能开始执行。当多个实体活动中的任意一个完成,或多个在同一时间内完成,均可触发后续实体活动的执行时,则体现为"或"逻辑。当前一个实体活动结束后,可触发多个实体活动时,只能选择一个实体活动作为其后续后动时,则体现为"异或"逻辑。某一实体活动的完成,将产生两个以上的输出信息,并同时触发两个或多个其他实体活动时,则表现为"并行"逻辑,如图 5 – 10 所示。

3. 基于交互和活动的保障系统运作模型

保障系统活动包括保障指挥实体的活动、维修实体的活动、器材保障实体的活动和运输保障实体的活动等。以维修实体为例,在模块化编组的维修实体中,维修实体通常可当做服务系统进行分析,其活动类型包括伴随修理、现地修理、固定修理、机动部署、部署转移、维修接替、维修支援和支援撤回等。这里仅给出

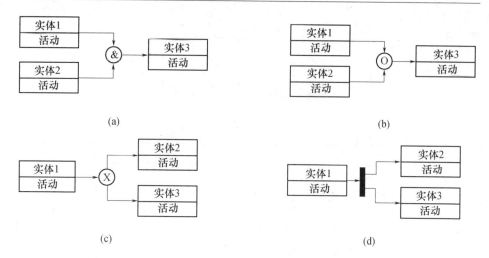

图 5 - 10　逻辑结构模型

（a）"与"逻辑结构；（b）"或"逻辑结构；（c）"异或"逻辑结构；（d）"并行"逻辑结构。

固定修理活动模型示例,如图 5 - 11 所示。

　　固定修理是维修实体在配置地域对故障装备实施维修的活动。其开始条件包括维修指示下达和故障装备到达,反映在信息上则体现为维修实体接收到维修指示和故障装备到达报告。维修任务进入维修实体的服务系统后,首先判断力量是否展开,在没有展开的情况下进入队列排队。在展开或部分展开的情况下判断是否有空闲服务台,在有空闲服务台时才能执行一系列的动作对之实施保障。在动作的执行过程中,还可能因当前实体的资源状态造成维修的中断,继而提出资源需求产生相应的请示,并在资源需求得以满足之后重新得到服务。

　　此外,为了能够保证在规定的任务时限内完成维修任务,当维修任务进入队列后需要判定当前的维修力量能否在规定的时间内完成维修任务,继而判断是否需要提出维修支援;相应地,当每一个维修任务完成后,又需要判断是否可以将维修支援力量撤回。

　　固定修理活动的开始条件包括:①固定修理指示和装备到达报告;②维修支援撤回指示;③库存更新信息;④服务台更新信息;⑤力量展开信息。其中:第①个条件表明有新的维修任务到达;第②个条件用于表述维修支援的力量可以撤回;第③个条件表述由申请的器材到达;第④个条件表明有维修支援力量到达,实体的服务台配置数量增加;第⑤个信息表明实体的部分或全部力量由撤收转为展开,可用于维修的服务台数量增加。

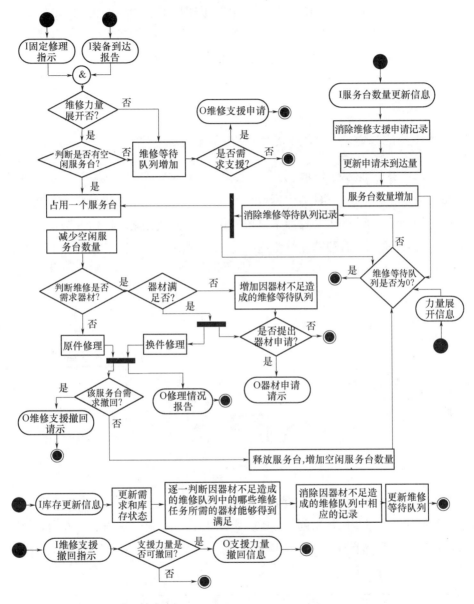

图 5－11　固定修理活动模型

　　其输出信息包括:①器材申请请示;②维修支援请示;③维修支援撤回请示;④修理情况报告;⑤支援力量撤回信息。其中:第①个输出信息表明当前维修实体的器材配置不足或低于安全库存量;第②个输出信息表明当前实体的力量配置不能在规定的时限内完成维修任务;第③个输出信息表明当前力量配置能确保在规定的时限内完成维修任务,支援力量可以撤回;第④个输出信息表明有维修任务完成;第⑤个输出信息表明支援力量可以撤出被支援单位。

5.2.4　维修任务分配模型

5.2.4.1　维修任务与维修实体间的分配关系模型

维修任务与维修实体间的分配关系模型,描述的是某个保障对象系统的某维修任务是在哪个维修级别,由哪些维修实体承担。要建立起维修任务与维修实体间的分配关系,需要经过两个阶段。第一个阶段建立维修任务与保障层次的分配关系,第二个阶段建立维修任务与各个保障层次所属维修实体的分配关系,如图 5 – 12 所示。

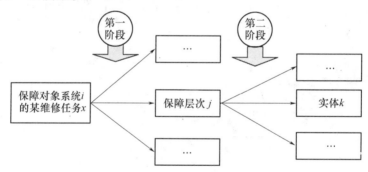

图 5 – 12　建立分配关系的一般过程

1. 第一阶段建立维修任务与各保障层次间的分配关系

维修任务与各保障层次间的分配关系,可以按照维修级别(损伤程度)建立或者根据保障要求(如力量配属、支援关系、装备的特殊性等)进行调整(表 5 – 16)。

表 5 – 16　维修任务与各保障层次的分配关系方案

保障对象系统	维修任务	维修任务对应的保障层次
保障对象系统 i	维修任务 1	第1个保障分系统,…
	⋮	
	维修任务 j	
	⋮	

维修任务与所有保障层次的分配关系实际上对应一个维修任务与保障层次之间的分配关系向量,即

$$B_l(ij)_{1 \times m} = \begin{bmatrix} b_{ij1}, \cdots, b_{ijl}, \cdots, b_{ijm} \end{bmatrix} \tag{5-1}$$

当 $b_{ijl} = 1$ 时,说明保障对象系统 i 的维修任务 j 与第 l 个保障层次形成分配关系,该保障层次承担该维修任务。

当 $b_{ijl} = 0$ 时,说明保障对象系统 i 的维修任务 j 与第 l 个保障层次不形成分配关系,该保障层次不承担该维修任务。

2. 第二阶段建立维修任务与各保障层次所属维修实体间的分配关系

维修任务与各保障层次所属维修实体间的分配关系,可以基于装备结构(按照装备类型、装备型号、功能系统、部(附)件等)、基于平均维修时间、基于维修级别(损伤程度)等方式进行建立(表 5 - 17)。

表 5 – 17　维修任务与某保障层次的维修实体的分配关系

保障对象系统	维修任务	对应的各保障层次	可承担该维修任务的维修实体
保障对象系统 i	维修任务 1	保障层次 1	维修实体 11,维修实体 12
		保障层次 l	维修实体 23,维修实体 lk
	维修任务 j		
	⋮		

维修任务与维修实体间的分配关系也可写为一个分配关系向量,即

$$B_{lk}(ij)_{1 \times n_l} = \begin{bmatrix} b_{ijl_1}, \cdots, b_{ijl_k}, \cdots, b_{ijln_l} \end{bmatrix} \tag{5-2}$$

式中:n_l 为第 l 个保障层次的维修实体总数。

当 $b_{ijlk} = 1$ 时,说明保障对象系统 i 的维修任务 j 与第 l 个保障层次的第 k 个维修实体形成分配关系,该维修实体承担该维修任务。

当 $b_{ijlk} = 0$ 时,说明保障对象系统 i 的维修任务 j 与第 l 个保障层次的第 k 个维修实体不形成分配关系,该维修实体不承担该维修任务。

5.2.4.2　维修任务量分摊关系模型

1. 分摊关系矩阵

建立维修任务量分摊关系模型,就是要明确某一维修任务的任务量在维修实体中的分摊情况。分摊关系的建立包括两个阶段的工作:一是确定在各个保

障层次中的分摊情况;二是确定在各个保障层次所属维修实体中的分摊情况。

分摊情况是指某一保障层次或维修实体需要承担某保障对象系统 i 的某一维修任务 j 的多少任务量,通常可用分摊率进行描述,分为各保障层次间的分摊率 $r_{ijl}(0 \leqslant r_{ijl} \leqslant 1)$ 和某保障层次所属维修实体间的分摊率 $r_{ijlk}(0 \leqslant r_{ijlk} \leqslant 1)$。其中,$r_{ijl}$ 为各保障层次所承担的某一保障对象系统的某一维修任务的总量占该维修任务总量的百分比;r_{ijlk} 为保障层次 l 的维修实体 E_{lk} 所承担某保障层次任务总量的百分比,是针对某一保障对象系统某维修任务的任务量,在保障层次分摊的基础上进行的再次分摊。

维修任务在所有保障层次间的分摊率必须归1,各个保障层次下属所有维修实体间的分摊率也必须归1,即

$$\sum_{l=1}^{m} r_{ijl} = 1 \tag{5-3}$$

$$\sum_{k=1}^{n_l} r_{ijlk} = 1 \tag{5-4}$$

令保障对象系统 i 的维修任务 j 在保障层次 l 中的分摊率向量为 $\boldsymbol{R}_{ij}$,即

$$\boldsymbol{R}_{ij}(l) = [r_{ij1}, \cdots, r_{ijl}, \cdots, r_{ijm}] \tag{5-5}$$

在保障层次 l 中的每个维修实体间的分摊率向量为 $\boldsymbol{R}_{ijlk}$,即

$$\boldsymbol{R}_{ij}(lk) = [r_{ijl1}, \cdots, r_{ijlk}, \cdots, r_{ijln_j}] \tag{5-6}$$

由此,维修任务量与实体间的分摊关系可描述为矩阵的形式,即

$$\boldsymbol{Q}(ij)_{m \times P} = \boldsymbol{R}_{ij}^{\mathrm{T}}(l) \times \boldsymbol{R}_{ij}(lk) = \begin{pmatrix} Q_{ij11} & \cdots & Q_{ij1k} & \cdots & Q_{ij1P} \\ \vdots & \ddots & \vdots & \ddots & \vdots \\ Q_{ijl1} & \cdots & Q_{ijlk} & \cdots & Q_{ijlP} \\ \vdots & \ddots & \vdots & \ddots & \vdots \\ Q_{ijm1} & \cdots & Q_{ijlk} & \cdots & Q_{ijmP} \end{pmatrix} \tag{5-7}$$

式中:Q_{ijlk} 为保障对象系统 i 的维修任务 j 在保障层次 l 的第 k 个维修实体上的分摊率,则

$$Q_{ijlk} = r_{ijl} \cdot r_{ijlk} \tag{5-8}$$

每一个保障对象系统 i 的每一个维修任务 j 的分摊情况,都可以写作上述分摊关系模型,且其分摊率之和必须为1,即

$$\sum_{l=1}^{n} \sum_{k=1}^{n_l} Q_{ijlk} = 1 \qquad (5-9)$$

2. 分摊率的批处理方式

某一个保障对象系统的维修任务众多,通常情况下分别确定每一个维修任务的分摊率会造成巨大的工作量。因此,需要确定一种批处理方式,以减少确定分摊率的工作量。这里给出这样一种批处理方式来对维修任务的分摊率进行确定,即将保障对象系统所对应的保障层次的各种组合分别作为一种分摊方案,并分别对每一种分摊方案进行分摊率赋值,那么分摊方案为

$$C_m^1 + C_m^2 + \cdots + C_m^j + \cdots + C_m^m = \sum_{j=1}^{m} C_m^j \qquad (5-10)$$

例如,以高炮营对应的一个3层保障系统为例,其组合方式共有:$C_3^1 + C_3^2 + C_3^3 = 7$ 种。由此,仅需确定7种分摊组合即可,如表5-18所列。

表5-18 保障对象系统在各保障层次间的分配(示例)

保障层次(序号 l)	一个层次自承担			二个保障层次承担			三个层次承担
防空旅层(1)	1	0	0	0.8	0	0.8	0.6
陆战集团层(2)	0	1	0	0.2	0.7	0	0.3
联合战役层(3)	0	0	1	0	0.3	0.2	0.1
各层次间的任务量区分方案	1	2	3	1、2	2、3	1、3	1、2、3

在这个基础上,维修任务根据自身对应的保障层次的组合分别查询该表,即可明确与自身形成分配关系的各个保障层次的分摊率,即明确 r_{ijl}。

同理,也可按上述方法来确定每一个保障层次所属实体的分摊率。以防空旅层为例,假设其下属三个维修实体,则分摊方案组合如表5-19所列。

表5-19 某层次所属维修实体之间的分摊方案(示例)

防空旅层所属于维修实体(序号 k)	一个实体承担			二个实体承担			三个实体承担
维修实体(1)	1	0	0	0.9	0	0.8	0.6
维修实体(2)	0	1	0	0.1	0.2	0	0.3
维修实体(3)	0	0	1	0	0.8	0.2	0.1
维修实体间的分摊方案	1	2	3	1、2	2、3	1、3	1、2、3

按照维修任务与某保障层次所属维修实体形成的分配关系值,确定对应的分摊方案,继而确定各维修实体的分摊率,即明确 r_{ijlk}。

5.2.4.3 维修实体承担的任务量模型

维修任务的维修任务量是指维修任务的发生次数,即某一维修任务的条数。根据维修任务量分摊关系矩阵,可清楚地明确每一维修实体承担的某一保障对象系统的某一维修任务的任务量分摊率,结合保障对象系统的某维修任务的维修任务量,即可明确各个维修实体承担的实际维修任务量,包括自然故障维修任务量和战损维修任务量,如图 5 – 13 所示。

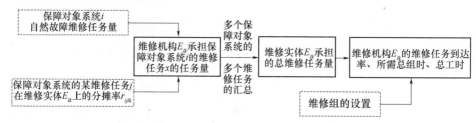

图 5 – 13 维修实体的维修任务量确定方法

1. 保障对象系统某自然故障维修任务量模型

确定保障对象系统某一自然故障维修任务量的方法很多,如仿真分析法、估算法和解析方法等。这里不做深入分析,假设其为已知条件。

令:F_i 为保障对象系统的自然故障维修任务总量,是已知条件;P_{iz} 为保障对象系统发生自然故障时,维修任务 z 出现的概率,则保障对象系统 i 的某一条自然维修任务 z 的任务量为

$$S_{NA}(iz) = F_i \times P_{iz} \qquad (5 - 11)$$

2. 保障对象系统战损维修任务量模型

战损维修任务的故障量与保障对象系统的战损情况密切相关。设保障对象系统的战损维修任务任务总数为 M,在阶段 T 内受击次数为 N,每一次的战损率为 P_x,则保障对象系统的战损维修任务量为

$$S_{ZS} = \sum_{x=1}^{N} M \times P_x \qquad (5 - 12)$$

进一步,令保障对象系统发生故障时,战损维修任务 y 发生的概率为 P_y,每

一个战损维修任务包含的战损子任务的数量为 n_y，则在阶段 T 内，某一战损维修任务 y 的维修任务量为

$$S_{ZS}(iy) = P_{iy} \times S_{ZS-iy} = P_{iy} \times \left(\sum_{x=1}^{N} M \times P_x \right) \times n_y \qquad (5-13)$$

3. 实体 E_{lk} 承担保障对象系统 i 的自然故障维修任务 z 和战损维修任务 y 的任务量模型

根据维修任务分摊关系模型，可确定每一维修任务在实体中的分摊率 r_{ijlk}。其中的维修任务 j 即对应的每一个分摊率即是每一个自然故障维修任务 z 和战损维修任务 y 的分摊率 r_{izlk} 和 r_{iylk}。由此，可确定该自然故障维修任务或战损维修任务在某一个维修机构中的任务量 $S_{NA-jk}(iz)$ 和 $S_{ZS-jk}(iy)$，其计算公式分别为

$$S_{NA-jk}(iz) = r_{izlk} \times S_{NA}(iz) \qquad (5-14)$$

$$S_{ZS-jk}(iy) = r_{iylk} \times P_{iy} \times S_{ZS-iy} = r_{iylk} \times S_{ZS}(iy) \qquad (5-15)$$

式中：$S_{NA}(iz)$ 为保障对象系统 i 的某一条自然维修任务 z 的任务量；$S_{ZS}(iy)$ 为保障对象系统 i 的某一战损维修任务 y 的维修任务量。

4. 维修实体 E_{lk} 承担的维修任务总量模型

假设第 l 层的第 k 个维修实体 E_{lk} 需要承担其维修任务的保障对象系统为 m 个。每一个保障对象系统 i 分别有 L_{NAi} 条自然故障维修任务和 L_{ZSi} 条战损维修任务由该维修实体承担维修。由此，可计算出每一个维修机构所需承担的维修任务总量，即

$$S_{lk} = S_{NA-lk} + S_{ZS-lk} = \sum_{i=1}^{m} \left(\sum_{z=1}^{L_{NAi}} S_{NA-lk}(iz) + \sum_{y=1}^{L_{ZSi}} S_{ZS-lk}(iy) \right) \qquad (5-16)$$

根据维修实体 E_{lk} 承担的维修任务总量模型，即可确定某维修机构在阶段 T 内的维修任务到达率为

$$\lambda_{lk} = \frac{S_{lk}}{T} \qquad (5-17)$$

5. 维修实体 E_{lk} 所需的维修总组时 T_{Z-jk}。

假设维修实体 E_{lk} 对承担的第 i 个保障对象系统的第 z 个自然故障维修任务进行维修所需的时间为 $t_{NA-lk}(iz)$，承担的第 y 个战损维修任务所需的维修时间为 $t_{NA-lk}(iy)$。由此，可计算出维修实体所需的维修组时为

$$T_{Z-lk} = \sum_{i=1}^{m} \left(\sum_{z=1}^{L_{NAi}} (S_{NA-lk}(iz) \times t_{NA-lk}(iz)) + \sum_{y=1}^{l_{ZSi}} (S_{ZS-lk}(iy) \times t_{NA-lk}(iy)) \right)$$

$$(5-18)$$

6. 维修实体 E_{lk} 所需的维修总工时 T_{G-jk}

同样,在维修实体 E_{lk} 的编组设置完成后,即可确定阶段 T 内的所有维修任务所需的维修总工时 T_{G-jk}。

假设维修实体 E_{lk} 的人员配置为:维修人员类型数量 N_R,第 c 类维修人员的数量 N_c。在执行某一维修任务时,资源在整个维修过程中不释放,则维修实体 E_{lk} 执行某一自然故障维修任务或战损维修任务时,所需的工时分别为

$$t_{NAg-ij}(iz) = t_{NA-jk}(iz) \times \sum_{c=1}^{N_R} N_c \qquad (5-19)$$

$$t_{ZSg-jk}(iy) = t_{NA-jk}(iy) \times \sum_{c=1}^{N_R} N_c \qquad (5-20)$$

由此,可计算出维修实体所需的总工时,即

$$T_{G-jk} = \sum_{i=1}^{m} \left(\sum_{z=1}^{L_{NA_i}} (S_{NA-jk}(iz) \times t_{NAg-jk}(iz)) + \sum_{y=1}^{l_{ZS_i}} (S_{ZS-jk}(iy) \times t_{ZSg-jk}(iy)) \right)$$

$$(5-21)$$

据此,可得知某一维修实体 E_{lk} 所承担的某一保障对象系统的某条维修任务的任务量,以及维修机构所有维修任务所需的总组时和总工时,如表 5-20 所列。

表 5-20　维修实体的维修任务量信息

维修实体	保障对象系统	自然故障维修任务 z 的任务量	战损维修任务 y 的任务量	维修任务到达率	所需总组时	所需总工时
维修实体 E_{lk}	保障对象系统 i	$S_{NA-lk}(iz)$	$S_{ZS-lk}(iy)$	λ_{lk}	T_{Z-lk}	T_{G-lk}
	⋮					

利用总组时或总工时可以确定资源数量的配置。

5.3　装备全寿命过程保障系统模型的演化与应用

前面所建立的保障系统模型,实际上是一个客观描述任务的通用模型,适

用于装备全寿命过程的各个阶段。只是由于各阶段的保障系统描述的侧重点有所不同,保障系统模型的表现形式会有所不同。若从装备全寿命过程的角度来看,就可以看到保障系统模型在全寿命各阶段的演化过程,如图 5 – 14 所示。

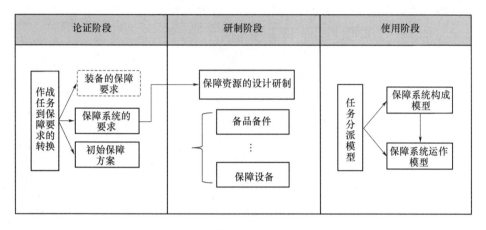

图 5 – 14　保障系统模型在装备全寿命过程中的演化

　　在论证阶段,主要是根据顶层的使命任务,分析确定使命任务通常是基于未来作战的某种考虑,站位较高,任务描述较为笼统,对保障系统的要求也较为模糊,这一阶段主要是根据作战要求对保障的要求进行初步的分析,形成初始的保障方案、保障系统的要求和初步的型号装备保障要求。进行任务建模时,首先从顶层的使命任务开始,逐层将作战任务要求转换保障的综合要求。通过分析综合保障要求,明确装备的保障要求和保障系统的要求。此阶段的建模,主要是建立作战任务到保障要求的转换模型。

　　在研制阶段,主要是依据型号的可用度要求,一方面对装备的 RMS 展开设计分析活动;另一方面依据对相应的保障资源开展设计研制活动。此阶段的保障系统模型主要为保障资源模型。

　　在使用阶段,主要是依据装备的战术技术性能、作战运用模式和各级作战任务要求,生成装备保障方案。依据装备保障方案构建装备保障系统,明确保障系统的构成和运作方式,制定维修任务的分配方法。

5.4　本章小结

在分析保障系统定性定量描述的基础上,提出了保障系统的模型框架,建立了保障系统的构成模型、运作模型和维修任务分配模型,并对保障系统模型在装备全寿命过程中的演变进行了分析。

第6章 "三个系统"作用机理模型与演化

6.1 作用机理的定性定量描述

装备保障工程是以装备战备完好与任务持续能力的形成与不断提高为目标的。围绕着装备战备完好与任务持续能力形成以及持续提高的规律认识,从单一属性和综合属性研究的角度出发,装备保障工程的作用机理可以分为两个层次:装备保障综合作用机理和装备保障特性、装备保障系统方面的机理问题。

保障特性方面机理问题主要研究装备的故障"发生"(可靠性)、"发现"(测试性)的机理与规律、故障"恢复与预防"(维修性)过程的机理与规律、故障引发的事故"发生"与"控制"(安全性)的机理与规律及"保障系统资源特性与装备的保障特性"相互作用(保障性)的机理与规律,为装备"好保障"奠定理论基础。

保障系统机理方面问题主要研究装备保障物资资源、人力资源、信息资源、保障组织机构和保障法规制度等要素的相互作用影响规律,为保障系统实施持续改进,提高运行效率,最大限度满足装备保障需求,确保装备"保障好"奠定理论基础。

装备保障综合作用机理主要研究任务系统、保障对象系统和保障系统之间的相互作用机理,以及上述3个系统对战备完好与任务持续能力及保障费用与保障规模的影响,为研究对象域中各层次研究对象的战备完好与任务持续能力的设计、分析与评估以及持续改进奠定理论基础。上述机理之间是相互作用、相互影响的,如图6-1所示。通常,反映装备保障特性机理的装备属性主要包括可靠性(含耐久性)、维修性(含测试性),反映保障系统作用机理的属性主要是保障及时性,反映3个系统作用机理的系统综合属性主要包括战备完好性和任务持续性。任务系统的影响通常直接通过可靠性模型来反映。本章将主要研究装备保障综合作用机理的定量关系模型,即研究装备战备完好性、任务持续性与装备可靠性维修性保障性等保障特性,以及保障系统相关属性之间的定量关系。为此,首先明确可靠性、维修性、保障系统的基本概念和主要参数的定义,以及战备完好性和任务持续性的基本概念和主要参数的定义,为建立相关模型奠定基础。

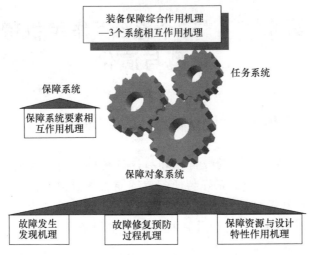

图 6 - 1　装备保障工程机理之间的层次关系

6.1.1　可靠性的概念与主要参数

1. 可靠性的基本概念

可靠性指的是产品在规定的条件下和规定的时间内完成规定功能的能力。可靠性的概率度量称为可靠度。与产品可靠性相对应的概念是产品的故障或失效。严格地讲,产品(部件或系统)丧失规定功能称为失效或故障。通常,对不可修产品称为失效,对可修产品称为故障。产品的故障时间(或寿命)是与许多因素有关的,如该产品所用的材料,设计和制造工艺过程中的各种情形,以及产品在储存和使用时的环境条件等。产品的故障时间或寿命也与产品需要完成的功能有关。当产品丧失了规定的功能,即当产品失效,它的寿命也就终止。显然,对同一产品,在同样的环境条件下使用,由于规定的功能不同,产品的寿命将会不同。

定义 6 - 1　设 $t \geq 0$ 为规定的时间,随机变量 $X \geq 0$ 表示产品故障前的工作时间,分布函数

$$F(t) = P\{X \leq t\} \tag{6 - 1}$$

表示在时间 $[0, t]$ 内丧失规定功能的概率,称为产品的累积故障概率或不可靠度,函数

$$R(t) = \overline{F}(t) = P\{X > t\} \tag{6-2}$$

表示产品在时间 $[0,t]$ 内完成规定功能的概率,称为产品的可靠度函数或可靠度。

定义 6-2　正常工作到时刻 t 的产品在其后单位时间内发生故障的条件概率

$$\lambda(t) = \lim_{\Delta t \to \infty} \frac{P\{t < X \leq t + \Delta t \mid X > t\}}{\Delta t} \tag{6-3}$$

称为产品的故障率函数。此函数描述了产品故障随产品工作时间的变化规律。

故障率函数 $\lambda(t)$、可靠度函数 $R(t)$、累积故障分布函数 $F(t)$ 和故障分布密度函数 $f(t)$ 之间的关系为

$$\lambda(t) = \frac{F'(t)}{R(t)} = \frac{f(t)}{R(t)} = -\frac{R'(t)}{R(t)} \tag{6-4}$$

$$R(t) = e^{-\int_0^t \lambda(t)\,\mathrm{d}t} \tag{6-5}$$

2. 描述可靠性的主要参数

对于不可修产品而言,主要可靠性定量参数是可靠度 $R(t)$、故障率 $\lambda(t)$ 及平均寿命(MTTF)。假定时刻 $t=0$ 产品开始正常工作,若 X 是它的寿命,则产品的运行随时间的进程如图 6-2 所示。由于没有修理的因素,产品一旦失效便永远停留在失效状态。此时,可靠度定义的公式及平均寿命定义公式也描述了不可修产品的可靠性特征。

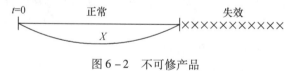

图 6-2　不可修产品

可修产品的情形要复杂些。由于有修理的因素,产品故障后可以予以修复,此时产品的运行随时间的进程是正常与故障交替出现的。如图 6-3 所示,其中 X_i 和 Y_i 分别表示第 i 个 $(i=1,2,\cdots)$ 周期的产品工作时间(Up-Time)和停工时间(Down-Time)。在工作时间内产品处于正常状态,在停工时间内产品处于故障状态。一般,$X_1, x_2, \cdots$ 或 $Y_1, Y_2, \cdots$ 不一定是同分布的。描述可修产品的可靠

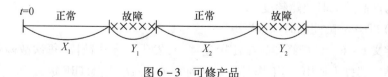

图 6-3　可修产品

性数量指标除了故障率函数 $\lambda(t)$、可靠度函数 $R(t)$ 以外,主要还有首次故障前平均时间、平均故障次数、平均故障间隔时间等。

1) 平均无故障工作时间

定义 6-3 对一个给定的产品,在规定的条件、规定的功能和规定的时间 $[0,t]$ 内,设随机变量 $X \geq 0$ 为产品的故障时间,称

$$EX = \int_0^\infty t\mathrm{d}F(t) \tag{6-6}$$

为产品的平均无故障工作时间(MTBF 或 MTTF)。

2) 首次故障前平均时间

定义 6-4 产品首次故障前时间 X_1 的分布定义为

$$F_1(t) = P\{X_1 \leq t\} \tag{6-7}$$

首次故障前平均时间(MTTFF)定义为

$$MTTFF = EX_1 = \int_0^\infty t\mathrm{d}F_1(t) \tag{6-8}$$

它表示可修产品在 $[0,t]$ 时间内都正常的概率,与前面可靠度的一般定义一致。如果一个可修产品一旦发生故障将要产生灾难性后果的情形,首次故障前时间分布及其均值是该产品最重要的可靠性数量指标。

3) 平均故障次数与稳态故障次数

可修产品随时间的进程是一串正常的故障交替出现的过程。

定义 6-5 设随机变量 $N(t) \in \mathbb{Z}$ 且 $N(t) \geq 0$ 为产品在 $[0,t]$ 时间内的故障次数,其分布为

$$P_k(t) = P\{N(t) = k\} \quad k = 0,1,2,\cdots \tag{6-9}$$

产品在 $[0,t]$ 时间内平均故障次数为

$$M(t) = EN(t) \sum_{k=1}^\infty kP_k(t) \tag{6-10}$$

当 $M(t)$ 导数存在时,称

$$m(t) = \frac{\mathrm{d}}{\mathrm{d}t}M(t) \tag{6-11}$$

为产品的瞬时故障频度。

4) 平均故障间隔时间(MTBF)

定义 6-6 设可修产品在使用过程中,发生了 n 次故障,每次故障修复后该产品继续投入使用,其工作时间分别为 $t_1, t_2, \cdots, t_n$,则 MTBF 定义为

$$\text{MTBF} = \frac{1}{n} \sum_{i=1}^{n} t_i \qquad\qquad (6-12)$$

6.1.2 维修性的概念与主要参数

维修性是指产品在规定的条件下和规定的时间内,按规定的程序和方法进行维修时,保持或恢复其规定状态的能力。涉及瞬态可用度研究的维修性参数如下。

1. 产品的维修度

定义 6 – 7 设随机变量 $Y \geq 0$ 为产品的修复时间,其相应的分布函数

$$M(t) = P\{Y \leq t\} \quad t \geq 0 \qquad\qquad (6-13)$$

称为该产品的维修度。

维修度反映了在一定条件下,完成修复的时间 Y 小于或等于规定修复时间 t 的概率。显然 $M(t)$ 是一个概率分布函数。

2. 产品维修时间概率密度函数

维修时间密度函数表示单位时间内修复数与送修总数之比,即单位时间内产品预期被修复的概率:

$$m(t) = \frac{\mathrm{d}M(t)}{\mathrm{d}t} = \lim_{\Delta t \to 0} \frac{M(t+\Delta t) - M(t)}{\Delta t} \qquad\qquad (6-14)$$

3. 产品的修复率

$$\mu(t) = \lim_{\Delta t \to 0} \frac{P\{t < Y \leq t + \Delta t \mid Y > t\}}{\Delta t} \qquad\qquad (6-15)$$

修复率反映了在 t 时刻未能修复的产品,在 t 时刻后单位时间内修复的概率。显然,有

$$\mu(t) = \frac{m(t)}{1 - M(t)} \qquad\qquad (6-16)$$

4. 产品平均修复时间

定义 6 – 8 对一个给定的产品,设随机变量 $Y \geq 0$ 为产品的修复时间,则产品的平均修复时间(MTTR)定义为

$$\text{EY} = \int_0^\infty t \mathrm{d}M(t) \qquad\qquad (6-17)$$

在产品的维修中,往往把维修的类型划分为修复性维修和预防性维修,以上维修性参数同样适用于两种类型。

6.1.3 保障系统的概念与主要参数

装备保障系统是由各种与装备使用与维修保障相关的要素构成的有机整体,一般包括保障物资资源、人力资源、信息资源、保障组织机构和保障法规制度等。保障性是指系统(即装备)的设计特性和计划的保障资源能满足平时和战时使用要求的能力。从研究战备完好性与任务持续性模型的角度出发,涉及的参数主要是描述保障系统运行的一些参数。

(1)保障延迟概率分布函数。

定义 6 – 9 设随机变量 $Z \geqslant 0$ 描述产品的保障延迟时间,Z 相应的分布函数

$$S(t) = P\{Z \leqslant t\} \quad t \geqslant 0 \tag{6-18}$$

称为该累积保障延迟概率分布函数。

累积保障延迟概率分布函数反映了在一定条件下,完成保障延迟的时间 Z 小于或等于规定保障延迟时间 t 的概率。

(2)保障延迟时间概率密度函数:

$$s(t) = \frac{\mathrm{d}S(t)}{\mathrm{d}t} = \lim_{\Delta t \to 0} \frac{S(t + \Delta t) - S(t)}{\Delta t} \tag{6-19}$$

(3)转修率:

$$\rho(t) = \lim_{\Delta t \to \infty} \frac{P\{t < Z \leqslant t + \Delta t \mid Z > t\}}{\Delta t} \tag{6-20}$$

转修率反映了在 t 时刻的产品,在 t 时刻后单位时间内转到修复状态的概率。

(4)平均保障延迟时间。

定义 6 – 10 对一个给定的产品,设随机变量 $Z \geqslant 0$ 描述产品的保障延迟时间,则产品的平均保障延迟时间(MLDT)定义为

$$EZ = \int_0^\infty t\mathrm{d}S(t) \tag{6-21}$$

除了上述反映可修复产品维修性、保障性的参数或函数以外,还有许多反映保障系统运行的参数,这里不再赘述。

6.1.4 战备完好性与任务持续性概念及主要参数

1. 战备完好性与任务持续性的基本概念

战备完好性是指装备在平时和战时使用条件下,能随时执行预定任务的能

力。任务持续性是指装备在规定任务期间内能够持续使用且完成规定功能的能力。通俗地讲,这两个概念就是装备"召之即来"和"来之能战"的能力。

2. 战备完好性与任务持续性的主要参数

不同类型的装备,战备完好性与任务持续性的度量通常会有所差异。前者常用可用度、能执行任务率度量,后者常用任务持续时间、任务可靠度等度量。这里主要研究可用度和任务可靠度。

(1)瞬时可用度。可用度是可用性的概率度量。这个参数是把维修性、可靠性与保障性以及保障系统结合在一起考虑的综合性指标。它表征了在规定的条件下,当需要的时候,产品是否可用?亦即在任一时刻投入战斗的能力。

定义 6 – 11 设一个可修系统 $X(t)$ 有正常和故障两种可能状态,即对 $t \geq 0$,有

$$X(t) = \begin{cases} 1 & \text{若时刻 } t \text{ 系统正常} \\ 0 & \text{若时刻 } t \text{ 系统故障} \end{cases}$$

系统在时刻 t 的瞬时可用度定义为时刻 t 系统处于正常状态的概率,即

$$A(t) = P\{X(t) = 1\} \qquad (6-22)$$

瞬时可用度 $A(t)$ 只涉及时刻 t 产品是否正常,对 t 以前产品是否发生过故障并不关心。

(2)稳态可用度。

定义 6 – 12 在 $[0,t]$ 时间内平均可用度定义为

$$\widetilde{A}(t) = \frac{1}{t} \int_0^t A(u) \, \mathrm{d}u \qquad (6-23)$$

式中:$A(t)$ 为瞬时可用度。

若极限 $A = \lim_{t \to \infty} A(t)$ 存在,则称其为稳态可用度。称 $\widetilde{A} = \lim_{t \to \infty} \widetilde{A}(t)$ 为极限平均可用度,且有 $\widetilde{A} = A$。

稳态可用度一般可分为固有可用度 A_i、可达可用度 A_a 和使用可用度 A_o,这三个概念是装备全寿命过程不同阶段工程实践上十分关心的稳态可用度。3 个常用稳态可用度计算方法如下:

① 固有可用度 A_i。在某些条件下,只要求针对工作时间和修复性维修来规定系统可用度,用这种方法规定的可用度称为固有可用度。

$$A_i = \frac{T_{BF}}{T_{BF} + \overline{M}_{ct}} \qquad (6-24)$$

式中：T_{BF} 为平均故障间隔时间（MTBF）；$\overline{M}_{ct}$ 为平均修复时间（MTTR）。

② 可达可用度 A_a。在某些条件下，只要求针对工作时间、修复性维修和预防性维修来规定系统可用度，用这种方法规定的可用度称为可达可用度[8]。

$$A_a = \frac{T_o}{T_o + T_{CM} + T_{PM}} \qquad (6-25)$$

式中：T_o 为工作时间；T_{CM} 为修复性维修时间；T_{PM} 为预防性维修时间。A_a 同样取决于产品的结构性能，并考虑了预防性维修。

③ 使用可用度 A_o。当平均维修间隔时间（MTBF）与平均不能工作时间（MDT）已知时，使用可用度为

$$A_o = \frac{T_{BM}}{T_{BM} + T_D} \qquad (6-26)$$

式中：T_{BM} 为平均维修间隔时间；T_D 为平均不能工作时间。

使用可用度 A_o 通常受产品利用率的影响，在规定的时间内，系统工作时间越短，A_o 就越高。因此，在确定系统的总时间时，应不包括系统不工作或很少工作的那一段时间（如大修厂修理和储存时间）。

式（6-26）适用于研制初期的参数确定以及敏感性分析。在运用本式时，假设备用时间（平均准备时间）为零。

此外，当 MTBF、MTTR 和平均后勤延误时间（MLDT）可获得时，A_o 还可由下式计算，即

$$A_o = \frac{T_{BF}}{T_{BF} + \overline{M}_{ct} + T_{MLD}} \qquad (6-27)$$

式中：T_{MLD} 为平均后勤延误时间（包括等待备件、维修人员及保障设备的时间等）。

（3）任务可靠度。任务可靠性是指产品在规定的任务剖面中完成规定功能的能力。任务剖面是装备在完成规定任务这段时间内所经历的事件和环境的时序描述，其中包括任务成功或致命故障的判断准则。

定义6-13 设 $t \geq 0$ 为规定的时间，随机变量 $X \geq 0$ 表示产品致命故障前的工作时间，则任务可靠度应为

$$R_M(t) = P\{X > t\} \qquad (6-28)$$

任务可靠度是用来估计产品在执行任务过程中完成其规定功能的能力。因

此,首要的问题是确定任务剖面。产品任务可靠度通常会因任务不同而变更,应当根据不同的任务或任务剖面分别建立产品任务可靠性模型,从而得到不同任务或任务剖面下的任务可靠度。

6.1.5 常用的概率分布

1. 几何分布

称随即变量 X 遵从几何分布,如果

$$p_k = \Pr\{X = k\} = pq^k \quad k = 0,1,2,\cdots \qquad (6-29)$$

式中:$p,q > 0, p + q = 1$。如果 X 表示系统寿命,那么其故障率为

$$\lambda(k) = p \quad k = 0,1,2,\cdots \qquad (6-30)$$

事实上,几何分布是离散分布中具有"无记忆性"的唯一分布,它与连续型的指数分布相似。

2. 离散 Weibull 分布

取非负整值的随机变量 X,有分布

$$p_k = \Pr\{X = k\} = q^{k^\beta} - q^{(k+1)^\beta} \quad k = 0,1,2,\cdots; \quad 0 < q < 1; \beta < 0$$

$$(6-31)$$

则称 X 遵从尺度参数为 q、形状参数为 β 的离散 Weibull 分布。如果 X 表示系统寿命,那么其故障率为

$$\lambda(k) = 1 - p^{(k+1)^\beta - k^\beta} \quad k = 0,1,2,\cdots \qquad (6-32)$$

当 $\beta \geq 1, \lambda(k)$ 单调递增;当 $\beta \leq 1, \lambda(k)$ 单调递减。当 $\beta = 1, p_k = q^k - q^{k+1} = (1 - q)q^k$,此时离散 Weibull 分布退化为几何分布。

6.2 作用机理模型与建模方法

作为"三个系统"综合作用的效果——战备完好性和任务持续性可以用多种参数来度量,这里选取比较常见的度量参数——可用度和任务可靠度进行建模研究。可用度的建模主要涉及按定义直接进行稳态可用度建模和考虑系统状态时变的瞬时可用度建模。任务可靠度建模主要涉及系统可靠度模型和复杂任务下任务可靠度模型等方面。考虑到稳态可用度和系统可靠度模型建模相对比较成熟,下面主要讨论瞬时可用度模型、复杂任务下任务可靠度模型及其建模方法。

6.2.1 一般概率分布下瞬时可用度模型与建模方法

6.2.1.1 单部件可修系统瞬时可用度模型

假设系统由一个部件组成,其故障时间 X 遵从一般概率分布 $F(t)$;部件(系统)故障后,立即由修理设备进行修理,修复时间 Y 遵从一般概率分布 $G(t)$;修复后,部件立即转入工作状态。假设它们的期望定义如下:

$$F_X(t) = P\{X \leqslant t\}, \quad E[X] = \int_0^\infty t\mathrm{d}F_X(t) = \frac{1}{\lambda} \qquad (6-33)$$

$$G_Y(t) = P\{Y \leqslant t\}, \quad E[Y] = \int_0^\infty t\mathrm{d}G_Y(t) = \frac{1}{\mu} \qquad (6-34)$$

进一步假设故障部件经修复后,其工作寿命分布如新部件一样,且 X 和 Y 相互独立。

为简单起见,假定初始时刻部件是新的,即在 $t=0$ 部件进入工作状态。考虑一个工作和修理交替出现的更新过程,如图 6-4 所示。令 $Z_i = X_i + Y_i$,其中 X_i 和 Y_i 是第 i 个($i=1,2,\cdots$)周期内部件的寿命和修理时间,则 $\{Z_i, i=1,2,\cdots\}$ 是一串独立同分布的随机变量序列。它们可构成一个更新过程,其更新寿命为

$$Q(t) = P\{Z_i \leqslant t\} = P\{X_i + Y_i \leqslant t\}$$

$$= \int_0^t G(t-u)\mathrm{d}F(u) = F(t) * G(t) \quad i = 1,2,\cdots \qquad (6-35)$$

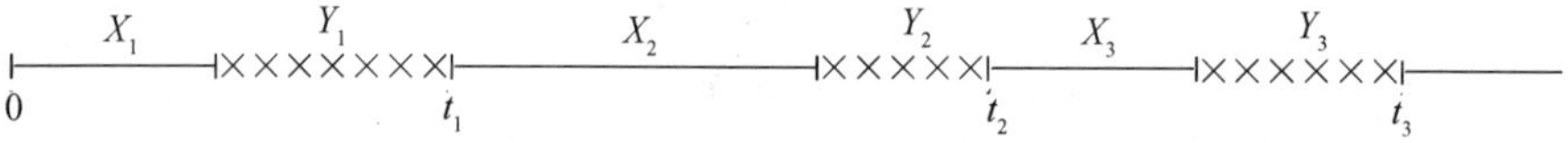

图 6-4 工作和修理交替出现的更新过程

由图 6-4 可知,系统首次故障前时间是 X_1,因此系统的可靠度为

$$R(t) = P\{X_1 > t\} = 1 - F(t) \qquad (6-36)$$

为求系统的瞬时可用度,引进一个随机过程 $\{X(t), t \geqslant 0\}$,其中

$$X(t) = \begin{cases} 1 & \text{当时刻 } t \text{ 系统处于开作状态} \\ 0 & \text{当时刻 } t \text{ 系统处于修理状态} \end{cases} \qquad (6-37)$$

由定义可得,系统的瞬时可用度为

$$A(t) = P\{X(t) = 1 \mid \text{时刻 0 系统是新的}\} \qquad (6-38)$$

全概率公式为

$$A(t) = P\{X_1 > t, X(t) = 1 \mid 时刻 0 系统是新的\} +$$
$$P\{X_1 \leqslant t < X_1 + Y_1, X(t) = 1 \mid 时刻 0 系统是新的\} +$$
$$P\{X_1 + Y_1 \leqslant t, X(t) = 1 \mid 时刻 0 系统是新的\}$$

因此,$A(t)$满足更新方程:

$$A(t) = 1 - F(t) + Q(t) * A(t) \tag{6-39}$$

对式(6-39)做拉普拉斯变换,解得系统瞬时可用度为

$$A^*(s) = \frac{1}{s} \cdot \frac{1 - \hat{F}(s)}{1 - \hat{F}(s)\hat{G}(s)}$$

式中:$\hat{F}(s)$、$\hat{G}(s)$分别为$F(t)$、$G(t)$的拉普拉斯变换。

由拉普拉斯变换的托贝尔丁力和洛必达法则,可以得到系统的平均稳态可用度为

$$\tilde{A} = \frac{\mu}{\lambda + \mu}$$

式中:$\lambda > 0, \mu > 0$ 为定义式(6-33)和式(6-34)中参数。

一般概率分布下连续系统的可用度模型的求解十分复杂,只有概率分布都服从指数分布时才有解析解。大多数情况下,是通过数值解的方法来研究瞬时可用度的变化规律。数值计算方法求解思路主要有两种:一是对建立的瞬时可用度模型直接进行数值求解。显然,这时求解的是复杂的卷积求解问题,求解的误差控制较为困难,计算量也很大,不便于工程上使用;二是直接建立离散时间的瞬时可用度模型,然后对这个模型进行数值计算求解,这种方法的计算量较小,物理意义清楚,便于工程上使用。下面着重研究离散时间的瞬时可用度模型,首先从单部件可修系统的离散时间瞬时可用度模型入手,分别研究单部件保障延迟时间、预防性维修间隔时间等的可修系统的瞬时可用度模型,为瞬时可用度问题的数值计算分析奠定基础。

6.2.1.2 离散时间单部件可修系统瞬时可用度模型

假定系统由单个部件组成,其故障时间 X 遵从一般离散分布,即

$$p_k = P\{X = k\} \qquad k = 0, 1, 2, \cdots$$

系统故障后立即对其进行修理,修理后系统如新,修理时间 Y 服从一般离散分布,即

$$q_k = P\{Y = k\} \quad k = 0,1,2,\cdots$$

为了区别系统的不同情形,定义系统状态:

$$\begin{cases} Z(k) = 0 & k \text{ 时刻系统正常} \\ Z(k) = 1 & k \text{ 时刻系统正常} \end{cases} \quad k = 0,1,2,\cdots$$

不失一般性,假定部件开始为新,即 $P\{Z(0) = 0\} = 1$。

系统故障率函数为

$$\lambda(k) = P\{X = k \mid X \geqslant k\} \quad k = 0,1,2,\cdots$$

系统修复率函数为

$$\mu(k) = P\{Y = k \mid Y \geqslant k\} \quad k = 0,1,2,\cdots$$

令 $P_0(k,j)$ 表示系统在 k 时刻已经处于 0 状态 j 时间的概率,$P_1(k,j)$ 表示系统在 k 时刻已经处于 1 状态 j 时间的概率,即当 $j = 0,1,2,\cdots,k-1$ 时,有

$$\begin{cases} P_0(k,j) = P\{Z(k) = Z(k-1) = \cdots = Z(k-j) = 0, Z(k-j-1) = 1\} \\ P_1(k,j) = P\{Z(k) = Z(k-1) = \cdots = Z(k-j) = 1, Z(k-j-1) = 0\} \end{cases}$$

当 $j = k$ 时,有

$$\begin{cases} P_0(k,k) = P\{Z(k) = Z(k-1) = \cdots = Z(0) = 0\} \\ P_1(k,k) = P\{Z(k) = Z(k-1) = \cdots = Z(0) = 1\} \end{cases}$$

当 $k < j$ 时,$P_0(k,j) = 0$,$p_1(k,j) = 0$。

利用概率分析的方法,当 $j = 0,1,2,\cdots,k-1$ 时,有

$$\begin{aligned} P_0(k+1, j+1) &= P\{Z(k+1) = Z(k) = \cdots = Z(k-j) \\ &= 0, Z(k-j-1) = 1\} \\ &= P\{Z(k) = Z(k-1) = \cdots = Z(k-j) \\ &= 0, Z(k-j-1) = 1\} \cdot \\ &\quad P\{[Z(k+1) = 0] \mid [Z(k) = Z(k-1) = \cdots \\ &= Z(k-j) = 0, Z(k-j-1) = 1]\} \\ &= P_0(k,j)(1 - \lambda(j)) \end{aligned}$$

$$\begin{aligned} P_1(k+1, j+1) &= P\{Z(k+1) = Z(k) = \cdots = Z(k-j) \\ &= 1, Z(k-j-1) = 0\} \\ &= P\{Z(k) = Z(k-1) = \cdots = Z(k-j) = 1, \\ &\quad Z(k-j-1) = 0\} \cdot P\{[Z(k+1) = 1] \mid [Z(k) \end{aligned}$$

$$= Z(k-1) = \cdots = Z(k-j)$$
$$= 1, Z(k-j-1) = 0]\}$$
$$= P_1(k,j)(1 - \mu(j))$$

另外, 还有

$$P_0(k+1, k+1) = P\{Z(k+1) = Z(k) = \cdots Z(0) = 0\}$$
$$= P\{Z(k) = Z(k-1) = \cdots = Z(0) = 0\} \cdot$$
$$P\{[Z(k+1) = 0] \mid [Z(k) = Z(k-1)$$
$$= \cdots = Z(0) = 0]\}$$
$$= P_0(k,k)(1 - \lambda(k))$$

$$P_1(k+1, k+1) = P\{Z(k+1) = Z(k) = \cdots = Z(0) = 1\}$$
$$= P\{Z(k) = Z(k-1) = \cdots = Z(0) = 1\} \cdot$$
$$P\{[Z(k+1) = 1] \mid [Z(k) = Z(k-1)$$
$$= \cdots = Z(0) = 1]\}$$
$$= P_1(k,k)(1 - \mu(k))$$

$$P_0(k+1, 0) = P\{Z(k+1) = 0, Z(k) = 1\}$$
$$= \sum_{j=0}^{k} P\{Z(k+1) = 0, Z(k) = Z(k-1)$$
$$= \cdots = Z(k-j) = 1, Z(k-j-1) = 0\}$$
$$= \sum_{j=0}^{k} P\{Z(k) = Z(k-1) = \cdots = Z(k-j)$$
$$= 1, Z(k-j-1) = 0\} \cdot$$
$$P\{[Z(k+1) = 0] \mid [Z(k) = Z(k-1) = \cdots = Z(k-j)$$
$$= 1, Z(k-j-1) = 0]\}$$
$$= \sum_{j=0}^{k} P_1(k,j)\mu(j)$$

$$P_1(k+1, 0) = P\{Z(k+1) = 1, Z(k) = 0\}$$
$$= \sum_{j=0}^{k} P\{Z(k+1) = 1, Z(k) = Z(k-1) = \cdots$$
$$= Z(k-j) = 0, Z(k-j-1) = 1\}$$

$$= \sum_{j=0}^{k} \{ Z(k) = Z(k-1) = \cdots$$

$$= Z(k-j) = 0, Z(k-j-1) = 1 \} \cdot$$

$$P\{ [Z(k+1) = 1] \mid [Z(k) = Z(k-1) = \cdots$$

$$= Z(k-j) = 0, Z(k-j-1) = 1] \}$$

$$= \sum_{j=0}^{k} P_1(k,j) \mu(j)$$

综合为

$$\begin{cases} P_0(k+1,j+1) = P_0(k,j)(1 - \lambda(j)) \\ P_1(k+1,j+1) = P_1(k,j)(1 - \mu(j)) \\ P_0(k+1,0) = \sum_{j=0}^{k} P_1(k,j) \mu(j) \\ P_1(k+1,0) = \sum_{j=0}^{k} P_0(k,j) \lambda(j) \\ P_0(0,0) = 1, P_1(0,0) = 0 \end{cases} \qquad (6-40)$$

根据上面模型,可以给出相应的可靠性指标。

(1) 系统可靠度。

定义 6－14　用一个正整数值的随机变量 X 来描述系统或部件的寿命,其相应的分布序列为

$$p_k = P\{ X = k \} \qquad k = 0,1,2,\cdots$$

系统在时刻 k 之前(包括时刻 k)都正常(不失效)的概率

$$R(k) = P\{ X > k \} = \sum_{l=k+1}^{\infty} p_l$$

定义为该系统的可靠度函数或可靠度。

定义 6－15　系统的首次故障前平均时间(MTFF)定义为

$$T_M = E(X) = \sum_{l=k+1}^{\infty} l p_l$$

定理 6－1　利用上面的模型,有

$$R(k) = P_0(k,k)$$

$$T_M = \lambda(0) \sum_{j=1}^{\infty} j P_0(j-1,j-1)$$

证明 根据系统的可靠度和首次故障前平均时间的定义,有

$$R(k) = P\{X > k\} = P\{Z(k) = Z(k-1) = \cdots = Z(0) = 0\}$$

即

$$R(k) = P_0(k,k)$$

$$T_M = E(X) = \sum_{j=1}^{\infty} jP\{Z(0) = \cdots = Z(j-1) = 0, Z(j) = 1\}$$

$$= \sum_{j=1}^{\infty} jP\{Z(0) = \cdots = Z(j-1) = 0\}$$

$$P\{Z(j = 1) \mid [Z(0) = \cdots = Z(j-1) = 0]\}$$

$$= \lambda(0) \sum_{j=1}^{\infty} jP_0(j-1,j-1)$$

(2)系统可用度。

定义 6 - 16 系统在时刻 k 产品处于正常状态的概率定义为瞬时可用度,即

$$A(k) = P\{X(k) = 0\}$$

定理 6 - 2 利用上面所建立的模型,有

$$A(k) = \sum_{j=0}^{k} P_0(k,j) \tag{6-41}$$

证明 根据系统的可用度的定义,利用概率分析的方法,有

$$A(k) = P\{Z(k) = 0\}$$

$$= P\{Z(k) = 0, Z(k-1) = 1\} + P\{Z(k)$$

$$= Z(k-1) = 0, Z(k-2) = 1\} + \cdots +$$

$$P\{Z(k) = Z(k-1) = \cdots = Z(0) = 0\}$$

$$= P_0(k,0) + P_0(k,1) + \cdots + P_0(k,k) = \sum_{j=0}^{k} P_0(k,j)$$

(3)平均故障次数。

定义系统在 $(0,k]$ 时间内平均故障次数 $M(k) = E[N(k)]$,利用上面模型,有

$$M(k) = P_0(1,1)M(k-1) +$$

$$\sum_{l=1}^{k-1} \{P_1(l,l-1)P_0(l+1,0)[1 + M(k-l)]\} + P_1(k,k-1)$$

129

证明

$$M(k) = E[N(k)]$$
$$= P\{Z(1) = Z(0) = 0\}E\{N(k) \mid Z(1) = Z(0) = 0\} +$$
$$\sum_{l=1}^{k-1}\left\{\begin{array}{l}P\{Z(l+1) = 0, Z(l) = \cdots = Z(1) = 1, Z(0) = 0\} \cdot \\ E\{N(k) \mid Z(l+1) = 0, Z(l) = \cdots = Z(1), Z(0) = 0\}\end{array}\right\} +$$
$$P\{Z(k) = \cdots = Z(1) = 1, Z(0) = 0\} = P_0(1,1)E[N(k-1)] +$$
$$\sum_{l=1}^{k-1}\left\{\begin{array}{l}P\{Z(l) = \cdots = Z(1) = 1, Z(0) = 0\} \cdot \\ P\{Z(l+1) = 0 \mid Z(l) = \cdots = Z(1) = 1, Z(0) = 0\} \cdot \\ [1 + M(k-l-1)]\end{array}\right\}$$
$$= P_0(1,1)M(k-1) + \sum_{l=1}^{k-1}\{P_1(l,l-1)\mu(l-1) \cdot$$
$$[1 + M(k-l-1)]\} + P_1(k,k-1)$$

6.2.1.3 离散时间单部件有延迟可修系统瞬时可用度模型

假定系统由单个部件组成,其故障时间 X 遵从一般离散分布,即

$$p_k = P\{X = k\} \quad k = 0,1,2,\cdots$$

系统故障后对其进行修理,修理时间 Y 遵从一般离散分布,即

$$q_k = P\{Y = k\} \quad k = 0,1,2,\cdots$$

考虑到修理有延迟,假定修理延迟时间 W 遵从一般离散分布,即

$$e_k = P\{W = k\} \quad k = 0,1,2,\cdots$$

为了区别系统的不同情形,定义系统状态:

$$\begin{cases} Z(k) = 0 & k\text{ 时刻系统正常} \\ Z(k) = 1 & k\text{ 时刻系统故障} \\ Z(k) = 2 & k\text{ 时时刻系统故障后待修} \end{cases} \quad k = 0,1,2,\cdots$$

系统故障率函数为

$$\lambda(k) = P\{X = k \mid X \geq k\} = \frac{p_k}{1 - \sum_{i=1}^{k-1} p_i} \quad k = 0,1,2,\cdots$$

系统修复率函数为

$$\mu(k) = P\{Y = k \mid Y \geq k\} = \frac{q_k}{1 - \sum_{i=0}^{k-1} q_i} \quad k = 0,1,2,\cdots$$

130

由于修理有延迟,令

$$\rho(k) = P\{W = k \mid W \geqslant k\} = \frac{e_k}{1 - \sum_{i=1}^{k-1} e_i} \quad k = 0,1,2,\cdots$$

$P_0(k,j)$ 表示系统在 k 时刻已经处于了 0 状态 j 时间的概率,$P_1(k,j)$ 表示系统在 k 时刻已经处于了 1 状态 j 时间的概率,$P_2(k,j)$ 表示系统在 k 时刻已经处于了 2 状态 j 时间的概率,即当 $j = 0,1,2,\cdots,k-1$ 时,有

$$\begin{cases} P_0(k,j) = P \begin{cases} Z(k) = \cdots = Z(k-j) = 0 \\ Z(k-j-1) = 1 \end{cases} \\ P_1(k,j) = P \begin{cases} Z(k) = \cdots = Z(k-j) = 1 \\ Z(k-j-1) = 2 \end{cases} \\ P_2(k,j) = P \begin{cases} Z(k) = \cdots = Z(k-j) = 2 \\ Z(k-j-1) = 0 \end{cases} \end{cases}$$

当 $j = k$ 时,有

$$\begin{cases} P_0(k,k) = P\{Z(k) = Z(0) = 0\} \\ P_1(k,k) = P\{Z(k) = Z(0) = 1\} \\ P_2(k,k) = P\{Z(k) = Z(0) = 2\} \end{cases}$$

当 $k < j$ 时,有

$$P_0(k,j) = 0, P_1(k,j) = 0, P_2(k,j) = 0$$

利用概率分析的方法,可以得到该可修系统的数学模型,即

$$\begin{cases} P(k+1,j+1) = H(j)P(k,j) \\ P(k+1,0) = \sum_{j=0}^{+\infty} B(j)P(k,j) \end{cases} \tag{6-42}$$

其中

$$P(k,j) = (P_0(k,j),P_1(k,j),P_2(k,j))^{\mathrm{T}}$$

$$H(j) = \begin{pmatrix} 1 - \lambda(j) & 0 & 0 \\ 0 & 1 - \rho(j) & 0 \\ 0 & 0 & 1 - \mu(j) \end{pmatrix}$$

$$B(j) = \begin{pmatrix} 0 & 0 & \mu(j) \\ \lambda(j) & 0 & 0 \\ 0 & \rho(j) & 0 \end{pmatrix}$$

一般总假定新系统是可用的,即

$$P_0(0,0) = 1, \quad P_1(0,0) = 0, \quad P_2(0,0) = 0 \qquad (6-43)$$

依据连续时间下可修系统的可靠性指标概念,提出离散时间下修理延迟的单部件系统的一组常用的可靠性指标,并把第一部分的模型引入到其可靠性指标中。

(1) 系统可靠度。

定义 6-17 用一个正整数值的随机变量 X 来描述系统或部件的故障时间,其相应的分布序列为

$$p_k = P\{X = k\} \qquad k = 0,1,2,\cdots$$

系统在时刻 k 之前(包括时刻 k)都正常(不失效)的概率

$$R(k) = P\{X > k\} = \sum_{l=k+1}^{\infty} p_l$$

定义为该系统的可靠度函数或可靠度。

定义 6-18 系统的首次故障前平均时间(Mean time to the first failure)定义为

$$T_M = E(X) = \sum_{l=k+1}^{\infty} l p_l$$

定理 6-3 利用上面的模型,有

$$R(k) = P_0(k,k)$$

$$T_M = \lambda(0) \sum_{j=1}^{\infty} j P_0(j-1,j-1)$$

证明 根据系统的可靠度和首次故障前平均时间的定义,有

$$R(k) = P\{X > k\}$$
$$= P\{Z(k) = Z(k-1) = \cdots = Z(0) = 0\}$$

即

$$R(k) = P_0(k,k)$$

$$T_M = E(X) = \sum_{j=1}^{\infty} j P \begin{cases} Z(0) = \cdots = Z(j-1) = 0 \\ Z(j) = 1 \end{cases}$$

$$= \sum_{j=1}^{\infty} j P\{Z(0) = \cdots = Z(j-1) = 0\} P\{Z(j)$$

$$= 1 \mid Z(0) = \cdots = Z(j-1) = 0\}$$

$$= \lambda(0) \sum_{j=1}^{\infty} j P_0(j-1,j-1)$$

（2）系统可用度。

定义 6–19　系统在时刻 k 处于正常状态的概率定义为瞬时可用度,即

$$A(k) = P\{Z(k) = 0\}$$

定理 6–4　利用上面的模型,有

$$A(k) = \sum_{j=0}^{k} P_0(k,j) \tag{6-44}$$

证明　根据系统的可用度的定义,利用概率分析方法,有

$$A(k) = P\{Z(k) = 0\} = P\{Z(k) = 0, Z(k-1) = 1\} +$$

$$P\begin{Bmatrix} Z(k) = Z(k-1) = 0 \\ Z(k-2) = 1 \end{Bmatrix} + \cdots + P\{Z(k) = \cdots = Z(0) = 0\}$$

$$= P_0(k,0) + P_0(k,1) + \cdots + P_0(k,k)$$

$$= \sum_{j=0}^{k} P_0(k,j)$$

（3）平均故障次数。

定义 6–20　系统在 $(0,k]$ 时间内平均故障次数为 $M(k) = E[N(k)]$。

定理 6–5　利用上面的模型,有

$$M(k) = P_0(1,1)M(k-1) + P_2(k,k-1) +$$

$$\sum_{u=0}^{k-2} P_2(k-1-u, k-2-u)\rho(0) \prod_{s=0}^{u-1} (1-\mu(s)) +$$

$$\sum_{l=1}^{k-2} \sum_{u=0}^{l-1} P_2(1-u, l-u-1)\rho(1-u-1)$$

$$\prod_{s=0}^{u-1} (1-\mu(s))\mu(s)[1 + M(k-l-2)]$$

证明

$$M(k) = E[N(k)]$$

$$= P\{Z(1) = Z(0) = 0\}E\{N(k) \mid Z(1) = Z(0) = 0\} +$$

$$P\{Z(k) = \cdots = Z(1) = 2, Z(0) = 0\}E\{N(k) \mid Z(k) = \cdots$$

$$= Z(1) = 2, Z(0) = 0\} +$$

$$P\{Z(k) = Z(k-1) = \cdots = Z(2)$$

$$= 1, Z(1) = 2, Z(0) = 0\} \cdot$$

$$E\{N(k) \mid Z(k) = Z(k-1) = \cdots Z(2)$$

$$= 1, Z(1) = 2, Z(0) = 0\} + \cdots +$$

$$P\{Z(k) = 1, Z(k-1) = Z(k-2) = \cdots$$

$$= Z(1) = 2, Z(0) = 0\} \cdot$$

$$E\{N(k) \mid Z(k) = 1, Z(k-1) = Z(k-2) = \cdots$$

$$= Z(1) = 2, Z(0) = 0\} +$$

$$\sum_{l=1}^{k-2} \begin{cases} P\{Z(l+2) = 0, Z(l+1) = 1, Z(l) \\ = \cdots = Z(1) = 2, Z(0) = 0\} \cdot \\ E\{N(k) \mid Z(l+2) = 0, Z(l+1) = 1, Z(l) = \cdots \\ = Z(1) = 2, Z(0) = 0\} + \cdots + \\ P\{Z(l+2) = 0, Z(l+1) = \cdots = Z(2) \\ = 1, Z(1) = 2, Z(0) = 0\} \cdot \\ E\{N(k) \mid Z(l+2) = 0, Z(l+1) = \cdots \\ = Z(2) = 1, Z(1) = 2, Z(0) = 0\} \end{cases}$$

$$= P_0(1,1)M(k-1) + P_2(k,k-1) +$$

$$\sum_{u=0}^{k-2} P_2(k-1-u, k-2-u)\rho(0) \prod_{s=0}^{u-1} (1 - \mu(s)) +$$

$$\sum_{l=1}^{k-2} \sum_{u=0}^{l-1} P_2(l-u, l-u-1)\rho(1-u-1)$$

$$\prod_{s=0}^{u-1} (1 - \mu(s))\mu(u)[1 + M(k-l-2)]$$

6.2.1.4 离散时间单部件考虑预防性维修的可修系统瞬时可用度模型

预防性维修是指设备使用到规定的时间间隔 $T_0 \in N$ 时，即使无故障发生也要进行预防性维修，如果没有使用到规定时间间隔 T_0 就发生故障，则进行修复性维修，并重新记录设备的工作时间，其中的时间间隔 T_0 称为预防性维修周期。

假定系统由单个部件组成，其故障时间为 X，修复性维修的修复时间为 Y_1，预防性维修的修复时间为 Y_2，并且 X, Y_1 和 Y_2 相互独立。令系统故障率函数为

$$\lambda(k) = P\{X = k \mid X \geqslant k\} \quad k = 0, 1, 2, \cdots$$

修复性维修的修复率函数为

$$\mu_1(k) = P\{Y_1 = k \mid Y_1 \geqslant k\} \quad k = 0, 1, 2, \cdots$$

预防性维修的修复率函数为

$$\mu_2(k) = P\{Y_2 = k \mid Y_2 \geqslant k\} \qquad k = 0,1,2,\cdots$$

为了区别系统的不同情形,定义系统状态:

$$\begin{cases} Z(k) = 0 & k \text{ 时刻系统正常} \\ Z(k) = 1 & k \text{ 时刻系统故障} \\ Z(k) = 2 & k \text{ 时时刻系统故障后待修} \end{cases} \qquad k = 0,1,2,\cdots$$

令 $P_0(k,j)$ 表示系统在 k 时刻已经处于 0 状态 j 个单位时间的概率, $P_1(k,j)$ 表示系统在 k 时刻已经处于 1 状态 j 个单位时间的概率, $P_2(k,j)$ 表示系统在 k 时刻已经处于 2 状态 j 个单位时间的概率, $j = 1,2,\cdots,k$,即当 $j = 1,2,\cdots,k-1$ 时

$$\begin{cases} P_0(k,j) = P\{Z(k) = \cdots = Z(k-j) = 0, Z(k-j-1) \neq 0\} \\ P_1(k,j) = P\{Z(k) = \cdots = Z(k-j) = 1, Z(k-j-1) = 0\} \\ P_2(k,j) = P\{Z(k) = \cdots = Z(k-j) = 2, Z(k-j-1) = 0\} \end{cases}$$

当 $j = k$ 时,有

$$\begin{cases} P_0(k,k) = P\{Z(k) = Z(k-1) = Z(0) = 0\} \\ P_1(k,k) = P\{Z(k) = Z(k-1) = Z(0) = 1\} \\ P_2(k,k) = P\{Z(k) = Z(k-1) = Z(0) = 2\} \end{cases}$$

当 $j > k$ 时, $P_0(k,j) = 0, P_1(k,j) = 0, P_2(k,j) = 0$。

用概率分析的方法,可以得到系统的状态转移方程,即

$$\begin{cases} P_0(k+1,j+1) = P_0(k,j)(1-\lambda(j)) & j \leqslant \min(T_0-1,k) \\ P_1(k+1,j+1) = P_1(k,j)(1-\mu_1(j)) & j \leqslant k \\ P_2(k+1,j+1) = P_2(k,j)(1-\mu_2(j)) & j \leqslant k \end{cases}$$

$$(6-45)$$

$$P_0(k,j) = 0 \qquad j > T_0 \qquad (6-46)$$

$$\begin{cases} P_0(k+1,0) = \sum_{j=0}^{k} (\mu_1(j)P_1(k,j) + \mu_2(j)P_2(k,j)) \\ P_1(k+1,0) = \sum_{j=0}^{T_0} \lambda(j)P_0(k,j) \\ P_2(k+1,0) = (1-\lambda(T_0))P_0(k,T_0) \end{cases} \qquad (6-47)$$

证明 对于 $j \leqslant k$,令

$$B_1 = \{Z(k+1) = \cdots = Z(k-j) = 1, Z(k-j-1) = 0\}$$

$$B_2 = \{Z(k) = \cdots = Z(k-j) = 1, Z(k-j-1) = 0\}$$

显然有 $B_1 \subset B_2$，那么 $P\{B_1\} = P\{B_2\} P\{B_1 \mid B_2\}$，而

$$P\{B_1\} = P_1(k+1, j+1)$$
$$P\{B_2\} = P_1(k, j)$$
$$P\{B_1 \mid B_2\} = 1 - \mu_1(j)$$

从而

$$P_1(k+1, j+1) = P_1(k, j)(1 - \mu_1(j)) \quad j \leqslant k$$

同理可得

$$P_2(k+1, j+1) = P_2(k, j)(1 - \mu_2(j)) \quad j \leqslant k$$
$$P_0(k+1, j+1) = P_0(k, j)(1 - \lambda(j)) \quad j \leqslant \min(T_0 - 1, k)$$

从而式(6-45)成立。

当部件连续 T_0 时间正常工作，我们对系统进行预防性维修，从而部件连续处于 0 状态 $j(>T_0)$ 个单位时间的概率为 0，根据 $P_0(k, j)$ 的定义，有 $P_0(k, j) = 0, j > T_0$，式(6-46)得证。

由于

$$P_0(k+1, 0) = P\{Z(k+1) = 0, Z(k) \neq 0\}$$
$$= P\{Z(k+1) = 0, Z(k) = 1\} + P\{Z(k+1) = 0, Z(k) = 2\}$$

而

$$\{Z(k+1) = 0, Z(k) = 1\} = \{Z(k+1) = 0, Z(k) = 1, Z(k-1) = 0\} +$$
$$\{Z(k+1) = 0, Z(k) = Z(k-1) = 1, Z(k-2) = 0\} + \cdots +$$
$$\{Z(k+1) = 0, Z(k) = Z(k-1) = \cdots = Z(0) = 1\}$$

利用类似式(6-45)的证明可以得到

$$P\{Z(k+1) = 0, Z(k) = 1\} = \sum_{j=0}^{k} \mu_1(j) P_1(k, j)$$

同理可得

$$P\{Z(k+1) = 0, Z(k) = 2\} = \sum_{j=0}^{k} \mu_2(j) P_1(k, j)$$

从而有

$$P_0(k+1, 0) = \sum_{j=0}^{k} (\mu_1(j) P_1(k, j) + \mu_2(j) P_2(k, j))$$

类似地，可以得到

$$P_1(k+1,0) = \sum_{j=0}^{T_0} \lambda(j) P_0(k,j)$$

根据预防性维修的定义,有

$$P_2(k+1,0) = (1 - \lambda(T_0)) P_0(k,T_0)$$

这样,式(6-47)得证。

对于系统瞬时可用度,一般假定系统开始为新,即

$$(P_0(0,0), P_1(0,0), P_2(0,0)) = (1,0,0) \tag{6-48}$$

系统的瞬时可用度为

$$A(k) = P\{Z(k) = 0\}$$

其中

$$\{Z(k) = 0\} = \{Z(k) = 0, Z(k-1) \neq 0\} + \{Z(k) \\ = Z(k-1) = 0, Z(k-2) \neq 0\} + \cdots + \\ \{Z(k) = Z(k-1) = \cdots = Z(0) = 0\}$$

利用式(6-45)~式(6-48)可以得到

$$A(k) = \sum_{j=0}^{k} P_0(k,j) = \sum_{j=0}^{T_0} P_0(k,j) \tag{6-49}$$

由上面的模型,可以得到$[0,k]$时间内的系统平均可用度为

$$\overline{A}(T_0) = \frac{1}{k} \sum_{i=0}^{k} A(i) = \frac{1}{k} \sum_{i=0}^{k} \sum_{j=0}^{T_0} P_0(i,j)$$

6.2.2 复杂任务下任务可靠度模型与建模方法

产品复杂任务下的任务可靠度建模其核心是对复杂任务进行科学合理的分解。例如,装备使用任务模型研究的思路是,为了便于建模研究,通常把复杂任务分解为一串相互关联的时序任务(阶段任务),每个时序任务由一系列基本任务组成。按照这样的方式,对于复杂任务下任务可靠度建模可以采用阶段任务系统可靠性建模的方法来解决。阶段任务系统(Phased-Mission-System,PMS)是指系统在完成某些任务时可以分为连续的多个阶段,不同阶段的子任务由不同的功能单元组合完成,子任务之间不满足独立性条件,即存在相关性问题(包括单元共用相关性和时段延续相关性)。多阶段系统的阶段性可分为三类,即任务阶段性、系统配置阶段性和环境条件阶段性。每个任务阶段称为一个阶段任务,在给定的阶段任务中,配置系统、任务是否成功的判据及单元故障特性等是相对固定的。

根据系统中单元是否相关及是否可修,可将 PMS 分为静态 PMS 与动态 PMS。静态 PMS 假设单元的失效行为相互独立且不可修复,动态 PMS 中各单元之间具有相互依赖性且单元失效后可以修复;PMS 按照阶段转换时间(Mission-Phase Change Time,MPCT)是否固定,可分为 MPCT 固定的 PMS 和 MPCT 随机的 PMS。最早对 PMS 的研究都是基于系统单元不可修复和 MPCT 固定已知的情况。实际应用中的大型 PMS 一般具有如下特点。

动态行为:PMS 中各个阶段的系统结构、失效标准和部件状态转移行为。这些动态行为常常要求针对任务不同阶段建立不同的模型。

状态相关性:某个阶段特定时间组件的状态是唯一的,因此对于给定组件,其不同状态间是随机依赖的。

阶段相关性:给定组件的连续阶段间是随机依赖的,组件前一阶段的最终状态作为下一个阶段的开始状态。

显然,这些任务阶段的配置系统(不同工作单元)、故障判据及故障行为(不同单元故障率等)等均会发生变化。

国外从 20 世纪 80 年代就开始了对 PMS 的研究工作,重点是对任务可靠度的探讨,并取得了大量的成果。国内外文献对 PMS 可靠性的分析方法主要包括马尔可夫模型法(齐次马尔可夫模型和非齐次马尔可夫模型)、半马尔可夫模型法、蒙特卡罗仿真法、贝叶斯分析法、故障树法及它们的组合方法等,其中仿真方法的应用范围最为广泛。另外,对 PMS 可靠性分析的方法还有最小部件集合法、PMS – BDD（Binary Decision Diagram）算法、SEA（Simple and Efficient Algorithm）算法以及故障树分析(FTA)法等,虽然各种分析方法的出发点及侧重点不尽相同,但是在计算能力和存储空间的要求上规模过大,其复杂程度随着组件数量的增加呈指数上升。

通常,一个最基本的 PMS 系统可以认为是由两个或三个阶段任务构成的,如图 6 – 5 所示。当然在实际情况中,每个阶段任务的单元数目和类型可能是不相同的,各阶段的系统配置也会出现多种更为复杂的形式。

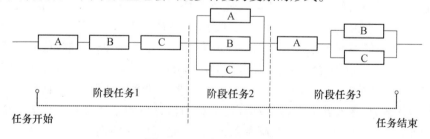

图 6 – 5　基本 PMS 示意图

从图 6 - 5 可以简单地给出阶段任务系统的任务可靠度,阶段任务 1、阶段任务 2 和阶段任务 3 的系统可靠度的定义。假定任务时间为 $[0,T]$,任务阶段 1 时间为 $[0,t_1]$,任务阶段 2 时间为 $[t_1,t_2]$,任务阶段 3 时间为 $[t_2,T]$,则

阶段任务 1 的任务可靠度为

$$R_{PM1}(t) = P\{t > t\} \quad 0 \leq t \leq t_1$$

阶段任务 2 的任务可靠度为

$$R_{PM2}(t) = P\{t > t\} \quad t_1 \leq t \leq t_2$$

阶段任务 3 的任务可靠度为

$$R_{PM3}(t) = P\{t > t\} \quad t_2 \leq t \leq T$$

整个阶段任务系统的任务可靠度为

$$R_{PM}(t) = P\{t > t\} \quad 0 \leq t \leq T$$

由此还可以定义每个阶段任务的平均任务可靠度和整个阶段任务系统的平均任务可靠度为

$$\begin{cases} \overline{R}_{PM1} = \dfrac{1}{t_1} \int_0^{t_1} R_{PM1}(u)\,\mathrm{d}u \\ \overline{R}_{PM2} = \dfrac{1}{t_2 - t_1} \int_1^{t_2} R_{PM2}(u)\,\mathrm{d}u \\ \overline{R}_{PM3} = \dfrac{1}{T - t_2} \int_2^{T} R_{PM3}(u)\,\mathrm{d}u \end{cases} \tag{6-50}$$

$$\overline{R}_{PM} = \frac{1}{T} \int_0^T R_{PM}(u)\,\mathrm{d}u \tag{6-51}$$

由于阶段任务系统每个任务阶段之间的关系比较十分复杂,阶段任务系统的任务可靠度与每个阶段任务的任务可靠度之间的关系只有在一定的假设条件下才符合连乘的关系。图 6 - 5 所示的 PMS 中,阶段任务 1 为包含三个工作单元的串联系统,阶段任务 2 为包含三个工作单元的并联系统,阶段任务 3 为包含三个工作单元串联、并联系统。下面将分别以图 6 - 5 所示的基本 PMS 系统为例,对静态和动态 PMS 任务可靠度具有代表性的研究方法进行分析。

1. 静态 PMS

对于一个任务阶段转换时间固定的 PMS,如果只是直观地将各阶段的可靠性框图进行简单组合,把各个阶段任务看作一个大的串联系统,系统可靠性模型可表示为(参照图 6 - 5):

$$R_S = R_{串} \cdot R_{并} \cdot R_{串并}$$
$$= (r_A r_B r_C) \cdot \{1 - [1 - (1 - r_A)(1 - r_B)(1 - r_C)]\} \cdot$$
$$r_A \{1 - [1 - (1 - r_B)(1 - r_C)]\} \qquad (6-52)$$

式中: R_S 为整个 PMS 的系统可靠度; $R_{串}$、$R_{并}$、$R_{串并}$ 分别为三个阶段任务的系统可靠度; r_A、r_B、r_C 分别表示各工作单元的可靠度(假定其可靠度在任务时间内是固定的)。

但是,依照式(6-52)的方法讨论 PMS 任务可靠度时,会导致这样的错误产生:假设系统工作是可靠的,而在阶段任务 3 中单元 B 没有参与工作,但是单元 B 在此阶段工作时间内发生了故障,显然单元 B 的故障不影响系统的工作可靠度。由于把 PMS 看作一个大的串联系统,那么在阶段任务 1 中也将认为单元 B 是故障的,因此任务阶段 1 工作就是不可靠的,从而得出整个任务会发生故障的结论。之所以得出这样的错误结论,原因就在于没有考虑不同阶段任务之间的关联性。

为了避免出现上面提到情况,可将工作单元在整个任务系统中的故障率分解到各个阶段任务当中,如单元 B 的故障率 λ_B 可由 λ_{B1},λ_{B2},$\cdots$,λ_{Bi},其中 λ_{Bi} 代表单元 B 在阶段任务 i 工作时间内的故障率,这样就可由每一个工作单元各阶段的故障率综合反映出整个任务期间的故障率。

在工作单元故障率分解的基础上,就可用故障树表示各工作单元故障率对阶段系统系统中各任务阶段及整个任务的影响,如图 6-6 所示。

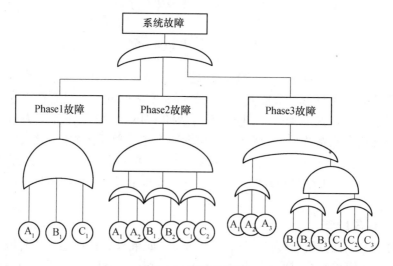

图 6-6　PMS 故障树

　　由故障树可以看出,对 PMS 中当前阶段任务的影响不仅包括工作单元分解到本阶段的故障率,还涵盖了前面任务阶段中的工作故障率对本阶段的影响,考虑到了同一工作单元在不同任务阶段发生故障对整个任务系统产生的影响。

　　综合上面的分析,针对不可修系统的组合方法,其等价的可靠性框图就是把各阶段任务中的工作单元故障率分解,按照这种思路的分析如图 6 - 7 所示。

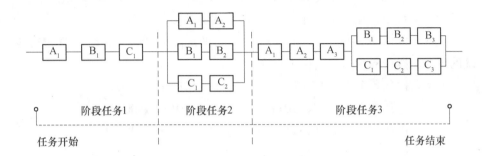

图 6 - 7　PMS 可靠度分析

　　图 6 - 7 中,各工作单元工作是否可靠是有条件的,即在前一阶段任务中不发生故障的前提下才能讨论在当前阶段任务的情况,前面阶段任务中未参与工作只在后面阶段任务中参与工作的单元,也要考虑是否在前面阶段任务时间内发生故障。

　　虽然这种方法在理论上是比较精确的,但在定量分析过程中同样存在着计算量非常巨大的问题,当系统中工作单元数目增多的情况下,必须采取适当的措施减少计算量,这就必须在精度和计算量之间进行权衡。

　　考虑可修系统时,各阶段任务内的工作单元故障后可以通过维修恢复到正常工作状态,表示任务完成概率的参数还包含了任务执行时间内的维修保障因素,因此与前面的讨论一样,也可以用可信度参数对可修系统任务完成概率进行描述。

　　采用马尔可夫方法进行分析时,需要根据本阶段内满足任务要求的工作单元的所有状态中,找出满足下一阶段任务的状态,即第 i 个阶段的所有工作状态是第 $i+1$ 个阶段的初始状态。这种方法适用于系统有动态行为的情况,如瞬时故障恢复或复杂的相互依赖关系(维修人员有限等情况)。它的不足之处在于,当各任务阶段系统配置不完全一致时,对应上一阶段模型的状态,本阶段模型的状态就很难给出。而且,当系统某一组件在一个阶段任务故障而在另一个阶段任务不受影响,或在一个阶段不能够探测到其是否故障,直到其他阶段才能探测时,情况就更为复杂。

2. 动态 PMS

在处理动态阶段任务系统阶段转换概率问题时,针对各阶段之间的转换随机性,可以把这个概率综合成一个系数 $h_{i(t)}$(称为风险系数)来近似描述。针对图 6-5 中的示例,假设单元状态为"1"表示工作正常,状态为"0"表示故障,这样某独立系统中存在 n 个单元时,其状态空间的数量就是 2^n 个。

用 λ_A、λ_B、λ_C 分别表示工作单元 A、B、C 的故障率,图 6-5 所示的 PMS 系统的每个阶段任务状态空间可表示为

(1) 阶段任务 1:111;fail(110、101、100、011、010、001、000)。

(2) 阶段任务 2:111;110;101;100;011;010;001;fail(000)。

(3) 阶段任务 3:111;101;110;fail(011、001、010、100、000)。

根据上面列出的全部状态空间以及 PMS 中每个阶段任务系统配置的特点,系统状态转移过程如图 6-8 所示。

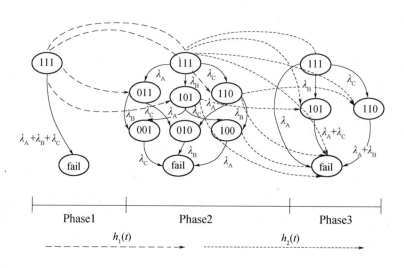

图 6-8 动态 PMS 系统状态转移图

图 6-8 中表示出了系统时间内的 0~13 个状态空间,分别用 $a_0 \sim a_{13}$ 表示,状态 i 转移到状态 j 的概率用 a_{ij} 表示,则系统状态转移矩阵为

$$
\begin{pmatrix}
a_{0,0} & \lambda_A+\lambda_B+\lambda_C & h_1(t) & h_1(t) & h_1(t) & h_1(t) & 0 & \cdot & \cdot & \cdot & \cdot & 0 & 0 \\
0 & a_{1,1} & 0 & & & & & & & & \cdot & & 0 \\
\cdot & 0 & a_{2,2} & \lambda_A & \lambda_B & \lambda_C & 0 & & & & & & \cdot \\
\cdot & \cdot & 0 & A_{3,3} & 0 & 0 & \lambda_B & \lambda_C & 0 & & & & \cdot \\
\cdot & \cdot & \cdot & 0 & a_{4,4} & 0 & \lambda_A & 0 & \lambda_C & 0 & 0 & h_2(t) & 0 & h_2(t) \\
\cdots & & & & & & & & & & & & \cdots \\
\cdot & \cdot & \cdot & \cdot & \cdot & \cdot & a_{11,11} & & \lambda_A+\lambda_B \\
0 & \cdot & \cdot & \cdot & \cdot & \cdot & 0 & a_{12,12} & \lambda_A+\lambda_B \\
0 & 0 & \cdot & \cdot & \cdot & \cdot & 0 & a_{13,13}
\end{pmatrix}
$$

这样,在给定各单元的可靠度或故障分布函数等相关参数后,依据状态转移关系可对整个 PMS 能够正常工作的概率进行分析。

对任务时间内所有工作单元故障率、修复率等因素综合考虑时,得出的结果实际上反映的也是系统是否能够持续工作的能力,即任务系统的可信度。通常,利用仿真的方法进行多次仿真,取得大量的仿真结果之后,再对其进行分析、权衡,得出的相对稳定的平均值就可作为最终的解。

虽然马尔可夫模型能够解决动态 PMS 可靠性问题,但准确模型的建立非常困难。而且无论哪一类方法,要么需要建立所有任务阶段的单个马尔可夫模型并通过状态转移向量链接起来,来解决任务阶段间的状态相关性的问题;要么就要组合所有阶段为一个非常大的马尔可夫模型,其状态空间数不小于所有单个任务阶段马尔可夫模型状态数之和,当任务阶段数量或系统的工作单元数量很大时,都会遇到状态数急剧增加的问题。另外,风险系数的确定也是一个难点问题,通常依赖于经验判断或专家分析才能得出符合实际情况的结果。

6.3　作用机理的基本运行规律

瞬时可用度和任务可靠度随时间变化反映了"三个系统"作用下运行的基本规律。对于复杂任务情况下,由于任务阶段性、系统配置阶段性和环境条件阶段性,瞬时可用度和任务可靠度势必也会表现出非连续性。从定性的角度上看,复杂任务下的任务可靠度受到三个阶段性的影响(如系统配置单元数目减少、环境条件变好)可能会出现在阶段点上可靠度升高的现象,因此复杂任务下任务可靠度应表现为每个阶段为不增的变化规律,而在每个阶段转换点上可能会出现阶跃升高或降低的不连续变化规律。复杂任务条件下瞬时可用度的变化也会受到三个阶段性的影响,并表现出不连续的规律。同时,由于以往有关可用度的研究中更为关心稳态可用度,所以每个阶段内瞬时可用度的变化规律还不清楚。下面着力探讨瞬时可用度变化规律。

6.3.1　时间趋于无穷瞬时可用度变化规律

很多学者运用泛函分析等工具研究了连续时间下瞬时可用度方程稳定性方面的问题。例如,用强连续算子半群理论证明了两个不同部件并联、两个相同部件冷储备可修系统解的存在唯一性和非负性,并通过研究相应算子的谱特征得到了该系统的稳定性;针对两个部件并联系统和一类具有两个不同部件串联系统,利用系统算子生成的 Banach 空间中的正压缩 C0 半群,证明了系统的非负稳定解恰是系统算子 0 本征值对应的非负本征向量,同时通过研究系统算子的谱特征,证明了系统算子的谱点均位于左半复平面且虚轴上除 0 外无谱,进而得到系统的渐近稳定性。这些工作表明连续时间下瞬时可用度方程随着时间趋于无穷具有稳定解,瞬时可用度变化规律是随着时间趋于无穷瞬时可用度的数值会渐进到一个稳定的值。瞬时可用度具有渐进稳定的变化规律。下面针对离散时间瞬时可用度模型研究其是否具有渐进变化规律。

6.3.1.1　单部件可修系统瞬时可用度模型与稳态可用度

在实际工程中,部件寿命、故障后的修复时间、后勤保障时间等相关时间都是有限的。在 6.2 节基础上,首先建立有限时间约束下的系统瞬时可用度模型,然后利用矩阵论的方法,证明系统瞬时可用度的稳定性,并得到系统稳态可用度的表达式。

1. 单部件可修系统瞬时可用度模型

假定部件寿命和故障后的修复时间有限,即存在 $n_1, n_2 \in Z^+$, s.t. $\lambda(n_1) = 1, \mu(n_2) = 1$。

定理 6-6　对于任意的 $k_1 > n_1$ 和 $k_2 > n_2$,有 $P_0(k, k_1) = 0$ 和 $P_1(k, k_2) = 0$。

证明　对于任意的 $k_1 > n_1$,由式(6-22)可知

$$P_0(k, k_1) = P_0(k-1, k_1-1)[1 - \lambda(k_1-1)]$$

$$= \cdots = P_0(k-k_1+n_1, n_1)\prod_{j=n_1}^{k_1-1}[1 - \lambda(j)] = 0$$

同理可证:对于任意的 $k_2 > n_2$,有 $P_1(k,k_2) = 0$。

证毕。

根据定理 6-6 可知,针对式(6-40),可以不对 $P_0(k,k_1)$ 和 $P_1(k,k_2)$ 进行研究,其中 $k_1 > n_1, k_2 > n_2$。

令

$$P(k) = (P_0(k), P_1(k))^T$$

其中

$$P_0(k) = (P_0(k,0), P_0(k,1), \cdots, P_0(k,n_1))^T \in [0,1]^{n_1+1}$$
$$P_1(k) = (P_1(k,0), P_1(k,1), \cdots, P_0(k,n_2))^T \in [0,1]^{n_2+1}$$

则

$$P(k+1) = BP \quad k = 0,1,2,\cdots \tag{6-53}$$
$$P(0) = (\delta_{1,n_1+n_2+1})^T \tag{6-54}$$

系统的瞬时可用度为

$$A(k) = \delta_{n_1+1,n_2+1}P(k) \tag{6-55}$$

其中

$$B = \begin{pmatrix} 0 & 0 & \cdots & 0 & 0 & \mu(0) & \mu(1) & \cdots & \mu(n_2-1) & 1 \\ 1-\lambda(0) & 0 & \cdots & 0 & 0 & 0 & 0 & \cdots & 0 & 0 \\ 0 & 1-\lambda(1) & \cdots & 0 & 0 & 0 & 0 & \cdots & 0 & 0 \\ \vdots & \vdots & \ddots & \vdots & \vdots & \vdots & \vdots & \ddots & \vdots & \vdots \\ 0 & 0 & \cdots & 1-\lambda(n_1-1) & 0 & 0 & 0 & \cdots & 0 & 0 \\ \lambda(0) & \lambda(1) & \cdots & \lambda(n_1-1) & 1 & 0 & 0 & \cdots & 0 & 0 \\ 0 & 0 & \cdots & 0 & 0 & 1-\mu(0) & 0 & \cdots & 0 & 0 \\ 0 & 0 & \cdots & 0 & 0 & 0 & 1-\mu(1) & \cdots & 0 & 0 \\ \vdots & \vdots & \ddots & \vdots & \vdots & \vdots & \vdots & \ddots & \vdots & \vdots \\ 0 & 0 & \cdots & 0 & 0 & 0 & 0 & \cdots & 1-\mu(n_2-1) & 0 \end{pmatrix}$$

$$\delta_{m,n} = (\overbrace{1,\cdots,1}^{m},\overbrace{0,\cdots,0}^{m})$$

2. 单部件可修系统瞬时可用度的稳定性证明

根据矩阵 B 和初值 $P(0)$ 的特点,有以下结论成立。

定理 6-7 式(6-53)~式(6-55)的状态只存在有限集合 C 里,其中

$$C = \{Z = (z_1,z_2,\cdots,z_{n_1+n_2+2})^T \mid \delta_{n_1+n_2+2,0}Z = 1,$$
$$0 \leq z_i \leq 1, i = 1,2,\cdots,n_1+n_2+2\}$$

证明 $\forall k \in Z^+$

$$\delta_{n_1+n_2+2,0}\boldsymbol{P}(k+1) = \delta_{n_1+n_2+2,0}\boldsymbol{B}\boldsymbol{P}(k)$$

对于矩阵 $\boldsymbol{B}$，显然有

$$\delta_{n_1+n_2+2,0}\boldsymbol{B} = \delta_{n_1+n_2+2,0}$$

从而

$$\delta_{n_1+n_2+2,0}\boldsymbol{P}(k+1) = \delta_{n_1+n_2+2,0}\boldsymbol{P}(k) = \cdots = \delta_{n_1+n_2+2,0}\boldsymbol{P}(0) = 1$$

那么对于任意的非负整数 k，状态 $\boldsymbol{P}(k) = (p_1,p_2,\cdots,p_{n_1+n_2+2})^{\mathrm{T}}$ 满足

$$\delta_{n_1+n_2+2,0}\boldsymbol{P}(k) = \sum_{i=1}^{n_1+n_2+2} p_i = 1 \qquad (6-56)$$

根据故障率和修复率的定义,有

$$0 \leqslant \lambda(k) \leqslant 1, \quad k = 0,1,2,\cdots,n_1$$
$$0 \leqslant \mu(k) \leqslant 1, \quad k = 0,1,2,\cdots,n_2$$

从而矩阵 $\boldsymbol{B}$ 中的任意元素为

$$b_{i,j} \geqslant 0 \quad i,j = 1,2,\cdots,n_1+n_2+2$$

因此

$$p_i \geqslant 0, p_i \leqslant 1 \quad i = 1,2,\cdots,n_1+n_2+2$$

定理得证。

对于系统式(6-53)~式(6-55),可以得到

$$\boldsymbol{P}(k) = B^k(\delta_{1,n_1+n_2+1})^{\mathrm{T}} \quad k = 0,1,2,\cdots \qquad (6-57)$$

即式(6-53)~式(6-55)的状态解。

定理6-8 矩阵 $\boldsymbol{B}$ 的特征根全在单位圆内,即 $\rho(B) \leqslant 1$。

证明

$$B - \gamma I = \begin{pmatrix}
-\gamma & 0 & \cdots & 0 & 0 & \mu(0) & \mu(1) & \cdots & \mu(n_2-1) & 1 \\
1-\lambda(0) & -\gamma & \cdots & 0 & 0 & 0 & 0 & \cdots & 0 & 0 \\
0 & 1-\lambda(1) & \cdots & 0 & 0 & 0 & 0 & \cdots & 0 & 0 \\
\vdots & \vdots & \ddots & \vdots & \vdots & \vdots & \vdots & \ddots & \vdots & \vdots \\
0 & 0 & \cdots & 1-\lambda(n_1-1) & -\gamma & 0 & 0 & \cdots & 0 & 0 \\
\lambda(0) & \lambda(1) & \cdots & \lambda(n_1-1) & 1 & -\gamma & 0 & \cdots & 0 & 0 \\
0 & 0 & \cdots & 0 & 0 & 1-\mu(0) & -\gamma & \cdots & 0 & 0 \\
0 & 0 & \cdots & 0 & 0 & 0 & 1-\mu(1) & \cdots & 0 & 0 \\
\vdots & \vdots & \ddots & \vdots & \vdots & \vdots & \vdots & \ddots & \vdots & \vdots \\
0 & 0 & \cdots & 0 & 0 & 0 & 0 & \cdots & 1-\mu(n_2-1) & -\gamma
\end{pmatrix}$$

$\forall\, \gamma \in \{x \mid |x| > 1\}$，$\gamma I - B$ 为列严格对角占优阵，从而 $\gamma I - B$ 是非奇异的，即 $\rho(B) \leqslant 1$。

证毕。

定理 6 - 9 秩$(I - B) = n_1 + n_2 + 1$。

证明

$$B - I = \begin{pmatrix} -1 & 0 & \cdots & 0 & 0 & \mu(0) & \mu(1) & \cdots & \mu(n_2-1) & 1 \\ 1-\lambda(0) & -1 & & 0 & 0 & 0 & 0 & \cdots & 0 & 0 \\ 0 & 1-\lambda(1) & \cdots & 0 & 0 & 0 & 0 & \cdots & 0 & 0 \\ \vdots & \vdots & \ddots & \vdots & \vdots & \vdots & \vdots & \ddots & \vdots & \vdots \\ 0 & 0 & \cdots & 1-\lambda(n_1-1) & -1 & 0 & 0 & \cdots & 0 & 0 \\ \lambda(0) & \lambda(1) & \cdots & \lambda(n_1-1) & 1 & -1 & 0 & \cdots & 0 & 0 \\ 0 & 0 & \cdots & 0 & 0 & 1-\mu(0) & -1 & \cdots & 0 & 0 \\ 0 & 0 & \cdots & 0 & 0 & 0 & 1-\mu(1) & \cdots & 0 & 0 \\ \vdots & \vdots & \ddots & \vdots & \vdots & \vdots & \vdots & \ddots & \vdots & \vdots \\ 0 & 0 & \cdots & 0 & 0 & 0 & 0 & \cdots & 1-\mu(n_2-1) & -1 \end{pmatrix}$$

那么矩阵 $B - I$ 各列元素相加之和为 0，因此秩$(B - I) \leqslant n_1 + n_2 + 1$，又由于矩阵 $B - I$ 有 $n_1 + n_2 + 1$ 阶主子式，则

$$(B - I)_{(1,1)} = \begin{pmatrix} -1 & 0 & \cdots & 0 & 0 & 0 & 0 & \cdots & 0 & 0 \\ 1-\lambda(1) & -1 & & 0 & 0 & 0 & 0 & \cdots & 0 & 0 \\ 0 & 1-\lambda(2) & \cdots & 0 & 0 & 0 & 0 & \cdots & 0 & 0 \\ \vdots & \vdots & \ddots & \vdots & \vdots & \vdots & \vdots & \ddots & \vdots & \vdots \\ 0 & 0 & \cdots & 1-\lambda(n_1-1) & -1 & 0 & 0 & \cdots & 0 & 0 \\ \lambda(1) & \lambda(2) & \cdots & \lambda(n_1-1) & 1 & -1 & 0 & \cdots & 0 & 0 \\ 0 & 0 & \cdots & 0 & 0 & 1-\mu(0) & -1 & \cdots & 0 & 0 \\ 0 & 0 & \cdots & 0 & 0 & 0 & 1-\mu(1) & \cdots & 0 & 0 \\ \vdots & \vdots & \ddots & \vdots & \vdots & \vdots & \vdots & \ddots & \vdots & \vdots \\ 0 & 0 & \cdots & 0 & 0 & 0 & 0 & \cdots & 1-\mu(n_2-1) & -1 \end{pmatrix}$$

显然 $(B - I)_{1,1}$ 非退化，有秩$(B - I) \geqslant n_1 + n_2 + 1$。因此，秩$(I - B) = n_1 + n_2 + 1$，证毕。

定理 6 - 10 矩阵 B 有特征根 $\gamma = 1$，并且为单根。若用 $X_0 = (x_1, x_2, \cdots, x_{2n+2})^{\mathrm{T}}$ 表示 B 特征根 $\gamma = 1$ 在 C 上的特征向量，则 X_0 取值唯一，并满足

$$x_1 = x_{n_1+2} = \frac{1}{D}$$

$$x_i = \frac{1}{D} \prod_{j=0}^{i-2} [1 - \lambda(j)] \quad i = 2, 3, \cdots, n_1 + 1$$

$$x_{n_1+i+1} = \frac{1}{D} \prod_{j=0}^{i-2} [1 - \mu(j)] \quad i = 2, 3, \cdots, n_2 + 1$$

其中

$$D = 2 + \sum_{i=2}^{n_1+1} \left\{ \prod_{j=0}^{i-2} [1 - \lambda(j)] \right\} + \sum_{i=2}^{n_2+1} \left\{ \prod_{j=0}^{i-2} [1 - \mu(j)] \right\}$$

证明　由定理 6-9 知，$\gamma = 1$ 是矩阵 B 的特征根，这时 $\gamma = 1$ 是矩阵 B 单的特征根，等价于

$$\frac{\mathrm{d} | B - \gamma I |}{\mathrm{d}\gamma} \Big|_{\gamma=1} \neq 0 \tag{6-58}$$

下面我们证明式 $(6-58)$。

$$\frac{\mathrm{d} | B - \gamma I |}{\mathrm{d}\gamma} \Big|_{\gamma=1}$$

$$= \begin{pmatrix} -1 & 0 & \cdots & 0 & 0 & \mu(0) & \mu(1) & \cdots & \mu(n_2-1) & 1 \\ 0 & -1 & \cdots & 0 & 0 & 0 & 0 & \cdots & 0 & 0 \\ 0 & 1-\lambda(1) & \cdots & 0 & 0 & 0 & 0 & \cdots & 0 & 0 \\ \vdots & \vdots & \ddots & \vdots & \vdots & \vdots & \vdots & \ddots & \vdots & \vdots \\ 0 & 0 & \cdots & 1-\lambda(n_1-1) & -1 & 0 & 0 & \cdots & 0 & 0 \\ 0 & \lambda(1) & \cdots & \lambda(n_1-1) & 1 & -1 & 0 & \cdots & 0 & 0 \\ 0 & 0 & \cdots & 0 & 0 & 1-\mu(0) & -1 & \cdots & 0 & 0 \\ 0 & 0 & \cdots & 0 & 0 & 0 & 1-\mu(1) & \cdots & 0 & 0 \\ \vdots & \vdots & \ddots & \vdots & \vdots & \vdots & \vdots & \ddots & \vdots & \vdots \\ 0 & 0 & \cdots & 0 & 0 & 0 & 0 & \cdots & 1-\mu(n_2-1) & -1 \end{pmatrix} +$$

$$\begin{pmatrix} -1 & 0 & \cdots & 0 & 0 & \mu(0) & \mu(1) & \cdots & \mu(n_2-1) & 1 \\ 1-\lambda(0) & -1 & \cdots & 0 & 0 & 0 & 0 & \cdots & 0 & 0 \\ 0 & 0 & \cdots & 0 & 0 & 0 & 0 & \cdots & 0 & 0 \\ \vdots & \vdots & \ddots & \vdots & \vdots & \vdots & \vdots & \ddots & \vdots & \vdots \\ 0 & 0 & \cdots & 1-\lambda(n_1-1) & -1 & 0 & 0 & \cdots & 0 & 0 \\ \lambda(0) & 0 & \cdots & \lambda(n_1-1) & 1 & -1 & 0 & \cdots & 0 & 0 \\ 0 & 0 & \cdots & 0 & 0 & 1-\mu(0) & -1 & \cdots & 0 & 0 \\ 0 & 0 & \cdots & 0 & 0 & 0 & 1-\mu(1) & \cdots & 0 & 0 \\ \vdots & \vdots & \ddots & \vdots & \vdots & \vdots & \vdots & \ddots & \vdots & \vdots \\ 0 & 0 & \cdots & 0 & 0 & 0 & 0 & \cdots & 1-\mu(n_2-1) & -1 \end{pmatrix} + \cdots +$$

$$\begin{pmatrix}
-1 & 0 & \cdots & 0 & 0 & \mu(0) & \mu(1) & \cdots & 0 & 1 \\
1-\lambda(0) & -1 & \cdots & 0 & 0 & 0 & 0 & & 0 & 0 \\
0 & 1-\lambda(1) & \cdots & 0 & 0 & 0 & 0 & & 0 & 0 \\
\vdots & \vdots & \ddots & \vdots & & \vdots & & \ddots & \vdots & \vdots \\
0 & 0 & \cdots & 1-\lambda(n_1-1) & -1 & 0 & 0 & & 0 & 0 \\
\lambda(0) & \lambda(1) & \cdots & \lambda(n_1-1) & 1 & -1 & 0 & & 0 & 0 \\
0 & 0 & \cdots & 0 & 0 & 1-\mu(0) & -1 & \cdots & 0 & 0 \\
\vdots & \vdots & \ddots & \vdots & & \vdots & & \ddots & \vdots & \vdots \\
0 & 0 & 0 & 0 & 0 & 0 & 0 & & -1 & 0 \\
0 & 0 & \cdots & 0 & 0 & 0 & 0 & & 0 & -1
\end{pmatrix} +$$

$$\begin{pmatrix}
-1 & 0 & \cdots & 0 & 0 & \mu(0) & \mu(1) & \cdots & \mu(n_2-1) & 1 \\
1-\lambda(0) & -1 & \cdots & 0 & 0 & 0 & 0 & \cdots & 0 & 0 \\
0 & 1-\lambda(1) & \cdots & 0 & 0 & 0 & 0 & \cdots & 0 & 0 \\
\vdots & \vdots & \ddots & \vdots & & \vdots & & \ddots & \vdots & \vdots \\
0 & 0 & \cdots & 1-\lambda(n_1-1) & -1 & 0 & 0 & & 0 & 0 \\
\lambda(0) & \lambda(1) & \cdots & \lambda(n_1-1) & 1 & -1 & 0 & & 0 & 0 \\
0 & 0 & \cdots & 0 & 0 & 1-\mu(0) & -1 & & 0 & 0 \\
0 & 0 & \cdots & 0 & 0 & 0 & 1-\mu(1) & \cdots & 0 & 0 \\
\vdots & \vdots & \ddots & \vdots & & \vdots & & \ddots & \vdots & \vdots \\
0 & 0 & \cdots & 0 & 0 & 0 & 0 & \cdots & 1-\mu(n_2-1) & -1
\end{pmatrix}$$

$$= (-1)^{n_1+n_2+1}\{-2+[\lambda(0)-1]+\cdots+[\lambda(n_1-1)-1]+$$

$$[\mu(0)-1]+\cdots+[\mu(n_2-1)-1]\} \neq 0$$

从而 $\gamma=1$ 是矩阵 $\boldsymbol{B}$ 的单的特征根。

$\boldsymbol{X}_0$ 表示 $\boldsymbol{B}$ 特征根 $\gamma=1$ 在 C 上的特征向量,显然 $(\boldsymbol{B}-\boldsymbol{I})\boldsymbol{X}_0=0$,即

$$\begin{pmatrix}
-1 & 0 & \cdots & 0 & 0 & \mu(0) & \mu(1) & \cdots & \mu(n_2-1) & 1 \\
1-\lambda(0) & -1 & \cdots & 0 & 0 & 0 & 0 & \cdots & 0 & 0 \\
0 & 1-\lambda(1) & \cdots & 0 & 0 & 0 & 0 & \cdots & 0 & 0 \\
\vdots & \vdots & \ddots & \vdots & & \vdots & & \ddots & \vdots & \vdots \\
0 & 0 & \cdots & 1-\lambda(n_1-1) & -1 & 0 & 0 & & 0 & 0 \\
\lambda(0) & \lambda(1) & \cdots & \lambda(n_1-1) & 1 & -1 & 0 & & 0 & 0 \\
0 & 0 & \cdots & 0 & 0 & 1-\mu(0) & -1 & & 0 & 0 \\
0 & 0 & \cdots & 0 & 0 & 0 & 1-\mu(1) & & 0 & 0 \\
\vdots & \vdots & \ddots & \vdots & & \vdots & & \ddots & \vdots & \vdots \\
0 & 0 & \cdots & 0 & 0 & 0 & 0 & \cdots & 1-\mu(n_2-1) & -1
\end{pmatrix}\boldsymbol{X}_0=0$$

根据定理 6-9,矩阵 $I-B$ 的秩为 n_1+n_2+1,那么有

$$
\begin{cases}
x_2 = [1-\lambda(0)]x_1 \\
x_2 = [1-\lambda(0)][1-\lambda(1)]x_1 \\
\quad\vdots \\
x_{n_1+1} = \prod_{i=0}^{n_1-1}[1-\lambda(i)]x_1 \\
x_{n_1+3} = [1-\mu(0)]x_{n_1+2} \\
x_{n_1+4} = [1-\mu(0)][1-\mu(1)]x_{n_1+2} \\
\quad\vdots \\
x_{n_1+n_2+2} = \prod_{i=0}^{n_1-1}[1-\mu(i)]x_{n_1}+2 \\
\sum_{i=1}^{n_2+1}[x_{n_1+i+1}\mu(i-1)]-x_1=0
\end{cases}
$$

即

$$
x_i = \prod_{j=0}^{i-2}[1-\lambda(j)]x_1 \quad i=2,3,\cdots,n_2+1
$$

$$
x_{n_1+i+1} = \prod_{j=0}^{i-2}[1-\mu(j)]x_{n_1+2} \quad i=2,3,\cdots,n_2+1
$$

$$
\sum_{i=1}^{n_2+1}[x_{n_1+i+1}\mu(i-1)]-x_1=0
$$

令

$$
D_1 = \mu(0) + \sum_{i=2}^{n_2+1}\left\{\prod_{j=0}^{i-2}[1-\mu(j)]\mu(i-1)\right\}
$$

有

$$
x_1 = D_1 x_{n_1+2}
$$

容易证明

$$
D_1 = 1
$$

那么

$$
x_1 = x_{n_1+2}
$$

由于 $\boldsymbol{X}_0 \in C$, 即

$$\left(1 + \sum_{i=2}^{n_1+1} \left\{ \prod_{j=0}^{i-2} \left[1 - \lambda(j) \right] \right\} \right) x_1 + \left(1 + \sum_{i=2}^{n_2+1} \left\{ \prod_{j=0}^{i-2} \left[1 - \mu(j) \right] \right\} \right) x_1 = 1$$

令

$$D = 2 + \sum_{i=2}^{n_1+1} \left\{ \prod_{j=0}^{i-2} \left[1 - \lambda(j) \right] \right\} + \sum_{i=2}^{n_2+1} \left\{ \prod_{j=0}^{i-2} \left[1 - \mu(j) \right] \right\}$$

则有

$$x_1 = x_{n_1+2} = \frac{1}{D}$$

$$x_i = \frac{1}{D} \prod_{j=0}^{i-2} \left[1 - \lambda(j) \right] \qquad i = 2,3,\cdots,n_1 + 1$$

$$x_{n_1+i+1} = \frac{1}{D} \prod_{j=0}^{i-2} \left[1 - \mu(j) \right] \qquad i = 2,3,\cdots,n_2 + 1$$

证毕。

定理 6 – 11   矩阵 $\boldsymbol{B}$ 对应 $\rho(\boldsymbol{B}) = 1$ 的特征根只能是 $\gamma = 1$。

证明   假定矩阵 $\boldsymbol{B}$ 有对应 $\rho(\boldsymbol{B}) = 1$ 的特征根为 $\gamma = \mathrm{e}^{bw}$, 其中 $w^2 = -1, 0 \leqslant b \leqslant 2\pi$。假定矩阵 $\boldsymbol{B}$ 特征根 $\gamma = \mathrm{e}^{bw}$ 对应的特征向量为 $\boldsymbol{\zeta} = (x_1, x_2, \cdots, x_{n_1+n_2+2})^{\mathrm{T}} \neq 0$, 有

$$(\boldsymbol{B} - \gamma \boldsymbol{I}) \boldsymbol{\zeta} = 0$$

即

$$\begin{cases} -\gamma x_1 + \sum_{i=1}^{n_2+1} \left[x_{n_1+i+1} \mu(i-1) \right] = 0 \\ \left[1 - \lambda(0) \right] x_1 - \gamma x_2 = 0 \\ \left[1 - \lambda(1) \right] x_2 - \gamma x_3 = 0 \\ \qquad\qquad \vdots \\ \left[1 - \lambda(n_1-1) \right] x_{n_1} - \gamma x_{n_1+1} = 0 \\ \sum_{i=1}^{n_1+1} \left[x_i \lambda(i-1) \right] - \gamma x_{n_1+2} = 0 \\ \left[1 - \mu(0) \right] x_{n_1+2} - \gamma x_{n_1+3} = 0 \\ \left[1 - \mu(1) \right] x_{n_1+3} - \gamma x_{n_1+4} = 0 \\ \qquad\qquad \vdots \\ \left[1 - \mu(n_2-1) \right] x_{n_1+n_2+1} - \gamma x_{n_1+n_2+2} = 0 \end{cases}$$

则有

$$x_i = \prod_{j=0}^{i-2}\Big[\frac{1-\lambda(j)}{\gamma}\Big]x_1 \qquad i = 2,3,\cdots,n_1+1$$

$$x_{n_1+i+1} = \prod_{j=0}^{i-2}\Big[\frac{1-\mu(j)}{\gamma}\Big]x_{n_1+2} \qquad i = 2,3,\cdots,n_2+1$$

$$\sum_{i=1}^{n_2+1}\Big[x_{n_1+i+1}\frac{\mu(i-1)}{\gamma}\Big] - x_1 = 0$$

$$\sum_{i=1}^{n_1+1}\Big[x_i\frac{\lambda(i-1)}{\gamma}\Big] - x_{n_1+2} = 0$$

令

$$D_1 = \lambda(0)\mathrm{e}^{-bw} + \sum_{i=2}^{n_1+1}\Big\{\prod_{j=0}^{i-2}[1-\lambda(j)]\lambda(i-1)\mathrm{e}^{-biw}\Big\}$$

$$D_2 = \mu(0)\mathrm{e}^{-bw} + \sum_{i=2}^{n_2+1}\Big\{\prod_{j=0}^{i-2}[1-\mu(j)]\mu(i-1)\mathrm{e}^{-biw}\Big\}$$

那么

$$x_1 = D_2 x_{n_1+2}$$
$$x_{n_1+2} = D_1 x_1$$

从而

$$(D_2D_1-1)x_1 = 0$$

显然 $x_1 \neq 0$，否则 $x_i = 0, i = 1,2,\cdots,n_1+n_2+2$，从而与 $\boldsymbol{\zeta} = (x_1,x_2,\cdots,x_{2n+2})^{\mathrm{T}} \neq 0$ 矛盾。那么

$$D_2D_1 = 1$$

由于

$$|\,D_2D_1\,| = |\,D_2\,|\,|\,D_1\,|$$

其中

$$|\,D_1\,| = \left|\lambda(0)\mathrm{e}^{-bw} + \sum_{i=2}^{n_1+1}\Big\{\prod_{j=0}^{i-2}[1-\lambda(j)]\lambda(i-1)\mathrm{e}^{-biw}\Big\}\right|$$

$$\leqslant \lambda(0)\,|\,\mathrm{e}^{-bw}\,| + \sum_{i=2}^{n_1+1}\Big\{\prod_{j=0}^{i-2}[1-\lambda(j)]\lambda(i-1)\,|\,\mathrm{e}^{-biw}\Big\}$$

$$= \lambda(0) + \sum_{i=2}^{n_1+1} \left\{ \prod_{j=0}^{i-2} [1 - \lambda(j)] \lambda(i-1) \right\} = 1$$

$$|D_2| = \left| \mu(0) e^{-bw} + \sum_{i=2}^{n_2+1} \left\{ \prod_{j=0}^{i-2} [1 - \mu(j)] \mu(i-1) e^{-biw} \right\} \right|$$

$$\leqslant \mu(0) |e^{-bw}| + \sum_{i=2}^{n_2+1} \left\{ \prod_{j=0}^{i-2} [1 - \mu(j)] \mu(i-1) |e^{-biw} \right\}$$

$$= \lambda(0) + \sum_{i=2}^{n_2+1} \left\{ \prod_{j=0}^{i-2} [1 - \mu(j)] \mu(i-1) \right\} = 1$$

根据文献[2],上式等号成立的充要条件是:

(1) $\lambda(0) e^{-bw}$ 和 $\prod_{j=0}^{i-2} [1 - \lambda(j)] \lambda(i-1) e^{-biw} (i = 2,3,\cdots,n_1+1)$ 所表示的所有向量共线且同向。

(2) $\mu(0) e^{-bw}$ 和 $\prod_{j=0}^{i-2} [1 - \mu(j)] \lambda(i-1) e^{-biw} (i = 2,3,\cdots,n_2+1)$ 所表示的所有向量共线且同向。

考虑到 $0 \leqslant b \leqslant 2\pi$ 的取值范围,可以得到 $b = 0$,从而矩阵 $\boldsymbol{B}$ 对应 $\rho(\boldsymbol{B}) = 1$ 的特征根只有 $\gamma = 1$。

证毕。

结合定理 6-8 ~ 定理 6-11,可以得到以下结论。

定理 6-12 系统式(6-53) ~ 式(6-55)的状态式(6-57)是稳定的,唯一的平衡点为 $\boldsymbol{X}_0$,即矩阵 $\boldsymbol{B}$ 特征根 $\gamma = 1$ 在 C 上的特征向量。

证明 根据文献[3]中的定理,可以得到系统式(6-53) ~ 式(6-55)的状态式(6-57)是稳定的。假定平衡点为 X_1,则 $X_1 \in C$ 且 $X_1 = \boldsymbol{B}X_1$,那么 $\boldsymbol{X}_1$ 为矩阵 $\boldsymbol{B}$ 特征根 $\gamma = 1$ 在 C 上的特征向量,由定理 6-10 可得 $X_1 = X_0$。

证毕。

定理 6-13 式(6-55)是稳定的,并且平衡点唯一,即系统的稳态可用度是唯一存在的,其值为

$$A = \sum_{i=1}^{n_1+1} x_i = \frac{1}{D} \left\{ 1 + \sum_{i=2}^{n_1+1} \left\{ \prod_{j=0}^{i-2} [1 - \lambda(j)] \right\} \right\} \qquad (6-59)$$

其中

$$D = 2 + \sum_{i=2}^{n_1+1} \left\{ \prod_{j=0}^{i-2} \left[1 - \lambda(j) \right] \right\} + \sum_{i=2}^{n_2+1} \left\{ \prod_{j=0}^{i-2} \left[1 - \mu(j) \right] \right\}$$

证明 由定理 6 – 12 可得

$$X_0 = \lim_{k \to \infty} P(k)$$

根据定理 6 – 10,极限

$$A = \lim_{k \to \infty} A(k) = \lim_{k \to \infty} \delta_{n_1+1, n_2+1} P(k) = \delta_{n_1+1, n_2+1} X_0$$

$$= \sum_{i=1}^{n_1+1} x_i = \frac{1}{D} \left(1 + \sum_{i=2}^{n_1} \left\{ \prod_{j=0}^{i-2} \left[1 - \lambda(j) \right] \right\} \right)$$

存在,即为系统稳态可用度。

证毕。

显然

$$A = \frac{\text{MTBF}}{\text{MTBF} + \text{MTTR}}$$

系统稳态可用度和固有可用度在数值上是相等的,在无特别说明时本书将不对两者进行区分。

6.3.1.2 单部件修理有延迟可修系统瞬时可用度模型与稳态可用度

假定部件寿命和故障后的修复时间有限,即存在 $n_1, n_2, n_3 \in Z^+$, s. t. $\lambda(n_1) = 1, \mu(n_2) = 1, \rho(n_3) = 1$。

定理 6 – 14 对于任意的 $k_1 > n_1, k_2 > n_2$ 和 $k_3 > n_3$,有

$$P_0(k, k_1) = 0, P_1(k, k_2) = 0, P_2(k, k_3) = 0$$

证明 对于任意的 $k_1 > n_1$,由式(6 – 42)可得

$$P_0(k, k_1) = P_0(k-1, k_1-1) \left[1 - \lambda(k_1 - 1) \right] = \cdots$$

$$= P_0(k - k_1 + n_1, n_1) \prod_{j=n_1}^{k_1-1} \left[1 - \lambda(j) \right] = 0$$

同理可证:对于任意的 $k_2 > n_2$ 和 $k_3 > n_3$,有

$$P_1(k, k_2) = 0 \text{ 和 } P_2(k, k_3) = 0$$

证毕。

那么对于系统式(6 – 42) ~ 式(6 – 43)而言,根据定理 6 – 14,可以不对 $P_0(k, k_1)$、$P_1(k, k_2)$ 和 $P_2(k, k_3)$ 进行研究,其中 $k_1 > n_1, k_2 > n_2$ 和 $k_3 > n_3$。因

此,令

$$\boldsymbol{P}(k) = (P_0(k), P_1(k), \cdots, P_2(k))^{\mathrm{T}}$$

其中

$$\boldsymbol{P}_0(k) = (P_0(k,0), P_0(k,1), \cdots, P_0(k,n_1))^{\mathrm{T}} \in [0,1]^{n_1+1}$$

$$\boldsymbol{P}_1(k) = (P_1(k,0), P_1(k,1), \cdots, P_1(k,n_2))^{\mathrm{T}} \in [0,1]^{n_2+1}$$

$$\boldsymbol{P}_2(k) = (P_2(k,0), P_2(k,1), \cdots, P_2(k,n_3))^{\mathrm{T}} \in [0,1]^{n_3+1}$$

那么有

$$\boldsymbol{P}(k+1) = \boldsymbol{B}\boldsymbol{P}(k) \quad k = 0,1,2,\cdots \qquad (6-60)$$

$$\boldsymbol{P}(0) = (\delta_{1,n_1+n_2+n_3+2})^{\mathrm{T}} \qquad (6-61)$$

系统的瞬时可用度为

$$\boldsymbol{A}(k) = \delta_{n_1+1,n_2+n_3+2}\boldsymbol{P}(k) \qquad (6-62)$$

其中

$$\boldsymbol{B} = \begin{pmatrix}
0 & 0 & \cdots & 0 & 0 & \mu(0) & \mu(1) & \cdots & \mu(n_2-1) & 1 & 0 & 0 & \cdots & 0 & 0 \\
1-\lambda(0) & 0 & \cdots & 0 & 0 & 0 & 0 & \cdots & 0 & 0 & 0 & 0 & \cdots & 0 & 0 \\
0 & 1-\lambda(1) & \cdots & 0 & 0 & 0 & 0 & \cdots & 0 & 0 & 0 & 0 & \cdots & 0 & 0 \\
\vdots & \vdots & \ddots & \vdots & \vdots & \vdots & \vdots & \ddots & \vdots & \vdots & \vdots & \vdots & \ddots & \vdots & \vdots \\
0 & 0 & \cdots & 1-\lambda(n_1-1) & 0 & 0 & 0 & \cdots & 0 & 0 & 0 & 0 & \cdots & 0 & 0 \\
0 & 0 & \cdots & 0 & 0 & 0 & 0 & \cdots & 0 & 0 & \rho(0) & \rho(1) & \cdots & \rho(n_3-1) & 1 \\
0 & 0 & \cdots & 0 & 0 & 1-\mu(0) & 0 & \cdots & 0 & 0 & 0 & 0 & \cdots & 0 & 0 \\
0 & 0 & \cdots & 0 & 0 & 0 & 1-\mu(1) & \cdots & 0 & 0 & 0 & 0 & \cdots & 0 & 0 \\
\vdots & \vdots & \ddots & \vdots & \vdots & \vdots & \vdots & \ddots & \vdots & \vdots & \vdots & \vdots & \ddots & \vdots & \vdots \\
0 & 0 & \cdots & 0 & 0 & 0 & 0 & \cdots & 1-\mu(n_2-1) & 0 & 0 & 0 & \cdots & 0 & 0 \\
\lambda(0) & \lambda(1) & \cdots & \lambda(n_1-1) & 0 & 0 & 0 & \cdots & 0 & 0 & 0 & 0 & \cdots & 0 & 0 \\
0 & 0 & \cdots & 0 & 0 & 0 & 0 & \cdots & 0 & 0 & 1-\rho(0) & 0 & \cdots & 0 & 0 \\
0 & 0 & \cdots & 0 & 0 & 0 & 0 & \cdots & 0 & 0 & 0 & 1-\rho(1) & \cdots & 0 & 0 \\
\vdots & \vdots & \ddots & \vdots & \vdots & \vdots & \vdots & \ddots & \vdots & \vdots & \vdots & \vdots & \ddots & \vdots & \vdots \\
0 & 0 & \cdots & 0 & 0 & 0 & 0 & \cdots & 0 & 0 & 0 & 0 & \cdots & 1-\rho(n_3-1) & 0
\end{pmatrix}$$

参照上面的证明方法,可以得到稳态可用度为

$$A = \lim_{k\to\infty}A(k) = \lim_{k\to\infty}\sigma_{n_1+1,n_2+n_3+2}P(k) = \sigma_{n_1+1,n_2+n_3+2}X_0$$

$$= \sum_{i=1}^{n_1+1} x_i = \frac{1}{D}\left(1 + \sum_{i=2}^{n_1+1}\left\{\prod_{j=0}^{i-2}[1-\lambda(j)]\right\}\right)$$

其中

$$D = 3 + \sum_{i=2}^{n_1+1} \left\{ \prod_{j=0}^{i-2} \left[1 - \lambda(j) \right] \right\} + \sum_{i=2}^{n_2+1} \left\{ \prod_{j=0}^{i-2} \left[1 - \mu(j) \right] \right\} + \sum_{i=2}^{n_3+1} \left\{ \prod_{j=0}^{i-2} \left[1 - \rho(j) \right] \right\}$$

显然

$$A = \frac{\text{MTBF}}{\text{MTBF} + \text{MTTR} + \text{MLDT}}$$

6.3.1.3 单部件考虑预防性维修的可修系统瞬时可用度模型与稳态可用度

假定修复性维修和预防性维修的修复时间均有限,即存在 $n_2, n_3 \in Z^+$, s. t. $\mu_1(n_2) = 1, \mu_2(n_3) = 1$。

定理6-15 对于任意的 $k_2 > n_2$ 和 $k_3 > n_3$,有

$$P_1(k, k_2) = 0, P_2(k, k_3) = 0$$

证明 对于任意的 $k_1 > n_2$,由式(6-45)可得

$$P_1(k, k_2) = P_1(k-1, k_2-1)\left[1 - \mu_1(k_2 - 1) \right] = \cdots$$
$$= P_1(k - k_2 + n_2, n_2) \prod_{j=n_2}^{k_1-1} \left[1 - \mu_1(j) \right] = 0$$

同理可证:对于任意的 $k_3 > n_3$,有

$$P_2(k, k_3) = 0$$

证毕。

对于系统式(6-45)~式(6-48),为了方便,记 $n_1 = T_0, P_0(k, k_1) = 0$,其中 $k_1 > n_1$,因此可以不对 $P_0(k, k_1)$ 进行考虑。根据定理6-15,也可以不对 $P_1(k, k_2)$、$P_2(k, k_3)$ 进行研究,其中 $k_2 > n_2, k_3 > n_3$。因此令

$$\boldsymbol{P}(k) = (P_0(k), P_1(k), P_2(k))^{\mathrm{T}}$$

其中

$$\boldsymbol{P}_0(k) = (P_0(k, 0), P_0(k, 1), \cdots, P_0(k, n_1))^{\mathrm{T}} \in [0, 1]^{n_1+1}$$
$$\boldsymbol{P}_1(k) = (P_1(k, 0), P_1(k, 1), \cdots, P_1(k, n_2))^{\mathrm{T}} \in [0, 1]^{n_2+1}$$
$$\boldsymbol{P}_2(k) = (P_2(k, 0), P_2(k, 1), \cdots, P_2(k, n_3))^{\mathrm{T}} \in [0, 1]^{n_3+1}$$

那么有

$$P(k+1) = \boldsymbol{B}P(k) \quad k = 0,1,2,\cdots \tag{6-63}$$

$$\boldsymbol{P}(0) = (\delta_{1,n_1+n_2+n_3+2})^{\mathrm{T}} \tag{6-64}$$

系统的瞬时可用度为

$$A(k) = \delta_{n_1+1,n_2+n_3+2}\boldsymbol{P}(k) \tag{6-65}$$

其中

$$\boldsymbol{B} = \begin{pmatrix}
0 & 0 & \cdots & 0 & 0 & \mu_1(0) & \mu_1(1) & \cdots & \mu_1(n_2-1) & 1 & \mu_2(0) & \mu_2(1) & \cdots & \mu_2(n_3-1) & 1 \\
1-\lambda(0) & 0 & \cdots & 0 & 0 & 0 & 0 & & 0 & 0 & 0 & 0 & \cdots & 0 & 0 \\
0 & 1-\lambda(1) & \cdots & 0 & 0 & 0 & 0 & & 0 & 0 & 0 & 0 & \cdots & 0 & 0 \\
\vdots & \vdots & \ddots & \vdots & \vdots & \vdots & \vdots & & \vdots & \vdots & \vdots & \vdots & \ddots & \vdots & \vdots \\
0 & 0 & \cdots 1-\lambda(n_1-1) & 0 & 0 & 0 & 0 & & 0 & 0 & 0 & 0 & \cdots & 0 & 0 \\
\lambda(0) & \lambda(1) & \cdots & \lambda(n_1-1) & \lambda(n_1) & 0 & 0 & & 0 & 0 & 0 & 0 & \cdots & 0 & 0 \\
0 & 0 & \cdots & 0 & 0 & 1-\mu_1(0) & 0 & & 0 & 0 & 0 & 0 & \cdots & 0 & 0 \\
0 & 0 & \cdots & 0 & 0 & 0 & 1-\mu_1(0) & \cdots & 0 & 0 & 0 & 0 & \cdots & 0 & 0 \\
\vdots & \vdots & \ddots & \vdots & \vdots & \vdots & \vdots & & \vdots & \vdots & \vdots & \vdots & \ddots & \vdots & \vdots \\
0 & 0 & \cdots & 0 & 0 & 0 & 0 & \cdots 1-\mu_1(n_2-1) & 0 & 0 & 0 & 0 & \cdots & 0 & 0 \\
0 & 0 & \cdots & 0 & 1-\lambda(n_1) & 0 & 0 & & 0 & 0 & 0 & 0 & \cdots & 0 & 0 \\
0 & 0 & \cdots & 0 & 0 & 0 & 0 & & 0 & 0 & 1-\mu_2(0) & 0 & \cdots & 0 & 0 \\
0 & 0 & \cdots & 0 & 0 & 0 & 0 & & 0 & 0 & 0 & 1-\mu_2(1) & \cdots & 0 & 0 \\
\vdots & \vdots & \ddots & \vdots & \vdots & \vdots & \vdots & & \vdots & \vdots & \vdots & \vdots & \ddots & \vdots & \vdots \\
0 & 0 & \cdots & 0 & 0 & 0 & 0 & & 0 & 0 & 0 & 0 & \cdots 1-\mu_2(n_3-1) & 0
\end{pmatrix}$$

参照上面的证明方法,可以得到稳态可用度为

$$A = \lim_{k\to\infty} A(k) = \lim_{k\to\infty} \sigma_{n_1+1,n_2+n_3+2}P(k) = \sigma_{n_1+1,n_2+n_3+2}X_0$$

$$= \sum_{i=1}^{n_1+1} x_i = \frac{1}{D}\left(1 + \sum_{i=2}^{n_1+1}\left\{\prod_{j=0}^{i-2}[1-\lambda(j)]\right\}\right)$$

其中

$$D = 2 + \sum_{i=2}^{n_1+1}\left\{\prod_{j=0}^{i-2}[1-\lambda(j)]\right\} + D_1\sum_{i=2}^{n_2+1}\left\{\prod_{j=0}^{i-2}[1-\mu_1(j)]\right\} +$$

$$D_2\sum_{i=2}^{n_3+1}\left\{\prod_{j=0}^{i-2}[1-\mu_2(j)]\right\}$$

$$D_1 = \lambda(0) + \sum_{i=2}^{n_1+1}\left\{\prod_{j=0}^{i-2}[1-\lambda(j)]\lambda[i-1]\right\}$$

$$D_2 = \prod_{j=0}^{n_1-1}[1-\lambda(j)][1-\lambda(n_1)]$$

6.3.1.4 复杂结构可修系统瞬时可用度模型与稳态可用度

假定系统由 n 个部件组成,部件和系统都只有正常和故障两状态,分别用 0 和 1 表示,各个部件状态之间相互独立。系统结构函数为 $\phi(\cdot)$,结构 ϕ 的可靠度函数为 $h(\cdot)$,那么系统的瞬时可用度为

$$A(t) = h(A_1(t),A_2(t),\cdots,A_n(t)) \tag{6-66}$$

式中:$A_i(t)$ 为部件 $i(i=1,2,\cdots,n)$ 的瞬时可用度函数,它根据实际情况可以满足前面研究的各系统瞬时可用度模型中的一个。

定理 6-16 系统的瞬时可用度是稳定的,并且平衡点唯一,即系统的稳态可用度是唯一存在的,其值为

$$A = h(A_1,A_2,\cdots,A_n) \tag{6-67}$$

式中:A_i 为部件 i 的稳态可用度。

证明 由上述可以得到各部件的瞬时可用度是稳定的,换句话说,稳态可用度是存在的,即

$$A_i = \lim_{t\to\infty}A_i(t) \quad i = 1,2,\cdots,n$$

那么,根据结构函数的特点,有

$$\lim_{t\to\infty}A(t) = \lim_{t\to\infty}h(A_1(t),A_2(t),\cdots,A_n(t))$$
$$= h(\lim_{t\to\infty}A_1(t),\lim_{t\to\infty}A_2(t),\cdots,\lim_{t\to\infty}A_n(t))$$
$$= h(A_1,A_2,\cdots,A_n)$$

证毕。

前面几节内容分别建立了有限时间约束条件下各种单部件可修系统的瞬时可用度模型,证明了瞬时可用度的稳定性,并且得到了稳态可用度的表达式。本节中对复杂结构可修系统的研究发现,复杂结构可修系统在给定系统结构的情况下,其瞬时可用度的研究可以分解为对多个单部件可修系统的研究,证明了复杂结构瞬时可用度的稳定性。由此可以得出结论,即瞬时可用度在时间趋于无穷时有稳定解存在。

6.3.2 $[0,T]$ 区间内瞬时可用度变化规律

由于一般概率分布下瞬时可用度方程很难得到解析解,所以 $[0,T]$ 区间内瞬时可用度变化规律的研究只能通过瞬时可用度方程的数值解,或者直接使用离散时间瞬时可用度模型进行数值计算等方式来研究。为保证研究的准确性,首先进行指数分布下连续时间方程解析解、数值解和离散时间方程数值解的分

析比较,从而确定方便、快捷、精确的算法。

6.3.2.1 指数分布下连续时间模型解析解与其数值解的对比分析

假设系统由一个部件组成,其工作故障时间 X 遵从一般概率分布 $F(t)$,部件故障后,立即对其进行修理,修复时间 Y 遵从一般概率分布 $G(t)$,修复后,部件立即转为工作状态。假定系统修复如新,且 X 和 Y 相互独立。为简单起见,一般假定时刻 0 部件是新的。

为了区别系统的不同情形,定义系统状态:

$$\begin{cases} Z(t) = 0 & t \text{ 时刻系统正常} \\ Z(t) = 1 & t \text{ 时刻系统故障} \end{cases} \quad t \geq 0$$

利用更新过程的理论建立了非马尔可夫单部件可修系统的可用度模型,即

$$A(t) = R(t) + \int_0^t A(t - u) \mathrm{d}Q(u) = R(t) + Q(t) * A(t)$$

其中

$$R(t) = 1 - F(t)$$

$$Q(t) = P\{X + Y \leq t\} = F(t) * G(t) = \int_0^t q(u) \mathrm{d}u$$

$$A(t) = R(t) + \int_0^t A(t - u) \mathrm{d}Q(u) = R(t) + Q(t) * A(t)$$

$$= 1 - \int_0^t f(s) \mathrm{d}s + \int_0^t A(t - u) \int_0^t f(u - s) g(s) \mathrm{d}s \mathrm{d}u$$

利用数值解法,可在一系列离散点 $t_1, t_2, \cdots, t_N$ 上求出位置函数 $u(t)$ 的值 $u(t_1), u(t_2), \cdots, u(t_N)$ 的近似值 $u_1, u_2, \cdots, u_N$,自变量 t 的离散值 $t_1, t_2, \cdots, t_N$ 是事前取定的,t_j 称为节点,通常取成等距的,即 $t_1 = t_0 + h, t_2 = t_0 + 2h, \cdots, t_N = t_0 + Nh$,其中 $h > 0$ 称为步长,必要时可以改变其大小,而 $u_1, u_2, \cdots, u_N$ 通常称为初值问题的一个数值解。取 $t_0 = 0, t_1 = t_0 + h, t_2 = t_0 + 2h, \cdots, t_N = t_0 + Nh$,考虑到积分方程中的核仍然是含有积分项,用矩形公式对其进行研究。

$$A(t_j) = 1 - \int_0^{t_j} f(s) \mathrm{d}s + \int_0^{t_j} A(t_j - u) \int_0^u f(u - s) g(s) \mathrm{d}s \mathrm{d}u$$

$$\approx 1 - h \sum_{i=1}^{j} f(t_j) + h \sum_{i=1}^{j} A(t_j - t_i) \int_0^{t_i} f(t_i - s) g(s) \mathrm{d}s$$

$$\approx 1 - h \sum_{i=1}^{j} f(jh) + h \sum_{i=1}^{j} \left\{ A[(j - i)h] h \sum_{l=1}^{i} f[(i - l)h] g(lh) \right\}$$

$$= 1 - h \sum_{i=1}^{j} f(jh) + h^2 \sum_{i=1}^{j} \left\{ A[(j-i)h] \sum_{l=1}^{i} f[(i-l)h] g(lh) \right\}$$

记

$$f_j = f(t_j), g_j = g(t_j) \qquad j = 1, 2, \cdots$$

瞬时可用度的数值解为

$$A_j = A(t_j) \qquad j = 1, 2, \cdots$$

那么,近似瞬时可用度的迭代形式为

$$A_j = 1 - h \sum_{i=1}^{j} f_i + h^2 \sum_{i=1}^{N} \left(A_{j-1} \sum_{l=1}^{i} f_{i-l} g_l \right) \qquad j = 1, 2, \cdots \qquad (6-68)$$

考虑到准确瞬时可用度解析形式的可解性,为了方便比较,下面选系统故障时间和故障后的修复时间都遵从指数分布的形式,即故障率 λ 和 μ 都为常数,这时系统的实际瞬时可用度为

$$A(t) = \frac{\mu}{\lambda + \mu} + \frac{\lambda}{\lambda + \mu} \exp[-(\lambda + \mu)t] \qquad t \geqslant 0$$

针对式(6-68),给出步长分别为 0. 02,0. 05,0. 1 时对应的系统近似瞬时可用度曲线和原系统的瞬时可用度曲线,如图 6-9 所示。为了更清楚地说明问题,给出步长为 0. 2,0. 5,1 时对应的系统近似瞬时可用度和原系统的瞬时可用度曲线的比较图,如图 6-10 所示。从图 6-9、图 6-10 可以看出,步长越短,误差越小,对任意固定的步长,在系统运行初期,近似可用度的误差不大,但随着时间的增加,误差逐渐增大。这是由于在系统瞬时可用度满足的方程中含有卷积项,每进一步迭代都要用到以前所有的近似信息,导致误差逐渐累积,从而近似瞬时可用度的误差逐步增大,可用度甚至大于 1,这是与可用度的意义相矛盾的。

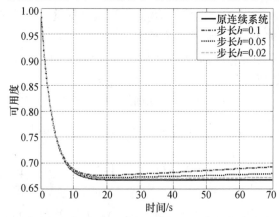

图 6-9　不同步长的近似瞬时可用度和实际瞬时可用度曲线比较 1

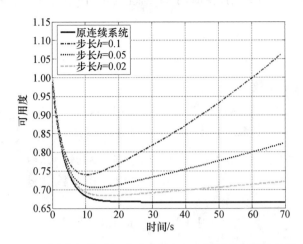

图 6 – 10　不同步长的近似瞬时可用度和实际瞬时可用度曲线比较 2

6.3.2.2　连续时间方程解析解与其使用采样方法获得的离散方程解的比较

假设系统由一个部件组成,其故障时间 X 遵从一般概率分布 $F(t)$,部件(系统)故障后,立即对其进行修理,修复时间 Y 遵从一般概率分布 $G(t)$,修复后,部件立即转为工作状态。假定系统修复如新,且 X 和 Y 相互独立。为简单起见,假定时刻 0 部件是新的。

考虑到准确瞬时可用度解析形式的可解性,为了方便比较,下面选系统故障时间和故障后的修复时间都遵从指数分布的形式,即故障率 λ 和 μ 都为常数。这时故障时间 X 的密度函数和分布函数为

$$f(t) = \lambda \mathrm{e}^{-\lambda t} \quad t \geqslant 0$$

$$F(t) = \int_0^t f(s)\,\mathrm{d}s = 1 - \mathrm{e}^{-\lambda t}$$

采样周期取为 T 时,相应的离散故障时间 X_T 的密度函数和分布函数分别为

$$f_T(k) = \mathrm{e}^{-\lambda kT}(1 - \mathrm{e}^{-\lambda T})$$

$$F_T(t) = 1 - \mathrm{e}^{-\lambda(k-1)T} \quad k = 0,1,2,\cdots$$

则离散故障时间 X_T 遵从几何分布,系统的故障率函数为

$$\lambda(k) = 1 - \mathrm{e}^{-\lambda T} \quad k = 0,1,2,\cdots$$

相应地,可以得到离散修复时间 Y_T 也遵从几何分布,其密度函数和分布函数为

$$g_T(k) = \mathrm{e}^{-\mu k T}(1 - \mathrm{e}^{-\mu T})$$

$$G_T(t) = 1 - \mathrm{e}^{-\mu(k+1)T} \qquad k = 0,1,2,\cdots$$

系统的修复率函数为

$$\mu(k) = 1 - \mathrm{e}^{-\mu T} \qquad k = 0,1,2,\cdots$$

相应的离散时间下系统的状态转移方程为

$$\begin{cases} P_0(k+1,j+1) = P_0(k,j)(1 - \lambda(j)) & j \leqslant k \\ P_1(k+1,j+1) = P_1(k,j)(1 - \mu(j)) & j \leqslant k \end{cases} \tag{6-69}$$

$$\begin{cases} P_0(k+1,0) = \displaystyle\sum_{j=0}^{k} \mu(j)P_1(k,j) \\ P_1(k+1,0) = \displaystyle\sum_{j=0}^{T_0} \lambda(j)P_0(k,j) \end{cases} \tag{6-70}$$

补充定义

$$P_0(k,j) = P_1(k,j) = 0 \qquad j > k \tag{6-71}$$

一般假定系统开始为新,即

$$(P_0(0,0),P_1(0,0),P_2(0,0)) = (1,0,0) \tag{6-72}$$

系统的瞬时可用度为

$$A(k) = \sum_{j=0}^{k} P_0(k,j) \tag{6-73}$$

式中:$P_0(k,j)$ 为系统在 k 时刻已经处于 0 状态(系统的工作状态)j 个单位时间的概率;$P_1(k,j)$ 为系统在 k 时刻已经处于 1(即系统的故障状态)状态 j 个单位时间的概率。以 $\lambda = 0.1$,$\mu = 0.2$ 为例,利用式(6-73)可计算出不同采样周期离散系统的瞬时可用度。

由图 6-11 可以看出,随着采样周期的减小,离散时间方程的解越来越接近解析解,而且离散时间方程解的变化规律与解析解完全一致。因此可以说,离散时间方程解可以较好地代替连续时间方程的解,尤其是数值解。

6.3.2.3 指数分布下连续时间方程的数值解与离散时间方程解的比较

连续时间方程的数值解由式(6-68)得出,使用采样方法获得的离散方程

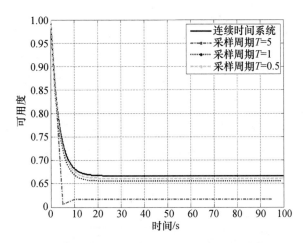

图 6-11 不同采样周期对应的离散时间系统和实际瞬时可用度比较

解由式(6-73)得出,为了看出两种方法带来的误差,考虑到准确瞬时可用度解析形式的可解性,选系统故障时间和故障后的修复时间都遵从指数分布的形式,即故障率 λ 和 μ 都为常数。取 $\lambda = 0.1$,$\mu = 0.2$,实验环境为:PC 机 Celeron(R) 1.80GHz CPU, 0.99GB RAM, Windows XP,仿真软件为 MATLAB7.3。

从表 6-1 和表 6-2 给出的两种算法的运行时间可以发现,对于采样方法的离散迭代过程求解的精度随采样周期减小而减小,而运行时间增加。也就是说,精度的提高是通过牺牲运行时间而得到的,而类似的对于连续方程数值解的精度同样也是通过牺牲运行时间来提高的。把步长 $h = 0.05$ 对应的近似瞬时可用度和采样周期 $T = 0.2$ 对应的近似离散系统的瞬时可用度比较,如图 6-12、图 6-13 所示,其中图 6-13 是图 6-12 时间从 10~100 时间段内的可用度变化情况。可以明显看出,采样方法的精度明显高于连续方程离散化方法,但是采样方法的运行时间却为 2.9212s,明显小于离散化方法的 37s。

表 6-1　不同步长对应的数值解求解的 CPU 时间消耗

步长 h	0.02	0.05	0.1
CPU 时间/s	535.6875	37	4.2813

表 6-2　不同采样周期对应的离散解求解的 CPU 时间消耗

采样周期 T	0.1	0.2	0.5
CPU 时间/s	24.7969	2.9219	0.1250

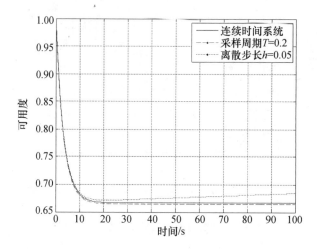

图 6 - 12　采样方法得到的近似可用度和连续方程
离散化得到的近似可用度比较 1

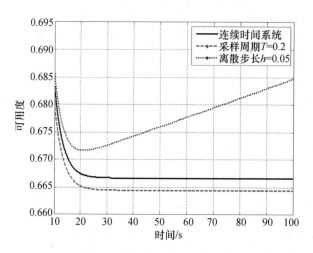

图 6 - 13　采样方法得到的近似可用度和连续方程
离散化得到的近似可用度比较 2

6.3.2.4　离散时间瞬时可用度模型数值计算实例与变化规律分析

1. 单部件可修系统

利用 6.2.1.2 节建立的模型,可以直接进行数值计算。简便起见,只对可靠
度和可用度两个指标进行研究。

例 6 – 1 系统部件故障时间 X 和故障后修理时间 Y 均遵从几何分布,即

$$p_k = P\{X = k\} = p(1 - p)^k, q_k = P\{Y = k\} = q(1 - q)^k \quad k = 0,1,2,\cdots$$

相应的系统故障率和修复率都是常数,当 $p = 0.3, q = 0.8$ 时,系统故障率和修复率分别为 $\lambda = 0.3$ 和 $\mu = 0.8$。利用前两部分的模型,得到系统的可靠度和可用度如图 6 – 14 所示。

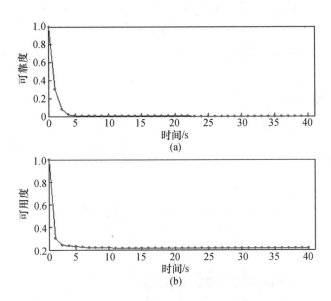

图 6 – 14 部件故障时间和维修时间均遵从几何分布时的系统可靠度和可用度

(a) 可靠度;(b) 可用度。

例 6 – 2 当部件故障时间 X 遵从离散 Weibull 分布,即

$$p_k = P\{X = k\} = p^{k^\alpha} - p^{(k+1)^\alpha} \quad k = 0,1,2,\cdots$$

故障后修理时间 Y 遵从离散 Weibull 分布,即

$$q_k = P\{Y = k\} = q^{k^\beta} - q^{(k+1)^\beta} \quad k = 0,1,2,\cdots$$

相应的系统故障率为

$$\lambda(k) = 1 - p^{(k+1)^\alpha - k^\alpha} \quad k = 0,1,2,\cdots$$

修复率为

$$\mu(k) = 1 - q^{(k+1)^\beta - k^\beta} \quad k = 0,1,2,\cdots$$

取 $p = 0.4, \alpha = 1.2, q = 0.7, \beta = 0.8$,利用前两部分的模型,得到系统的可靠度和可用度如图 6 – 15 所示。

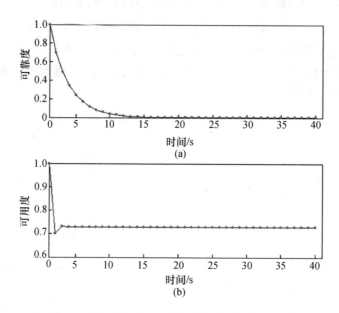

图 6 – 15　部件故障时间和维修时间均遵从离散 Weibull

分布时的系统可靠度和可用度

（a）可靠度；（b）可用度。

例 6 – 3　当系统的故障率和修复率分别为

$$\lambda(k) = \begin{cases} 16^k e^{-16}/k! & k \leqslant 80 \\ 0.07 & k > 80 \end{cases}$$

$$\mu(k) = \begin{cases} 17.5^k e^{-17.5}/k! & k \leqslant 80 \\ 0.06 & k > 80 \end{cases}$$

利用前两部分的模型,得到系统的可靠度和可用度如图 6 – 16 所示。

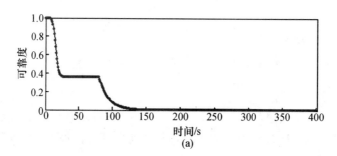

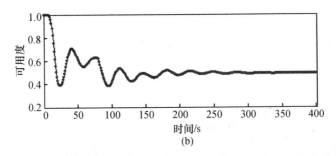

图 6 - 16 故障率和修复率函数的一类系统的可靠度和可用度

(a) 可靠度；(b) 可用度。

2. 单部件有延迟可修系统

利用 6.2.1.3 节建立的模型，可以直接进行数值计算。

例 6 - 4 部件故障时间、维修时间和延迟时间都遵从几何分布，相应的 $\lambda(k)$、$\mu(k)$ 和 $\rho(k)$ 分别对应常数 λ、μ 和 ρ，取 $\lambda = 0.3$，$\mu = 0.8$，$\rho = 0.2$，得到系统的可靠度和可用度如图 6 - 17 所示。

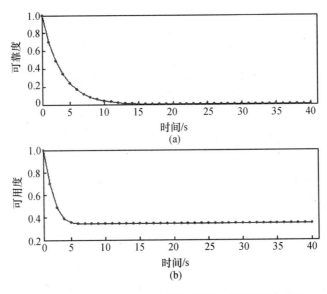

图 6 - 17 部件故障时间、维修时间和延迟时间都遵从
几何分布的系统可靠度和可用度
(a) 可靠度；(b) 可用度。

例 6 – 5 当.

$$\lambda(k) = \begin{cases} 16^k \cdot \exp(-16)/(k!) & k \leqslant 40 \\ 0.07 & k > 40 \end{cases}$$

$$\mu(k) = \begin{cases} 17.5^k \cdot \exp(-17.5)/(k!) & k \leqslant 40 \\ 0.06 & k > 40 \end{cases}$$

$$\rho(k) = \begin{cases} 13^k \cdot \exp(-3)/(k!) & k \leqslant 40 \\ 0.06 & k > 40 \end{cases}$$

时,利用前两部分的模型,得到系统的可靠度和可用度如图 6 – 18 所示。

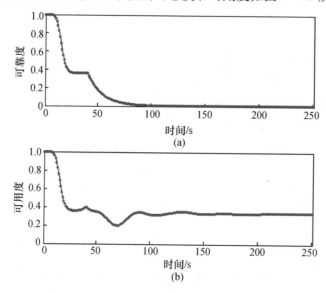

图 6 – 18 一类特殊系统的可靠度和可用度

(a) 可靠度;(b) 可用度。

3. 单部件考虑预防性维修的可修系统

下面通过三组数值算例来对本节模型进行描述。假定修复性维修和预防性维修的修复时间都遵从几何分布,即修复率为正的常数,分别取 $\mu_1(k) = 0.01$ 和 $\mu_2(k) = 0.5$;部件故障时间遵从参数为 (q, β) 的离散 Weibull 分布,取尺度参数 $q = 0.999$,根据系统故障率的单调性(形状参数 β 反映)分成三组算例来研究,预防性维修周期分别取 $T_0 = 3$, $T_0 = 7$ 和 $T_0 = 11$。

例 6 – 6 取 $\beta = 1$,部件故障时间的分布退化为几何分布,故障率 $\lambda(k) = 1 - q = 0.001$ 为常数。

例 6 – 7 取 $\beta = 1.5 > 1$,故障率为单调递增序列。

例 6 − 8　取 $\beta = 0.8 < 1$，故障率为单调递减序列。

利用 6.2.1.4 节建立的模型，可以直接进行数值计算，分别做出上述三组算例的可用度曲线，如图 6 − 19 ~ 图 6 − 21 所示。

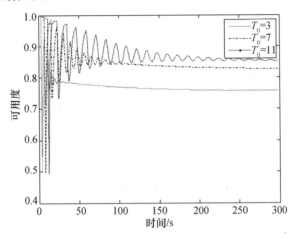

图 6 − 19　故障率为常数的系统的可用度曲线

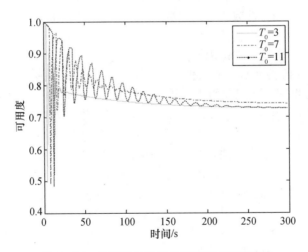

图 6 − 20　故障率为递增的系统的可用度曲线

当部件使用了 T_0 个单位时间，并且仍然不发生故障，则对其进行预防性维修。对所给瞬时可用度曲线进行比较：当系统在单位个预防性周期时刻点附近，瞬时可用度一般较低，这是由于对非故障部件进行预防性维修导致的。预防性维修可以使部件役龄回退，当部件故障率为递增函数时，役龄回退可以使部件故障率降低，从而使稳态可用度提高，因此系统瞬时可用度在大部分时间可以得到

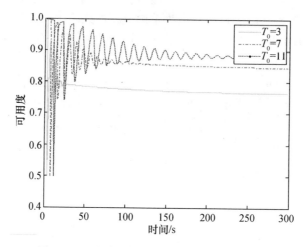

图 6 – 21   故障率为递减的系统的可用度曲线

一定提高,考虑到预防性维修将增加停机时间,过于频繁的预防性维修也将降低可用度。由图 6 – 20 可以看出,$T_0 = 7$ 明显优于 $T_0 = 3, 11$ 两种情形。因此,系统存在最优预防性维修周期问题,适当的预防性维修周期有助于提高系统可用度。但是,当部件故障率为常数或递减函数时,对非故障部件进行预防性维修并不能使部件的状态得到改善,相反会使正常部件进入预防性维修状态而降低了可用度。特别是,随着预防性维修周期的减小或预防性维修的次数的增加,系统可用度将会进一步降低,如图 6 – 19、图 6 – 21 所示。

4. 瞬时可用度变化规律初步分析

由图 6 – 14 ~ 图 6 – 21 可以看出,当故障时间、维修时间和保障时间的离散分布服从几何分布(相当于连续时间服从指数分布)时,系统瞬时可用度呈现由高到低渐进变化;对于考虑预防性维修的可修系统由于预防性维修间隔期的影响,瞬时可用度呈现出波动渐进的变化规律。当故障时间、维修时间和保障时间的离散分布服从其他概率分布时,系统瞬时可用度在开始阶段呈现出波动变化的规律。也就是说,瞬时可用度在 $[0, T]$ 区间内具有波动特性存在,这中波动存在对装备形成作战能力和保障能力,具有一定的影响。第 7 章将专门研究波动描述、变化以及产生的机理等问题。

6.4   全寿命过程作用机理模型的演化与应用

前面所建立的可用度和任务可靠度模型,是一个客观描述"三个系统"作用机理模型,适用于装备全寿命过程的各个阶段。只是由于全寿命各阶段的任务描述的侧重点有所不同,针对的研究对象不同,其可用度和任务可靠度模型的表现形式会有所不同。从装备全寿命过程的角度来看,可用度和任务可靠度模型在全寿命各阶段会表现出一定的演化过程,考虑到各阶段对模型演化的影响,将全寿命过程概括为论证、研制和使用三个阶段,如图 6-22 所示。

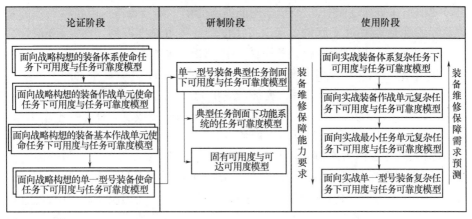

图 6-22　作用机理模型在装备全寿命过程中的演化

　　在论证阶段,可用度和任务可靠度主要针对的是面向国家军事战略构想和装备体系发展的使命任务背景,通常要按照装备体系、装备作战单元、装备基本作战单元和单一型号装备等层面构建出使命任务模型体系,由使命任务模型牵引,分别构建相应的可用度和任务可靠度模型,用于上述各层次论证工作。分解的原则是按照部队的编制体制结构开展,构建联合作战装备体系使命任务可用度和任务可靠度模型→军兵种装备体系使命任务可用度和任务可靠度模型→装备作战单元使命任务可用度和任务可靠度模型→单一型号装备使命任务可用度和任务可靠度模型。按照使命任务模型层次之间的关系,可以建立各层次可用度和任务可靠度之间模型。这一阶段的特点是:全军顶层的装备体系使命任务在一定时期内相对稳定,军兵种装备体系使命任务从对全军顶层使命任务贡献的角度看,往往存在多样性的特点,这也就会直接导致各军兵种会按照使命任务多样性要求来论证发展各自的型号装备。显然在这个阶段内,可用度和任务可靠度模型要受到使命任务的定义、使命任务完成判据、部署方式与数量、运用方式与使用要求以及环境因素等多方面的影响。在论证过程中,主要是根据全军装备体系顶层的使命任务所需的装备体系能力,逐层分解,分析确定单一型号装备的保障特性和保障系统的要求。由于不确定性的因素较多,在建模的过程中,会存在多种可能的定性定量模型选择,需要通过大量的权衡和优化分析与验证,最终能够确定单一型号装备保障特性的参数指标以及用于装备研制的典型任务剖面,从而为单一型号装备研制提供输入。

在研制阶段,可用度和任务可靠度主要针对的是论证阶段提供的典型任务剖面,通常要依据任务剖面按照装备、系统、子系统、部组件和设备等层次建立任务可靠度模型,可用度模型一般会按照研制需要在装备、系统和子系统等层次上进行建模。在研制过程中,主要依据论证提出的单一型号装备保障特性和保障系统及综合要求,运用建立起的各层次可用度和任务可靠度模型,分解综合设计要求,逐层落实装备保障特性和保障资源设计,形成保障方案、验证设计要求的实现。

在使用阶段,可用度和任务可靠度主要针对的是面向军事斗争准备的实战任务背景,通常要按照装备体系、装备作战单元、最小任务单元和单一型号装备等层面构建出面向实战的复杂任务模型体系,由面向实战复杂任务模型牵引,分别建立相应的可用度和任务可靠度模型,用于上述各层次装备作战能力和保障能力评估、装备保障方案制定以及装备保障系统持续改进等工作。与论证阶段类似,可用度和任务可靠度模型体系的构建也可以按照部队编制体制结构来开展。这一阶段的特点是:各种型号装备进入到部队的作战编制体制当中,此时装备战术技术性能和保障特性均已确定,作战使用任务及其要求非常明确,执行作战任务的装备较为明确,装备之间的相互关系及运用模式基本清晰。其工作的重点是,依据装备的战术技术性能(现场数据统计值)、作战运用模式和作战任务要求,一方面分析确定针对特定任务的维修保障任务需求,制定保障方案;另一方面,分析预测完成任务要求的作战保障能力水平。

6.5 本章小结

本章主要对作用机理模型研究所涉及的一些相关概念进行了简要介绍,明确了作用机理模型主要定量描述,即可用度和任务可靠度;针对故障时间和故障修复时间均遵从一般概率分布的单部件连续可修系统建立了连续时间瞬时可用度模型;深入研究了离散时间下可修系统的瞬时可用度建模方法,构建了离散时间下单部件、带有保障延迟的单部件、考虑预防性维修周期的单部件等问题的可用度模型,给出了复杂任务下任务可靠度模型与建模方法;深入分析了瞬时可用度和任务可靠度的变化规律,运用建立的离散时间模型,完善了有限时间约束条件下各种单部件可修系统的瞬时可用度模型,证明了瞬时可用度的稳定性;深入研究了离散时间下可修系统的瞬时可用度模型替代连续时间模型的可行性,结论表明当离散时间采样间隔足够小时,离散时间模型从计算精度上完全可以替代连续时间模型的数值解,而且同等时间下计算时间具有明显的优势;对离散时间模型初步计算结果表明瞬时可用度在$[0,T]$区间内存在着波动特性;最后,装备全寿命过程作用机理模型的全寿命演化和应用进行了初步分析,从而为模型的工程应用奠定基础。

第7章 "三个系统"相互作用波动规律

7.1 瞬时可用度波动现象

装备稳态可用度反映了装备全系统在长期使用过程中经过反复磨合逐步稳定下来以后的装备可用程度,从数学上讲就是装备全系统工作时间趋于无穷大时装备的可用程度。从装备稳态可用度的内涵可以看出,装备稳态可用度对人们从装备全寿命过程整体的角度认识装备的战备完好与任务持续能力方面具有十分重要的作用。装备稳态可用度参数已经广泛地用于各种武器装备来表述其战备完好与任务持续能力,对推动装备建设起到了重要的作用。

装备如何获得较高的可靠性是未来作战系统研究的一项特别重要的目标,文献[1]研究了如何提高复杂系统的系统可靠度和运行可用度,提出一种基于预先诊断的方法,最后用蒙特卡罗方法给出一系列仿真,仿真围绕一个每个平台由 20 个重要部件组成的 300 个平台组成的复杂系统,分别给出了不同的策略下系统的可用度曲线,如图 7 - 1、图 7 - 2 所示。从图 7 - 2 中可以看出,复杂系统的可用度呈现波动现象,并且这种波动逐渐减小并稳定趋于某一特定值。

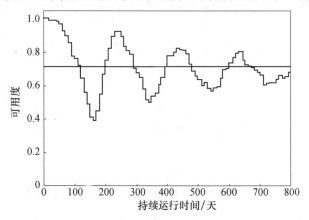

图 7 - 1　检查周期为 137 天的系统可用度曲线

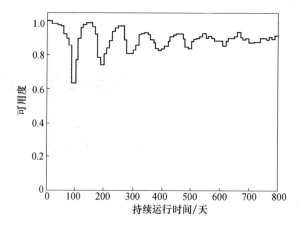

图 7 - 2　检查周期为 91.25 天的系统可用度曲线

随着第三代武器装备的研制与使用,武器装备的功能与组成复杂性以及使用与保障的复杂性远远超出了第二代武器装备,人们对这些复杂武器装备故障规律和保障规律的认识还存在着很大的差距,造成了这些武器装备在部署初期可用度水平很低。例如,美军第三代飞机 F - 15 在 20 世纪 80 年代装备部队初期的一次战备演习中,72 架飞机仅有 27 架能够飞行,其余飞机因缺乏备件等原因被迫停飞,装备可用度只有 37.5%,该机种平时训练每出动一架次需维修 15h,平均只有 9% 的 F - 15 飞机能连续保持在空中飞行,经常在维修车间修理,故得了一个"车间女皇"的绰号,几乎形成不了作战能力。

到了 20 世纪 90 年代的海湾战争,美军 F - 15 飞机的可用度达到了 93.7%。显然,该飞机可用度在 10 多年的使用过程中表现出了较大的波动。同样,近年来随着我军高技术复杂武器系统的日益增多,与美军 F - 15 飞机同样的问题开始凸现。这些复杂武器系统的可用度在部队使用初期大多表现出较大范围的波动,这种波动与装备研制部门和装备使用部门长期使用的稳态可用度往往相差甚远,严重地影响了装备研制部门和装备使用部门对装备可用程度的认识,以及对这些高技术复杂武器系统作战能力的评价。传统的装备稳态可用度已经不能用于当前出现的新问题的研究,必须寻求一种新的研究思路来解决这个迫切的现实问题。

7.2　瞬时可用度波动的定量描述

为了更好地研究系统瞬时可用度波动的特性,找出系统瞬时可用度波动的内在规律,首先要提出一套参数体系来刻画系统瞬时可用度的波动特征。

7.2.1 示性函数

定义 7 - 1 给定 $\varepsilon_0 > 0$,函数:

$$j(k,\varepsilon_0) = \begin{cases} A - \varepsilon_0 - A(K) & \text{当} A(k) < A - \varepsilon_0 \\ 0 & \text{其他} \end{cases} \quad k = 0,1,2,\cdots$$

$$(7 - 1)$$

称为系统的示性函数,其中 A 表示系统的稳态可用度,并且称函数:

$$J(k,\varepsilon_0) = \sum_{\tau=k}^{\infty} j(\tau,\varepsilon_0) \quad t \geqslant 0 \qquad (7 - 2)$$

为系统的示性度量函数,而 $\varepsilon_0 > 0$ 称为可用度标定水平。

注记 1:可用度标定水平 ε_0 为一个给定的指标,一般依据系统的实际情况而定,它反映了对系统瞬时可用度的基本要求水平。示性函数的物理意义反映的是系统的瞬时可用度低于临界值的偏差程度,而示性度量函数是 $k \geqslant 0$ 时刻之后的总偏差度,它反映了系统瞬时可用度低于临界值偏差的累积程度。

对于引言中的两个系统比较的例子,取可用度标定水平 $\varepsilon_0 = 0.02$,系统 1 瞬时可用度单调递减并稳定到稳态可用度上,系统的示性函数 $j(k,\varepsilon_0) \equiv 0$,$J(k,\varepsilon_0) \equiv 0(k = 0,1,2,\cdots)$,反映了系统瞬时可用度无波动。而系统 2 的示性函数如图 7 - 3 所示,可以看出:在 $\tau = 50,118,183,262,335$ 个单位时刻点附近系统示性函数达到各自极值,并总体呈衰减趋势。因此,可以认为示性函数可以较好地反映系统瞬时可用度相对于临界值的波动程度。示性度量函数如图 7 - 4 所示,它反映了该系统瞬时可用度波动的累计情况。

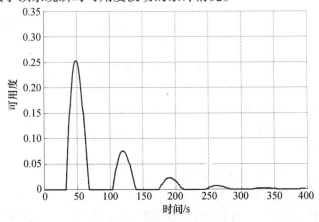

图 7 - 3 系统 2 的示性函数

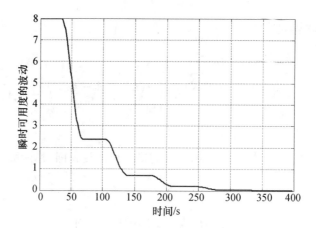

图 7 - 4   系统 2 的示性度量函数

为简洁起见,下面在系统的示性函数以及示性度量函数的数学表达式中,略去可用度标定水平 ε_0,而简记为 $j(k)$ 和 $J(k)$。显然,$J(k)$ 有以下性质:

非负性:$J(t) \geqslant 0$。

单调性:$J(k_1) \leqslant J(k_2)$,当 $k_1 \geqslant k_2$ 时。

收敛性:$\exists T_0$, s. t. $J(k) = 0$, $\forall k \geqslant T_0$。

7.2.2   匹配系统和系统适应时间

在示性函数和示性度量函数的定义的基础上,通过示性函数来定义系统匹配的概念。

定义 7 - 2   给定系统可用度标定水平 ε_0,称系统是匹配的,如果示性函数满足 $\forall k \in N$,有 $j(k) = 0$,即系统的示性度量函数 $J(0) = 0$;否则,称系统为不匹配的。

注记 2:匹配是相对的,对于不同的标定水平 ε_0,可能得到不同的结果,为了叙述方便,假定 ε_0 已给定。

注记 3:匹配系统的物理含义是指系统中维修子系统、保障子系统和装备本身相互协调而使系统瞬时可用度一直满足指定要求,指定要求是指瞬时可用度保持在某一水平之上。

对于不匹配系统,定义系统适应时间来描述不匹配系统的不匹配程度。

定义 7 - 3   系统适应时间 T 定义为满足以下条件的 T:$\forall k \geqslant T, J(k) = 0$,且 $\forall \zeta > 0, J(T - \zeta) > 0$,并且称 $[0, T]$ 为系统匹配过渡期。当 $J(0) = 0$ 时,补充定义 $T = 0$。

注记4:根据系统适应时间定义,示性度量函数还满足 $J(k) = \sum_{\tau=k}^{T} j(\tau)$。也就是说,在给定的可用度标定水平下,系统的可用度最早从 T 时刻起从波动状态达到持久的相对平稳状态。系统适应时间在一定程度上反映了瞬时可用度到稳态可用度的收敛时间。根据适应时间的定义,匹配系统也可以理解为适应时间为 0 的系统。

仍然通过引言中的例子来进行分析,取参数 $\varepsilon_0 = 0.02$。根据定义 2 和上述的讨论,系统 1 为匹配系统,系统的适应时间为 $T = 0$,系统不需要匹配过渡;系统 2 为不匹配系统,系统的适应时间 $T = 200$,系统匹配过渡期为 $[0, 200]$。

7.2.3　可用度振幅和最小可用度的发生时刻

对于不匹配系统,大量数值仿真表明:系统的瞬时可用度的波动一般随着时间增加而减小并趋于 0,但在初始时间段内可用度的波动程度各有不同,为了更加具体刻画系统可用度的波动特性,再给出如下两个概念:

定义 7 - 4　定义 $A_{\min} = \min_{k} \{A(k)\}$ 为系统的最小可用度,最小可用度的发生时刻为

$$T_0 = \min_{k} \{k \mid A(k) = A_{\min}\} > 0$$

当 $A(t)$ 的最小值不发生在有限时刻点上,记 $T_0 = N$。

定义 7 - 5　可用度的最大振幅定义为瞬时可用度低于固有可用度的最大值,即

$$M = A - A_{\min} \geqslant 0$$

式中:A 为系统的稳态可用度。在不至于混淆的情况下,简称为可用度振幅。

注记5:可用度振幅反映的是最小可用度和固有可用度的差距,可用度振幅越大,系统可用度的波动越剧烈。最小可用度的发生时刻反映的是系统可用度最小值的来临时间,或可用度出现最大振幅的时刻。在系统稳态可用度给定的情况下,对系统可用度振幅的研究和对系统最小可用度的研究可以看作是等价的。

7.2.4　区间可用度

下面给出一个考虑预防性维修的单部件可修系统的例子,假定假定部件寿命、修复性维修和预防性维修的修复时间分别遵从概率分布 Weibull(α_1, β_1),Weibull(α_2, β_2) 和 Weibull(α_3, β_3),其中 $\alpha_1 = 0.99998, \beta_1 = 3, \alpha_2 = 0.999, \beta_2 = 2$,$\alpha_3 = 0.995$ 和 $\beta_3 = 3$。图 7 - 4 给出了预防性维修周期分别为 30 个单位时间和60个

单位时间的可修系统与没有预防性维修的可修系统的瞬时可用度曲线。从图7-5中可以看出,预防性维修使得系统瞬时可用度的波动更加剧烈,但是系统的稳态可用度得到提高,它通过牺牲可用度的平稳性来提高系统的稳态可用度。

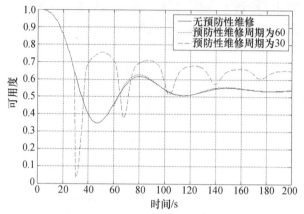

图7-5　不同预防性维修周期的系统瞬时可用度曲线

本书的研究是在固定稳态可用度相同的基础下研究瞬时可用度的波动情况,预防性维修显然可以使得系统稳态可用度得到改进,从而在脱离稳态可用度单纯研究瞬时可用度的波动意义不大。由于研究系统瞬时可用度在使用初期的情况,稳态可用度为系统瞬时可用度在时间趋于无穷远处的收敛值,因此本书用新装备投入初期的系统平均可用度作为刻画系统瞬时可用度波动的特征参数,可以较好描述系统瞬时可用度在新装备投入初期的总体情况。

由于以前瞬时可用度的解析表达式无法获得,关于区间可用度的研究只能停留在研究马尔可夫可修系统上或利用统计方法得到的估计值上展开,本书利用前面定义的瞬时可用度模型得到系统的区间可用度,然后展开研究。

7.2.5　波动稳定速度参数

1. 参数稳定的概念

假定系统动态方程为

$$x(k+1) = f(x(k), u(k)) \tag{7-3}$$

输出为

$$y(k) = g(x(k)) \tag{7-4}$$

参数为

$$r(k) = h(x(k)) \in R^l \tag{7-5}$$

系统初值为

$$x(0) = x_0 \in \Omega \subset R^n \qquad (7-6)$$

系统状态 $x(k) \in R^n$，系统输入 $u(k) \in R^t$，系统输出 $y(k) \in R^m$。

系统动态函数 $f(\cdot)$，输出函数 $g(\cdot)$，参数—状态的关系函数 $h(\cdot)$。

系统输入、输出框图如图 7-6 所示。

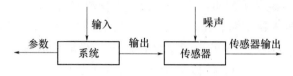

图 7-6 系统输入、输出框图

针对参数 $r(k) \in R^l$ 的稳定速度问题，首先需要解决的问题是参数 $r(k)$ 的稳定问题。考虑到问题的复杂性，应从线性系统入手。

考虑系统

$$x(k+1) = Ax(k) + \boldsymbol{b} \qquad (7-7)$$

输出为

$$y(k) = \boldsymbol{C}x(k) + \boldsymbol{d} \qquad (7-8)$$

参数为

$$r(k) = \boldsymbol{P}x(k) + \boldsymbol{e} \qquad (7-9)$$

初始状态为

$$x(0) = x_0 \in \Omega \qquad (7-10)$$

其中

系统矩阵 $\boldsymbol{A} \in M_n$，输出矩阵 $\boldsymbol{C} \in M_{m,n}$

参数-状态关系矩阵 $\boldsymbol{P} \in M_{l,n}$

系统常向量 $\boldsymbol{b} \in R^n, \boldsymbol{d} \in R^m, \boldsymbol{e} \in R^l$

定义 7-6 给定系统式(7-7)~式(7-10)，参数稳定域要求 Θ，若存在常数 $K_0 \geq 0$，使得

$$r(k) \in \Theta, \forall k \geq K_0$$

则称参数 $r(k)$ 是稳定的，又称为参数有界稳定。给定范数 $\|\cdot\|$，如果存在 $r^* \in R^l$，对任意的 $\varepsilon > 0$，均存常数 $K_1 \geq 0$，使得

$$\|r(k) - r^*\| < \varepsilon, \forall k \geq K_1$$

则称参数 $r(k)$ 是渐近稳定，稳定点为 r^*，即

$$r(k) \rightarrow r^* \quad k \rightarrow \infty$$

显然,如果参数 $r(k)$ 是渐近稳定,并存在某范数 $\|\cdot\|$ 和常数 $L>0$,使得

$$\{x \in R^l \mid \|x - r^*\| \leq L\} \subset \Theta$$

那么,系统是有界稳定的。本书的研究重点主要针对参数的渐近稳定展开,因此下面将不区分对待"稳定"和"渐近稳定"。

定义 7 - 7 定义 $T \triangleq \max\{k \mid r(k) \notin \Theta\}$ 为参数初始波动期,当时间 $k > T$ 时,系统参数开始进入稳定期。在系统设计中,理想的方案是在不影响系统性能的情况下,让初始波动期尽量的短。一般来说,系统稳定域取为

$$\Theta \triangleq \{x \in R^l \mid \|x - r^*\| \leq Q\}$$

式中: $Q > 0$ 为某给定的值。

2. 参数稳定的判定条件

结合前面给出的系统参数稳定的概念,在研究参数稳定的各种条件之前,首先给出几条引理。

引理 7 - 1 设 $A \in M_n$,且 $\varepsilon > 0$ 是给定的,则至少存在一个矩阵范数 $\|\|\cdot\|\|$ 使得

$$\rho(A) \leq \|\|A\|\| \leq \rho(A) + \varepsilon$$

式中: $\rho(A) = \max\{|\lambda| : \lambda$ 是 A 的特征值$\}$ 为矩阵 A 的谱半径。

引理 7 - 2 设 $\|\cdot\|_\alpha$ 和 $\|\cdot\|_\beta$ 是有限维实或复向量空间 V 上的任意两个向量范数,则存在常数 $C_m, C_M > 0$,使得

$$C'_m \|\cdot\|_\alpha \leq \|\cdot\|_\beta \leq C'_M \|\cdot\|_\alpha$$

对所有 $x \in V$ 成立。

定理 7 - 1 对于系统式(7 - 7)~式(7 - 10),给定某常数 $Q > 0$,如果系统矩阵 A 的特征根的模均小于 1,即系统矩阵 A 的谱半径小于 1,则系统参数是渐近稳定的。

证明 由于矩阵 A 特征根的模均小于 1,那么矩阵 $I - A$ 是可逆的,系统为稳定系统,且系统平衡点为

$$x^* = (I - A)^{-1} b$$

取

$$r^* = P(I - A)^{-1} b + e$$

由于 $\rho(A) < 1$,根据引理 7 - 1,必存在某诱导范数 $\|\|\cdot\|\|_\alpha$,满足

$$\rho(A) \leq \|\|A\|\|_\alpha \leq \rho(A) + \frac{1 - \rho(A)}{2} = \frac{1 + \rho(A)}{2} < 1$$

那么,相应的向量范数为

$$\|r(k) - r^*\|_\alpha = \|Px(k) - Px^*\|_\alpha \leqslant \|P\|_\alpha \|A\|_\alpha \|x(k-1) - x^*\|$$

$$\leqslant \cdots \leqslant \|P\|_\alpha \|A\|_\alpha^k \|x(0) - x^*\|_\alpha$$

根据引理 7-2,对任意的范数$\|\cdot\|$和某范数$\|\cdot\|_\alpha$,肯定存在常数 $C_M > 0$,使得$\|\cdot\| \leqslant C_M \|\cdot\|_\alpha$,对所有 $x \in V$ 成立,那么有

$$\|r(k) - r^*\| \leqslant C_M \|r(k) - r^*\|_\alpha \leqslant C_M \|P\|_\alpha \|A\|_\alpha^k \|x(0) - x^*\|_\alpha$$

根据定义 7-5,系统参数 $r(k)$ 是渐近稳定的。

证毕。

进一步,假定矩阵 A 的 n 个线性无关的特征向量为 $\alpha_1, \alpha_2, \cdots, \alpha_n$,对应的特征根分别为 $\lambda_1, \lambda_2, \cdots, \lambda_n (|\lambda_1| \geqslant |\lambda_2| \geqslant \cdots \geqslant |\lambda_n|$,且 $\lambda_i \neq 1)$。由于特征向量 $\alpha_1, \alpha_2, \cdots, \alpha_n$ 线性无关,那么存在一组常数 $s_1, s_2, \cdots, s_n$,使得

$$x_0 - x^* = s_1\alpha_1 + s_2\alpha_2 + \cdots + s_n\alpha_n \tag{7-11}$$

其中

$$x^* = (I - A)^{-1}b$$

为系统平衡点,令

$$r^* = P(I - A)^{-1}b + e$$

有

$$r(k) - r^* = P\lfloor x(k) - x^* \rfloor = PA\lfloor x(k-1) - x^* \rfloor = \cdots = PA^k \lfloor x(0) - x^* \rfloor$$

$$= PA^k(s_1\alpha_1 + s_2\alpha_2 + \cdots + s_n\alpha_n)$$

$$= P(s_1 A^k \alpha_1 + s_2 A^k \alpha_2 + \cdots + s_n A^k \alpha_n)$$

$$= P(s_1 \lambda_1^k \alpha_1 + s_2 \lambda_2^k \alpha_2 + \cdots + s_n \lambda_n^k \alpha_n)$$

$$= s_1 \lambda_1^k P\alpha_1 + s_2 \lambda_2^k P\alpha_2 + \cdots + s_n \lambda_n^k P\alpha_n \tag{7-12}$$

那么,若要满足

$$r(k) \rightarrow r^* \qquad k \rightarrow \infty$$

必须满足如下条件

$$s_1 \lambda_1^k P\alpha_1 + s_2 \lambda_2^k P\alpha_2 + \cdots + s_n \lambda_n^2 P\alpha_n \rightarrow 0 \quad k \rightarrow \infty$$

由此可以得到如下结论。

定理 7-2 针对式(7-7)~式(7-10),该系统矩阵 A 的 n 个线性无关的特征向量是为 $\alpha_1, \alpha_2, \cdots, \alpha_n$,相应的特征根 $|\lambda_1| \geqslant \cdots \geqslant |\lambda_j| \geqslant 1 > |\lambda_{j+1}| \geqslant \cdots \geqslant |\lambda_n|, (0 \leqslant j \leqslant n)$,如果满足如下条件

$$s_1 P\alpha_1 = 0, s_2 P\alpha_2 = 0, \cdots, s_j P\alpha_j = 0$$

那么,系统参数 $r(k)$ 是渐近稳定的。当矩阵 $\boldsymbol{P}$ 为可逆矩阵时,上述条件变为

$$s_1 = s_2 = 0 = \cdots = s_j = 0$$

定理 7-2 说明,对于每一个 $i = 1, 2, \cdots, j$,当 $s_i = 0$ 或 α_i 为方程 $\boldsymbol{P}x = 0$ 的根这种情况下,系统参数 $r(k)$ 是渐近稳定。该定理说明参数的稳定性与系统稳定性有关,也与系统初值有关,还与参数—状态关系有关。

3. 参数稳定速度度量

上面已经给出了系统参数稳定的一些判别条件,那么对于参数稳定系统,参数稳定的速度如何度量? 如何加速参数稳定? 这些问题的解决都需要找到一个刻画参数稳定速度的度量。

根据定理 7-2,对于参数稳定的系统,由于

$$s_1 \boldsymbol{P}\alpha_1 = 0, s_2 \boldsymbol{P}\alpha_2 = 0, \cdots, s_j \boldsymbol{P}\alpha_j = 0$$

那么

$$r(k+1) - r^* = s_{j+1}\lambda_{j+1}^{k+1}\boldsymbol{P}\alpha_{j+1} + s_{j+2}\lambda_{j+2}^{k+1}\boldsymbol{P}\alpha_{j+2} + \cdots + s_n\lambda_n^{k+1}\boldsymbol{P}\alpha_n$$
$$r(k) - r^* = s_{j+1}\lambda_{j+1}^{k}\boldsymbol{P}\alpha_{j+1} + s_{j+2}\lambda_{j+2}^{k}\boldsymbol{P}\alpha_{j+2} + \cdots + s_n\lambda_n^{k}\boldsymbol{P}\alpha_n$$

因此

$$
\begin{aligned}
\frac{\|r(k+1) - r^*\|}{\|r(k) - r^*\|} &= \frac{\|s_{j+1}\lambda_{j+1}^{k+1}\boldsymbol{P}\alpha_{j+1} + s_{j+2}\lambda_{j+2}^{k+1}\boldsymbol{P}\alpha_{j+2} + \cdots + s_n\lambda_{j+n}^{k+1}\boldsymbol{P}\alpha_{j+n}\|}{\|s_{j+1}\lambda_{j+1}^{k}\boldsymbol{P}\alpha_{j+1} + s_{j+2}\lambda_{j+2}^{k}\boldsymbol{P}\alpha_{j+2} + \cdots + s_n\lambda_{j+n}^{k}\boldsymbol{P}\alpha_{j+n}\|} \\
&= \lambda_{j+1}\frac{\left\|s_{j+1}\boldsymbol{P}\alpha_{j+1} + s_{j+2}\left(\dfrac{\lambda_{j+2}}{\lambda_{j+1}}\right)^{k+1}\boldsymbol{P}\alpha_{j+2} + \cdots + s_n\left(\dfrac{\lambda_n}{\lambda_{j+1}}\right)^{k+1}\boldsymbol{P}\alpha_n\right\|}{\left\|s_{j+1}\boldsymbol{P}\alpha_{j+1} + s_{j+2}\left(\dfrac{\lambda_{j+2}}{\lambda_{j+1}}\right)^{k}\boldsymbol{P}\alpha_{j+2} + \cdots + s_n\left(\dfrac{\lambda_n}{\lambda_{j+1}}\right)^{k}\boldsymbol{P}\alpha_n\right\|}
\end{aligned}
$$

$$(7-13)$$

显然,$\dfrac{\|r(k+1) - r^*\|}{\|r(k) - r^*\|}$ 的收敛速度与以下参数值有关

$$\lambda_{j+1}, \frac{\lambda_{j+2}}{\lambda_{j+1}}\frac{\lambda_{j+3}}{\lambda_{j+1}}, \cdots, \frac{\lambda_n}{\lambda_{j+1}}$$

那么,可以得到如下结论。

一般来讲,$|\lambda_{j+1}|$ 越小,对于大部分的常数 r,$\|r(k) - r\|$ 就越小,从而参数 $r(\cdot)$ 收敛越快。

当 $\dfrac{|\lambda_{j+2}|}{|\lambda_{j+1}|}$,$\dfrac{|\lambda_{j+3}|}{|\lambda_{j+1}|}$,$\cdots$,$\dfrac{|\lambda_n|}{|\lambda_{j+1}|}$ 越小,即 $|\lambda_{j+1}|$ 与 $|\lambda_{j+2}|$,$|\lambda_{j+2}|$,$|\lambda_{j+3}|$,$\cdots$,$|\lambda_n|$ 的差距越大,从而对于绝大部分的常数 k,$\dfrac{\|r(k+1) - r^*\|}{\|r(k) - r^*\|}$ 越小,即参数

$r(\cdot)$ 收敛越快。

显然,可以选取 $|\lambda_{j+1}|$, $\dfrac{|\lambda_{j+2}|}{|\lambda_{j+1}|}$, $\dfrac{|\lambda_{j+3}|}{|\lambda_{j+1}|}$, $\cdots$, $\dfrac{|\lambda_n|}{|\lambda_{j+1}|}$ 作为描述参数稳定速度的度量。在工程应用中,为了方便可以直接用 $|\lambda_{j+1}|$ 来描述系统参数的稳定速度,而当 $|\lambda_{j+1}|$ 接近 1 时,考虑到工程中对参数稳定的要求为参数变动不大即可,因此这时可以选用 $|\lambda_{j+2}|$ 作为描述参数的稳定速度。

4. 瞬时可用度波动稳定速度的定义

假定系统由单个部件组成,其故障时间 X 遵从一般离散分布为

$$p_k = P\{X = k\} \qquad k = 0,1,2,\cdots$$

系统故障后立即对其进行修理,修理后系统如新,修理时间 Y 服从一般离散分布,即

$$q_k = P\{Y = k\} \qquad k = 0,1,2,\cdots$$

为了区别系统的不同情形,定义系统状态:

$$\begin{cases} Z(k) = 0 & k \text{ 时刻系统正常} \\ Z(k) = 1 & k \text{ 时刻系统故障} \end{cases} \qquad k = 0,1,2,\cdots$$

不失一般性,假定部件开始为新,即 $P\{Z(0) = 0\} = 0$。

系统故障率和修复率为

$$\lambda(k) \in (0,1), k = 0,1,2,\cdots,n_1 - 1, \lambda(n_1) = 1$$
$$\mu(k) \in (0,1), k = 0,1,2,\cdots,n_2 - 1, \mu(n_2) = 1$$

那么,系统状态转移方程为

$$\boldsymbol{P}(k + 1) = \boldsymbol{BP}(k) \qquad k = 0,1,2,\cdots \qquad (7-14)$$

系统的瞬时可用度为

$$\boldsymbol{A}(k) = \delta_{n_1+1,n_2+1}\boldsymbol{P}(k) \qquad (7-15)$$

其中

$$\boldsymbol{B} = \begin{pmatrix}
0 & 0 & \cdots & 0 & 0 & \mu(0) & \mu(1) & \cdots & \mu(n_1-1) & 1 \\
1-\lambda(0) & 0 & \cdots & 0 & 0 & 0 & 0 & \cdots & 0 & 0 \\
1 & 1-\lambda(1) & \cdots & 0 & 0 & 0 & 0 & \cdots & 0 & 0 \\
\vdots & \vdots & \ddots & & \vdots & \vdots & \vdots & \ddots & \vdots & \vdots \\
0 & 0 & \cdots & 1-\lambda(n_1-1) & 0 & 0 & 0 & \cdots & 0 & 0 \\
\lambda(0) & \lambda(1) & \cdots & \lambda(n_1-1) & 1 & 0 & 0 & \cdots & 0 & 0 \\
0 & 0 & \cdots & 0 & 0 & 1-\mu(0) & 0 & \cdots & 0 & 0 \\
0 & 0 & \cdots & 0 & 0 & 0 & 1-\mu(1) & \cdots & 0 & 0 \\
\vdots & \vdots & \ddots & & \vdots & \vdots & \vdots & \ddots & \vdots & \vdots \\
0 & 0 & \cdots & 0 & 0 & 0 & 0 & \cdots & 1-\mu(n_2-1) & 0
\end{pmatrix}$$

$$P(k) = (P_0(k,0), P_0(k,1), \cdots, P_0(k,n_1), P_1(k,0), P_1(k,1), \cdots, P_0(k,n_1))^{\mathrm{T}} \in [0,1]^{n_1+n_2+2}$$

$$\delta_{m,n} = \left(\overbrace{1,\cdots,1}^{m}, \overbrace{0,\cdots,0}^{n} \right)$$

对其做适当变换,取

$$PV(k) = (P_0(k,0), P_0(k,1), \cdots, P_0(k,n_1), P_1(k,0),$$
$$P_1(k,1), \cdots, P_0(k,n_1-1))^{\mathrm{T}} \in [0,1]^{n_1+n_2+1}$$

则有

$$PV(k+1) = B_1 PV(k) + B_2 \tag{7-16}$$

其中

$$B_1 = \begin{pmatrix}
-1 & -1 & \cdots & -1 & -1 & \mu(0)-1 & \mu(1)-1 & \cdots & \mu(n_2-2)-1 & \mu(n_2-1)-1 \\
1-\lambda(0) & 0 & \cdots & 0 & 0 & 0 & 0 & \cdots & 0 & 0 \\
0 & 1-\lambda(1) & \cdots & 0 & 0 & 0 & 0 & \cdots & 0 & 0 \\
\vdots & \vdots & \ddots & \vdots & \vdots & \vdots & \vdots & \ddots & \vdots & \vdots \\
0 & 0 & \cdots & 1-\lambda(n_1-1) & 0 & 0 & 0 & \cdots & 0 & 0 \\
\lambda(0) & \lambda(1) & \cdots & \lambda(n_1-1) & 0 & 0 & 0 & \cdots & 0 & 0 \\
0 & 0 & \cdots & 0 & 0 & 1-\mu(0) & 0 & \cdots & 0 & 0 \\
0 & 0 & \cdots & 0 & 0 & 0 & 1-\mu(1) & \cdots & 0 & 0 \\
\vdots & \vdots & \ddots & \vdots & \vdots & \vdots & \vdots & \ddots & \vdots & \vdots \\
0 & 0 & \cdots & 0 & 0 & 0 & 0 & \cdots & 1\mu(n_2-2) & 0
\end{pmatrix}$$

$$B_2 = (1,0,\cdots,0)^{\mathrm{T}} = \delta_{1,n_1+n_2}^{\mathrm{T}} \in R^{n_1+n_2+1}$$

收敛点为

$$PV^* = (I-B_1)^{-1}B_2 \qquad ((I-B_1) \text{(显然可逆)}$$

由上节的分析,可以下指标描述系统状态的稳定速度,即

$$K = |\lambda_1(B_1)| \tag{7-17}$$

显然,可以证明

$$\lim_{k\to\infty} \frac{\|PV(k+1) - PV^*\|}{\|PV(k) - PV^*\|} \leqslant |\lambda_1(B_1)|$$

5. 瞬时可用度波动稳定仿真分析

假定系统故障率和修复率为

$$\lambda(k) = 1 - q_1^{(k+1)^{\beta_1} - k^{\beta_1}}, k = 0,1,2,\cdots,n_1-1, \lambda(n_1) = 1$$

$$\mu(k) = 1 - q_2^{(k+1)^{\beta_2} - k^{\beta_2}}, k = 0,1,2,\cdots,n_2-1, \mu(n_2) = 1$$

取 $n_1 = n_2 = 595$,根据其他参数的不同的取值,选取以下几组。

第一组: $q_1 = 0.998$, $\beta_1 = 3$; $q_2 = 0.98$, $\beta_2 = 3$; 最大特征根的模为 $|\lambda_1(\boldsymbol{B}_1)| = 0.9046$(图 7 - 7)。

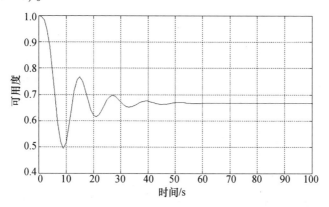

图 7 - 7   第一组仿真示例

第二组: $q_1 = 0.998$, $\beta_1 = 2$; $q_2 = 0.98$, $\beta_2 = 2$; 最大特征根的模为 $|\lambda_1(\boldsymbol{B}_1)| = 0.9142$(图 7 - 8)。

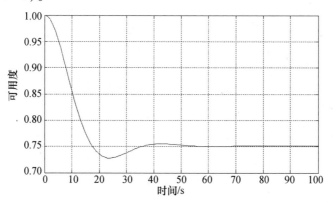

图 7 - 8   第二组仿真示例

第三组: $q_1 = 0.998$, $\beta_1 = 2$; $q_2 = 0.98$, $\beta_2 = 2$; 最大特征根的模为 $|\lambda_1(\boldsymbol{B}_1)| = 0.9978$(图 7 - 9)。

第四组: $q_1 = 0.998$, $\beta_1 = 1$; $q_2 = 0.998$, $\beta_2 = 1$; 最大特征根的模为 $|\lambda_1(\boldsymbol{B}_1)| = 0.9980$(图 7 - 10)。

从四组仿真计算来看,每个最大特征根的模逐渐增加,而且从图 7 - 7 ~ 图 7 - 10可以发现,瞬时可用度波动的时间也是逐渐增加的,这个结果与上面定性分析的结论完全一致。因此,可以认为用最大特征根的模来表述波动稳定速

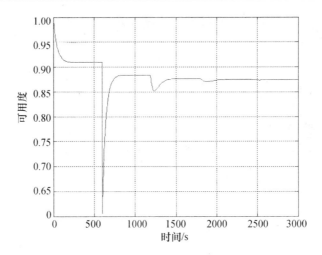

图 7 - 9   第三组仿真示例

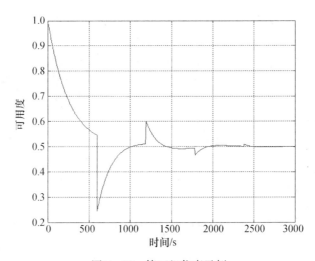

图 7 - 10   第四组仿真示例

度是比较合适的,而且这个模的具体计算与人为的主观因素无关,能够给波动的机理研究提供一个客观的方程式。

7.3   影响波动的因素分析

根据上述提出的刻画系统瞬时可用度波动的参数,本节将在不改变系统平均修复时间、平均故障间隔时间或平均后勤延误时间等条件下研究系统波动参数的特性。令刻画瞬时可用度波动的参数为 I，这里选取的参数主要有可用度振幅、最小可用度的发生时刻、适应时间和平均可用度中的一个或数个，根据模型的不同而不同，在这里 I 泛指波动参数。通过仿真，可以分析分析得到系统可用度波动参数相对于相关时间分布的特征参数的变化规律，对研究基于瞬时可用度波动的设计具有指导意义。

7.3.1　截尾离散 Weibull 分布

考虑到概率分布的简洁性和代表性等问题，对波动影响因素分析拟选择 Weibull 分布。通常在一般可靠性设计中，涉及相关概率分布一般采用理论分布，因为理论分布便于理论计算，但与实际有一定出入，这是因为实际工程中各种变量不可能取到无穷大，特别是各种部件的寿命或修复时间等，为了更加准确地刻画现实问题，各种截尾分布被广泛地应用于可靠性工程中。本节对一般的离散 Weibull 分布进行一定的修正，建立单侧截尾的离散 Weibull 分布模型。关于单侧截尾的离散 Weibull 分布有以下两种模型。

取非负整值的随机变量 X 有分布

$$p_k = \Pr\{X = k\} = \frac{(\alpha^{k^\beta} - \alpha^{(k+1)^\beta})}{KK} \quad k = 0,1,2,\cdots,n-1$$

$$p_n = \Pr\{X = k\} = \alpha^{n^\beta} \quad 0 < \alpha < ;\beta > 0 \quad (7-18)$$

则称 X 遵从尺度参数为 α，形状参数为 β 的截尾的离散 Weibull 分布，其中 n 称为截尾点，$KK = 1 - q^{n^\beta}$。

取非负整值的随机变量 X 的分布为

$$p_k = \Pr\{X = k\} = \alpha^{k^\beta} - \alpha^{(k+1)^\beta} \quad k = 0,1,2,\cdots,n-1$$

$$p_n = \Pr\{X = k\} = \alpha^{n^\beta} \quad 0 < \alpha < 1;\beta > 0 \quad (7-19)$$

如果 X 表示系统寿命，那么其故障率为

$$\lambda(k) = 1 - \alpha^{(k+1)^\beta - k^\beta} \quad k = 0,1,2,\cdots,n-1 \quad (7-20)$$

$$\lambda(n) = 1$$

则称 X 遵从尺度参数为 α，形状参数为 β 的截尾的离散 Weibull 分布，简记为 Weibull(α,β)，其中 n 称为截尾点。

对比两种截尾的离散 Weibull 分布的模型发现，只要 n 取得足够大，使得 $KK \approx 1$ 时，两者相差不大。由于故障率的形式比较容易得出，并且和遵从理论离散 Weibull 分布的系统的故障率在截尾点以前形式相同，本书主要用的是第二个截尾模型，截尾点尽量大，使得截尾分布和原概率分布的差别尽量小，在没有特别说明的情况下，截尾离散 Weibull 分布的截尾点选为整个研究时间段的上界。

7.3.2 一般可修系统的瞬时可用度波动的分析

对于一般可修系统,系统的瞬时可用度 $A(k)$ 满足式(6-53)~式(6-55),假定部件的寿命和故障后的修复时间分别遵从概率分布 Weibull(α_1,β_1) 和 Weibull(α_2,β_2),那么

$$I = I(A(\cdot)) = I(\lambda(\cdot),\mu(\cdot)) = I(\alpha_1,\beta_1,\alpha_2,\beta_2) \qquad (7-21)$$

这时,I 为一个具有四变量的函数,选取的参数有可用度振幅 M、最小可用度的发生时刻 T_0 和适应时间 T。

数值仿真可分成两组:固定修复时间的概率分布 Weibull(α_2,β_2) 和平均故障间隔时间 MTBF,固定寿命分布 Weibull(α_1,β_1) 和平均修复时间 MTTR。

7.3.2.1 寿命分布的尺度和形状参数对瞬时可用度波动的影响

设固定修复时间分布的形状参数为 β_2,尺度参数为 α_2,平均故障间隔时间当 MTBF。取 $\beta_2 = 3$,$\alpha_2 = 0.995$,则 MTTR $= 5.7178$。固定 MTBF,根据 MTBF 的不同,把仿真分成以下三组。

(1)取 MTBF $= 9.4283$,则固有可用度 $A = 0.6225$,匹配 α_1 和 β_1,得到系统的波动特征参数值,如表7-1所列。

表7-1　MTBF $=9.4283$ 时不同的 (α_1,β_1) 组合对应的系统波动特征参数

试验 \ 参数	α_1	β_1	T_0	M	T
1	0.6	0.478	4	0.2043	120
2	0.7	0.589	5	0.1384	59
3	0.8	0.746	5	0.0811	27
4	0.9	1.023	7	0.0297	10
5	0.91	1.066	7	0.0265	10
6	0.93	1.169	8	0.0208	11
7	0.95	1.308	9	0.0207	12
8	0.97	1.522	10	0.0322	15
9	0.99	1.991	11	0.0782	31
10	0.993	2.145	11	0.0954	32
11	0.996	2.389	12	0.1238	33
12	0.999	3.000	12	0.1999	62

（续）

参数 试验	α_1	β_1	T_0	M	T
13	0.9993	3.158	12	0.2187	63
14	0.9997	3.535	12	0.2613	77
15	0.99973	3.582	12	0.2664	77
16	0.99976	3.635	12	0.2721	77
17	0.99979	3.695	12	0.2784	77
18	0.99983	3.789	12	0.2881	78
19	0.99985	3.845	12	0.2938	78
20	0.9999	4.027	12	0.3117	78
21	0.99993	4.187	12	0.3267	92
22	0.99996	4.438	12	0.3486	92
23	0.99998	4.750	12	0.3734	106
24	0.999985	4.880	12	0.3829	107
25	0.99999	5.063	12	0.3954	107
26	0.999993	5.224	12	0.4056	107
27	0.999996	5.477	12	0.4202	121
28	0.999998	5.790	12	0.4359	122

（2）取 MTBF $= 28.5179$，则固有可用度 $A = 0.8331$，匹配 α_1 和 β_1，得到系统的波动特征参数值，如表 7-2 所列。

表 7-2　MTBF $= 28.5179$ 时不同的 (α_1, β_1) 组合对应的系统波动特征参数

参数 试验	α_1	β_1	T_0	M	T
1	0.92	0.779	6	0.063	53
2	0.93	0.814	6	0.0506	44
3	0.94	0.855	7	0.0381	35
4	0.95	0.904	7	0.0254	24
5	0.96	0.964	8	0.0116	12
6	0.97	1.042	590	0	0
7	0.98	1.153	165	0	0
8	0.99	1.345	67	0.0001	0

（续）

试验 ＼ 参数	α_1	β_1	T_0	M	T
9	0.993	1.445	52	0.0003	0
10	0.996	1.603	42	0.0014	0
11	0.997	1.685	38	0.0025	0
12	0.999	2	33	0.0095	43
13	0.9993	2.102	33	0.0127	44
14	0.9995	2.2	32	0.016	44
15	0.9997	2.348	32	0.0217	44
16	0.99973	2.379	32	0.0229	44
17	0.99976	2.413	32	0.0243	44
18	0.99979	2.452	32	0.026	44
19	0.99983	2.514	32	0.0287	43
20	0.99985	2.615	32	0.0332	43
21	0.9999	2.669	32	0.0357	73
22	0.99996	2.937	32	0.0489	78
23	0.999985	3.226	32	0.0642	78
24	0.999993	3.451	32	0.0768	110
25	0.999998	3.821	32	0.0981	112

（3）取 MTBF = 40.1283，则固有可用度 A = 0.8754，匹配 α_1 和 β_1，得到系统的波动特征参数值，如表 7 – 3 所列。

表 7 – 3　MTBF = 40.1283 时不同的 (α_1, β_1) 组合对应的系统波动特征参数

试验 ＼ 参数	α_1	β_1	T_0	M	T
1	0.92	0.716	6	0.0818	86
2	0.93	0.748	6	0.0693	73
3	0.94	0.785	6	0.0557	61
4	0.95	0.829	7	0.0414	48
5	0.96	0.883	7	0.027	34
6	0.97	0.954	8	0.0109	13

（续）

试验 \ 参数	α_1	β_1	T_0	M	T
7	0.98	1.054	—	0	0
8	0.99	1.227	153	0	0
9	0.993	1.318	107	0	0
10	0.996	1.46	76	0.0002	0
11	0.997	1.534	67	0.0005	0
12	0.999	1.818	52	0.0028	0
13	0.9993	1.911	50	0.0042	0
14	0.9995	2	48	0.0057	54
15	0.9997	2.134	47	0.0083	58
16	0.99973	2.161	47	0.0089	58
17	0.99976	2.192	46	0.0096	59
18	0.99979	2.227	46	0.0104	59
19	0.99983	2.283	46	0.0117	59
20	0.99985	2.316	46	0.0126	59
21	0.9999	2.423	45	0.0154	59
22	0.99996	2.666	44	0.0226	59
23	0.999985	2.927	44	0.0314	101
24	0.999993	3.131	44	0.0388	104
25	0.999998	3.466	44	0.0519	105

　　将表 7 - 1 ~ 表 7 - 3 的数据结果用图的形式表示,如图 7 - 11 ~ 图 7 - 13 所示,横坐标为寿命分布的形状参数 β_1,纵坐标为各项参数。

　　从图 7 - 11 可以看出,当 $\alpha_2 = 0.955$ 和 $\beta_2 = 3$ 时,随着 β_1 的增加,可用度振幅 M 先增大后减小,极值出现在 $\beta_1 = 1$ 附近,$\beta_1 = 1$ 表示系统寿命遵从几何分布,系统故障率为常数。当 MTBF $= 40.1283$ 和 MTBF $= 28.5179$ 时,存在 α_1 和 β_1 的组合选择可以消除系统可用度的波动;形状参数 β_1 在取值为 1 附近时,系统可用度振幅 M 存在最小值为 0,即系统瞬时可用度一直保持在稳态可用度值之上,并且 MTBF 越小这种波动程度越剧烈;当 MTBF $= 9.4283$ 时,任何 α_1 和 β_1 的组合选择都不能把系统瞬时可用度的波动消除。

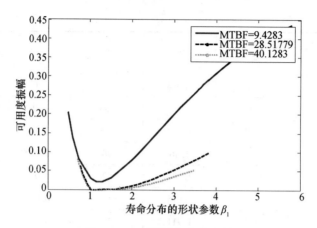

图 7 – 11　可用度振幅的比较

从表 7 – 3 中可以看出,当 $\alpha_1 = 0.98$ 和 $\beta_1 = 1.054$ 时,系统瞬时可用度单调递减至稳态可用度,即最小可用度的发生时刻 $T_0 = N$,这时系统是匹配的。由于在实际工程中,时间足够长就可以理解为无穷,因此本书在研究时对应的 $T_0 = N$ 的 T_0 取为研究时间段的上界 1000,如图 7 – 12 所示。从图 7 – 13 可以看出,对任意的 MTBF,当 β_1 取值在 2 后,最小可用度的发生时间基本无变化;MTBF = 40.1283 和 MTBF = 28.5179 时最小可用度的发生时刻 T_0 存在极大值,有时甚至达到无穷。随着当 MTBF 达到 40.1283 或更大时,存在 α_1 和 β_1 的组合使得系统最小可用度的发生时刻 T_0 达到无穷,这时系统是匹配的。当 MTBF = 9.4283 或更小时,系统瞬时可用度的最小值发生时刻 T_0 无显著变化。

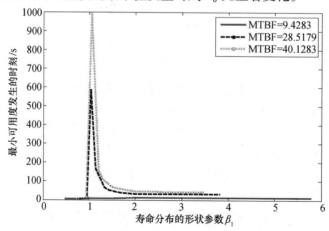

图 7 – 12　最小可用度的发生时间的比较

从图 7 – 13 可以看出,当 MTBF = 9.4283 时,系统任何的 α_1 和 β_1 的组合都不能使得系统的适应时间为 0,这时任何的参数选择都不能使得系统匹配。而当 MTBF = 28.5179 和 MTBF = 40.1283 时,存在 α_1 和 β_1 的组合使得系统匹配。可以发现,当 MTBF 增大时,使得系统匹配的参数选择范围逐渐增大。对于任意的 MTBF,随着 β_1 的增大,适应时间 T 开始都是单调递减的,在 β_1 取值为 1 的附近达到最小值,然后开始逐渐增大。

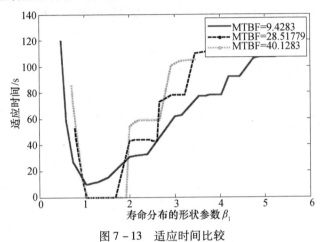

图 7 – 13　适应时间比较

为了说明问题,我们在 MTBF = 28.5179,$\alpha_2 = 0.995$ 和 $\beta_2 = 3$ 时给出两个系统的瞬时可用度比较,系统 1 取 $\alpha_1 = 0.97$,$\beta_1 = 1.042$,系统 2 取 $\alpha_1 = 0.9997$,$\beta_1 = 2.348$,结果如图 7 – 14 所示。两个系统的 MTBF 相同,修复时间遵从的分布完全相同,但是从图中可以看出,不同的 α_1 和 β_1 组合却让系统瞬时可用度产

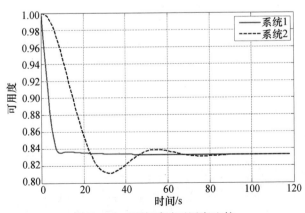

图 7 – 14　系统瞬时可用度比较

生很大变化,特别是使用初期系统瞬时可用度的波动情况,相关参数可以参看表 7 - 2 和图 7 - 11 ~ 图 7 - 13。因此,可以认为可用度振幅、最小可用度的发生时刻和适应时间可以较好地反映系统的波动状况。

7.3.2.2 修复时间分布的尺度和形状参数对瞬时可用度波动的影响

设固定寿命分布的形状参数为 β_1,尺度参数为 α_1,平均修复时间为 MTBF。取 $\alpha_1 = 0.99995$,$\beta_1 = 3$,那么 MTBF $= 24.739$,MTTR 固定。根据 MTBF 的不同,把仿真分成以下三组。

(1)取 MTBF $= 4.6986$,则固有可用度 $A = 0.8404$,匹配 α_2 和 β_2,得到系统的波动特征参数值,如表 7 - 4 所列。

表 7 - 4　MTBF $= 4.6986$ 时不同的 (α_2, β_2) 组合对应的系统波动特征参数

试验 \ 参数	α_2	β_2	T_0	M	T
1	0.5	0.504	31	0.0077	34
2	0.6	0.629	30	0.0223	38
3	0.7	0.795	30	0.0337	39
4	0.8	1.037	29	0.0418	67
5	0.9	1.467	28	0.0467	67
6	0.91	1.533	28	0.0471	67
7	0.92	1.608	28	0.0474	67
8	0.93	1.693	28	0.0477	67
9	0.94	1.792	28	0.048	67
10	0.95	1.91	28	0.0482	67
11	0.96	2.055	28	0.0484	67
12	0.97	2.243	28	0.0486	67
13	0.98	2.51	27	0.0488	67
14	0.99	2.97	27	0.0492	67
15	0.993	3.209	27	0.0493	67
16	0.996	3.585	27	0.0494	67
17	0.999	4.525	27	0.0496	67
18	0.9993	4.769	27	0.0496	67
19	0.9996	5.151	27	0.0497	67
20	0.9998	5.627	27	0.0497	67

（2）取 MTTR $=5.7178$，则系统固有可用度 $A=0.812$，匹配 α_2 和 β_2，得到系统的波动特征参数值，如表 7 – 5 所列。

表 7 – 5 MTTR $=5.7178$ 时不同的 (α_2,β_2) 组合对应的系统波动特征参数

试验 \ 参数	α_2	β_2	T_0	M	T
1	0.6	0.574	31	0.014	37
2	0.7	0.719	31	0.0311	39
3	0.8	0.929	30	0.0451	69
4	0.9	1.3	29	0.0555	70
5	0.91	1.357	29	0.0564	70
6	0.92	1.422	29	0.0571	70
7	0.93	1.495	29	0.0579	70
8	0.94	1.581	29	0.0585	70
9	0.95	1.682	28	0.0593	70
10	0.96	1.807	28	0.0601	70
11	0.97	1.969	28	0.0608	70
12	0.98	2.2	28	0.0615	69
13	0.99	2.598	28	0.0622	69
14	0.993	2.804	28	0.0624	69
15	0.996	3.13	28	0.0627	69
16	0.999	3.944	28	0.063	69
17	0.9993	4.155	28	0.0631	69
18	0.9996	4.487	28	0.0631	69
19	0.9998	4.899	28	0.0632	69

（3）取 MTTR $=13.0174$，则固有可用度 $A=0.6552$，匹配 α_2 和 β_2，得到系统的波动特征参数值，如表 7 – 6 所列。

表 7 – 6 MTTR $=13.0174$ 时不同的 (α_2,β_2) 组合对应的系统波动特征参数

试验 \ 参数	α_2	β_2	T_0	M	T
1	0.8	0.668	34	0.0105	38
2	0.9	0.907	33	0.0603	73

（续）

参数 试验	α_2	β_2	T_0	M	T
3	0.91	0.944	33	0.0661	75
4	0.92	0.985	33	0.0722	76
5	0.93	1.032	33	0.0785	78
6	0.94	1.087	33	0.0853	79
7	0.95	1.152	33	0.0924	80
8	0.96	1.232	33	0.1002	82
9	0.97	1.336	32	0.109	83
10	0.98	1.484	32	0.1196	84
11	0.99	1.74	32	0.1332	84
12	0.993	1.873	32	0.1385	117
13	0.996	2.084	32	0.1451	120
14	0.999	2.61	31	0.1568	121
15	0.9993	2.747	31	0.1589	121
16	0.9996	2.962	31	0.1617	120
17	0.9998	3.23	31	0.1644	120
18	0.99983	3.292	31	0.1651	120
19	0.99986	3.368	31	0.1656	120
20	0.99989	3.461	31	0.1664	120

　　表 7 - 4 ~ 表 7 - 6 的数据结果可以用图的形式表示,如图 7 - 15 ~ 图 7 - 17 所示,横坐标为修复时间分布的形状参数 β_2,纵坐标为各项波动的参数。

　　从图 7 - 15 可以看出,对于任意的 MTTR,随着 β_2 的增加,系统可用度振幅 M 逐渐增大,当 β_2 达到某一特定值时,可用度振幅 M 趋于稳定,相应的特定值随着 MTTR 的增大而增大。从图 7 - 16 可以看出,对于任意的 MTTR,随着 β_2 的增加,最小可用度的发生时刻 T_0 逐渐减小,并稳定在某一特定值,相应的特定值随着 MTTR 的增大而增大。从图 7 - 17 可以看出,对于任意的 MTTR,随着 β_2 的增加,系统的适应时间逐渐增大,并稳定在某一特定值上,相应的特定值随着 MTTR 的增大而增大。

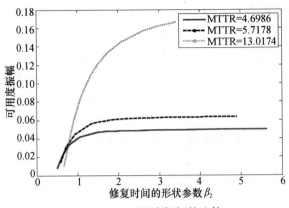

图 7 - 15 可用度振幅的比较

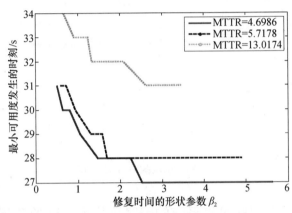

图 7 - 16 最小可用度的发生时刻的比较

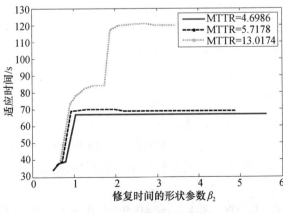

图 7 - 17 适应时间比较

为了说明问题,我们在 MTTR = 13. 0174, α_1 = 0. 99995 和 β_1 = 3 时,给出两个系统的瞬时可用度比较,系统 1 取 α_2 = 0. 9, β_2 = 0. 907,系统 2 取 α_2 = 0. 9993, β_2 = 2. 747,结果如图 7 - 18 所示。两个系统的 MTTR 相同,部件寿命遵从的分布完全相同,但是从图中可以看出,不同的 α_2 和 β_2 组合却让系统瞬时可用度产生很大变化,特别是使用初期系统瞬时可用度的波动情况,相关参数可以参看表 7 - 6 和图 7 - 15 ~ 图 7 - 17。因此,可以认为可用度振幅,最小可用度的发生时刻和适应时间可以较好地反映系统的波动状况。

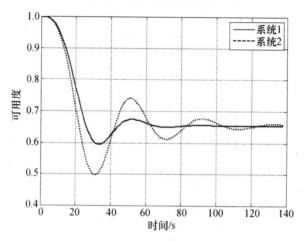

图 7 - 18　系统瞬时可用度比较

7.3.3　修理有延迟的可修系统的瞬时可用度波动的分析

对于修理有延迟的可修系统,系统的瞬时可用度 $A(k)$ 满足式(6 - 60) ~ 式(6 - 65),假定部件寿命、修复时间和保障延迟时间分别遵从概率分布 Weibull (α_1, β_1),Weibull (α_2, β_2) 和 Weibull (α_3, β_3),那么

$$I = I(A(\cdot)) = I(\lambda(\cdot), \mu(\cdot), \rho(\cdot)) = I(\alpha_1, \beta_1, \alpha_2, \beta_2, \alpha_3, \beta_3)$$

这时 I 为一个具有 6 个变量的函数,这里选取可用度振幅 M、最小可用度发生时刻 T_0 和适应时间 T 对其进行研究。

数值仿真中,固定部件寿命、故障的修复时间的分布和平均保障延迟时间,即固定 $\alpha_1, \beta_1, \alpha_2, \beta_2$ 和 MLDT,根据修复率的单调性,把仿真分成以下两组进行研究。

第一组:取 α_1 = 0. 9999, β_1 = 2, α_2 = 0. 9995, β_2 = 3,这时部件的故障率和修复率都是单调递增的,并且 MTBF = 89. 1205,MTTR = 11. 7499。根据 MTDT 的

不同,本组数值仿真分成三个小组。

（1）取 MLDT $= 40.1283$,则稳态可用度 $A = 0.6321$,匹配 α_3 和 β_3,得到系统的波动特征参数值,如表 7 - 7 所列。

表 7 - 7　MLDT $= 40.1283$ 时不同的 (α_3, β_3) 组合对应的系统波动特征参数

参数 试验	α_3	β_3	T_0	M	T
1	0.9	0.663	N	0	0
2	0.93	0.748	137	0.0082	157
3	0.95	0.8290	133	0.0169	172
4	0.96	0.8830	131	0.0217	176
5	0.97	0.954	128	0.0272	178
6	0.98	1.0540	125	0.0336	178
7	0.99	1.2270	121	0.0419	175
8	0.993	1.3180	120	0.0450	173
9	0.995	1.4030	118	0.0477	171
10	0.997	1.5340	116	0.0509	169
11	0.999	1.8180	113	0.0557	165
12	0.9993	1.9110	113	0.0568	164
13	0.9995	2.0000	112	0.0576	163
14	0.9997	2.1340	111	0.0587	162
15	0.9998	2.2400	111	0.0595	161

（2）取 MLDT $= 28.5179$,稳态可用度 $A = 0.6888$,匹配 α_3 和 β_3,得到系统的波动特征参数值,如表 7 - 8 所列。

表 7 - 8　MLDT $= 28.5179$ 时不同的 (α_3, β_3) 组合对应的系统波动特征参数

参数 试验	α_3	β_3	T_0	M	T
1	0.9	0.7200	130	0.0099	156
2	0.93	0.8140	125	0.0168	165
3	0.95	0.9040	122	0.0218	167
4	0.96	0.9640	120	0.0244	167
5	0.97	1.0420	118	0.0272	166

（续）

试验 \ 参数	α_3	β_3	T_0	M	T
6	0.98	1.1530	116	0.0302	164
7	0.99	1.3450	112	0.0335	161
8	0.993	1.4450	111	0.0347	159
9	0.995	1.5400	110	0.0355	158
10	0.997	1.6850	109	0.0364	157
11	0.999	2.0000	107	0.0375	154
12	0.9993	2.1020	106	0.0377	154
13	0.9995	2.2000	106	0.0379	153
14	0.9997	2.3480	105	0.0380	153
15	0.9998	2.4660	105	0.0382	153

（3）取 MLDT $= 13.0174$，稳态可用度 $A = 0.7825$，匹配 α_3 和 β_3，得到系统的波动特征参数值，如表 7 – 9 所列。

表 7 – 9　MLDT $= 13.0174$ 时不同的 (α_3,β_3) 组合对应的系统波动特征参数

试验 \ 参数	α_3	β_3	T_0	M	T
1	0.65	0.4800	126	0.0005	0
2	0.70	0.5320	123	0.0044	0
3	0.75	0.5930	120	0.0076	141
4	0.80	0.6680	117	0.0104	147
5	0.85	0.7660	114	0.0126	149
6	0.90	0.9070	111	0.0142	148
7	0.93	1.0320	109	0.0149	147
8	0.95	1.1520	108	0.0152	146
9	0.96	1.2320	107	0.0153	145
10	0.97	1.3360	107	0.0153	145
11	0.98	1.4840	106	0.0154	144
12	0.99	1.7400	105	0.0154	144
13	0.993	1.8730	105	0.0154	143
14	0.995	2.0000	105	0.0153	143
15	0.997	2.1920	105	0.0153	143

将表 7 - 7 ~ 表 7 - 9 的数据结果用图的形式表示,如图 7 - 19 ~ 图 7 - 21 所示,横坐标为保障延迟时间分布的形状参数 β_3,纵坐标为各项波动的参数 I。

从图 7 - 19 可以看出,对于任意固定的 MLDT,可用度振幅 M 随着 β_2 的增大而单调递增,并且增势变缓,并且在 β_2 达到某一临界值后,可用度稳定在某一特定值,MLDT 越大对应的临界值也越大,特定值也是如此。MLDT 越大,可用度振幅相对 β_2 的变化率也越大。

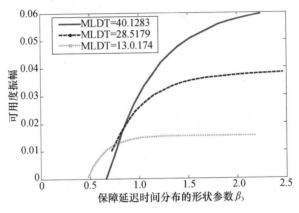

图 7 - 19　可用度振幅比较

从图 7 - 20 可以看出,对于任意的 MLDT,系统最小可用度的发生时刻随 β_3 变化不大,但当 MLDT = 40.1283,$\beta_3 < 0.748$ 除外,并且系统最小可用度的发生时刻随的增大而增大 MLDT。对于 MLDT = 40.1283,$\beta_3 = 0.663$ 时,系统最小可用度的发生时间在无穷远处,这时系统为匹配的。

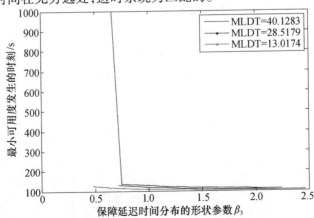

图 7 - 20　最小可用度发生的时刻的比较

从图 7-21 可以看出,对于任意的 MLDT,系统的适应时间在 β_3 较小时取值为 0,这时系统为匹配的,但随着 β_3 的增加,系统瞬时可用度的产生波动并进一步增大,并在 β_3 取某一临界值时系统适应时间达到极值,MLDT 越大,对应的那个临界值就越大,而极值也越大。随着 β_3 的进一步增加,到达另一个临界值时,系统适应时间逐渐稳定在某一特定值,MLDT 越大,对应的这个临界值就越大,对应的特定值也越大。

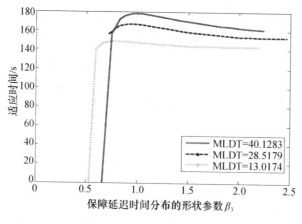

图 7-21　适应时间的比较

第二组:取 $\alpha_1 = 0.99998$,$\beta_1 = 2$,$\alpha_2 = 0.95$,$\beta_2 = 0.85$,这时部件的故障率调递增,修复率单调递减,并且 MTBF = 198.6654,MTTR = 36.3307。根据 MLDT 的不同,本组数值仿真分成以下三个小组。

(1)取 MLDT = 40.1283,则稳态可用度 $A = 0.7221$,匹配 α_3 和 β_3,得到系统的波动特征参数值,如表 7-10 所列。

表 7-10　MLDT = 40.1283 时不同的 (α_3, β_3) 组合对应的系统波动特征参数

试验 \ 参数	α_3	β_3	T	T_0	M
1	0.8	0.5010	0	304	0.0010
2	0.85	0.5680	335	295	0.0072
3	0.9	0.6630	365	286	0.0132
4	0.93	0.7480	371	279	0.0167
5	0.95	0.8290	371	274	0.0188
6	0.96	0.8830	370	271	0.0199
7	0.97	0.9540	368	268	0.0208

（续）

试验＼参数	α_3	β_3	T	T_0	M
8	0.98	1.0540	365	264	0.0217
9	0.99	1.2270	361	260	0.0225
10	0.993	1.3180	359	259	0.0226
11	0.995	1.4030	357	257	0.0228
12	0.997	1.5340	356	256	0.0228
13	0.999	1.8180	353	254	0.0228
14	0.9993	1.9110	352	254	0.0228
15	0.9995	2.0000	352	253	0.0227
16	0.9997	2.1340	351	253	0.0227

（2）取 MLDT $= 28.5179$，则稳态可用度 $A = 0.7539$，匹配 α_3 和 β_3，得到系统的波动特征参数值，如表 7 - 11 所列。

表 7 - 11　MLDT $= 28.5179$ 时不同的 (α_3, β_3) 组合对应的系统波动特征参数

试验＼参数	α_3	β_3	T	T_0	M
1	0.7	0.4370	0	299	0.0006
2	0.75	0.4830	0	293	0.0046
3	0.8	0.5400	339	287	0.0083
4	0.85	0.6140	355	280	0.0115
5	0.9	0.7200	359	273	0.0142
6	0.93	0.8140	358	269	0.0155
7	0.95	0.9040	356	266	0.0161
8	0.96	0.9640	354	264	0.0163
9	0.97	1.0420	353	262	0.0165
10	0.98	1.1530	351	261	0.0166
11	0.99	1.3450	349	259	0.0166
12	0.993	1.4450	348	258	0.0166
13	0.995	1.5400	347	258	0.0165
14	0.997	1.6850	346	257	0.0165

（续）

参数 / 试验	α_3	β_3	T	T_0	M
15	0.999	2.0000	345	256	0.0164
16	0.9993	2.1020	345	256	0.0164
17	0.9995	2.2000	345	256	0.0164
18	0.9997	2.3480	344	256	0.0164
19	0.9998	2.4660	344	256	0.0164

（3）取 MLDT = 13.0174，则稳态可用度 $A = 0.8010$，匹配 α_3 和 β_3，得到系统的波动特征参数值，如表 7 - 12 所列。

表 7 - 12　MLDT = 13.0174 时不同的 (α_3, β_3) 组合对应的系统波动特征参数

参数 / 试验	α_3	β_3	T	T_0	M
1	0.60	0.4360	326	280	0.0072
2	0.65	0.4800	334	277	0.0083
3	0.70	0.5320	337	274	0.0091
4	0.75	0.5930	338	272	0.0096
5	0.80	0.6680	338	270	0.0098
6	0.85	0.7660	336	268	0.0100
7	0.90	0.9070	335	267	0.0100
8	0.93	1.0320	334	266	0.0099
9	0.95	1.1520	334	266	0.0099
10	0.96	1.2320	333	266	0.0099
11	0.97	1.3360	333	265	0.0099
12	0.98	1.4840	333	265	0.0099
13	0.99	1.7400	333	265	0.0098
14	0.993	1.8730	332	265	0.0098
15	0.995	2.0000	332	265	0.0098
16	0.997	2.1920	332	265	0.0098

　　将表 7 - 10 ～ 表 7 - 12 的数据结果用图的形式表示，如图 7 - 22 ～ 图 7 - 24 所示，横坐标取为保障延迟时间分布的形状参数 β_3，纵坐标为各项波动的参

数 I。

从图 7 - 22 可以看出,对于任意固定的 MLDT,可用度振幅 M 随着 β_2 的增大而单调递增,增势变缓,并且在 β_2 达到某一临界值后,可用度稳定在某一特定值,MLDT 越大对应的临界值也越大,特定值也是如此。MLDT 越大,可用度振幅相对的变化率也越大。

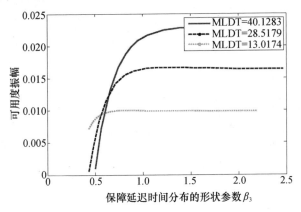

图 7 - 22　可用度振幅比较

从图 7 - 23 可以看出,对于固定的 MLDT,β_3 越大,α_3 越大,这时最小可用度的发生时刻越小,并且这种减少幅度也越小。增大 β_3,当 β_3 达到某一临界值时,最小可用度的发生时刻减小到某一特定值并保持不变,MLDT 越大,临界值也越大,而对应的特定值越小。

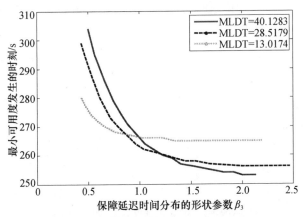

图 7 - 23　最小可用度发生的时刻的比较

从图 7 - 24 可以看出,对于固定的 MLDT,系统的适应时间在 β_3 较小时取值为 0,这时系统为匹配的,但随着 β_3 的增加,系统瞬时可用度的产生波动并进一步增大,并在 β_3 取某一临界值时系统适应时间达到极值,MLDT 越大,对应的那个临界值就越大,而极值也越大。随着 β_3 的进一步增加,到达另一个临界值时,系统适应时间逐渐稳定在某一特定值,MLDT 越大,对应的这个临界值就越大,对应的特定值也越大。

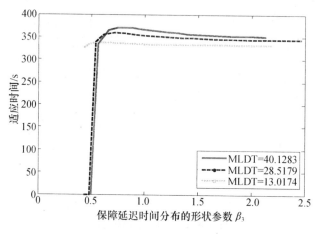

图 7 - 24　适应时间的比较

为了说明问题,从第一组中挑选一组仿真分析:$\alpha_1 = 0.9999$,$\beta_3 = 2$,$\alpha_2 = 0.9995$,$\beta_2 = 3$ 和 MLDT $= 40.1283$。下面给出两个系统的瞬时可用度比较,系统 1 取 $\alpha_3 = 0.95$,$\beta_2 = 0.8290$,系统 2 取 $\alpha_3 = 0.9995$,$\beta_3 = 2.0000$,结果如图 7 - 25 所示。两个系统的寿命和修复时间遵从的分布完全相同,并且 MLDT 也相同,但

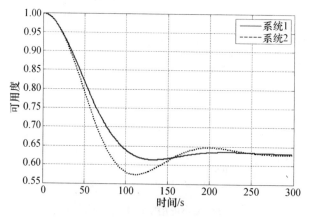

图 7 - 25　系统瞬时可用度比较

是从图中可以看出,不同的 α_2 和 β_2 组合却让系统瞬时可用度产生很大变化,特别是使用初期系统瞬时可用度的波动情况,相关参数可以参看表 7-7 和图 7-19~图 7-21。因此,可以认为,可用度振幅,最小可用度的发生时刻和适应时间可以较好地反映系统的波动状况。

7.3.4 考虑预防性维修的可修系统的瞬时可用度波动的分析

对于考虑预防性维修的可修系统,系统的瞬时可用度 $A(k)$ 满足式(6-63)~式(6-65),假定部件寿命、修复性维修和预防性维修的修复时间分别遵从概率分布 Weibull(α_1,β_1),Weibull(α_2,β_2) 和 Weibull(α_3,β_3),预防性维修周期为 N,那么

$$I = I(A(\cdot)) = I(\lambda(\cdot),\mu(\cdot)) = I(\alpha_1,\beta_1,\alpha_2,\beta_2,\alpha_3,\beta_3,N)$$

这时 I 为一个具有七个变量的函数,选取的参数为有限时间段内的平均可用度或区间可用度。这里选取的研究时间段为 $[0,150]$,研究的指标即为时间内 $[0,150]$ 的区间内的平均可用度,指标可以写成

$$\overline{A} = \overline{A}(\alpha_1,\beta_1,\alpha_2,\beta_2,\alpha_3,\beta_3,N)$$

取和 $\alpha_2 = 0.999$ 和 $\beta_2 = 2$,固定寿命分布的尺度参数 $\alpha_1 = 0.99998$、形状参数 $\beta_1 = 3$ 和平均预防性维修时间 MPMT,那么 MTBF = 33.3975,MTTR = 28.5179。这里分别研究预防性维修的修复时间的分布和预防性维修周期对波动的影响,因此可以把数值仿真分成以下两组。

7.3.4.1 预防性维修的修复时间分布对系统可用度波动的影响

取 $\alpha_1 = 0.99998$,$\beta_1 = 3$ 和 $N = 30$,固定 MPMT。根据 MPMT 的不同,将仿真再分成以下三组。

(1)取 MPMT = 13.0174,匹配 α_3 和 β_3,得到系统的波动特征参数,如表 7-13 所列。

表 7-13 MPMT = 13.0174 时不同的 (α_3,β_3) 组合对应的系统波动特征参数

试验	α_3	β_3	$\overline{A}$
1	0.65	0.4800	0.6362
2	0.7	0.5320	0.6329
3	0.75	0.5930	0.6297
4	0.8	0.6680	0.6268
5	0.85	0.7660	0.6245

(续)

试验	α_3	β_3	$\overline{A}$
6	0.9	0.9070	0.6228
7	0.93	1.0320	0.6217
8	0.95	1.1520	0.6211
9	0.96	1.2320	0.6208
10	0.97	1.3360	0.6205
11	0.98	1.4840	0.6202
12	0.99	1.7400	0.6200
13	0.993	1.8730	0.6200
14	0.995	2.0000	0.6201
15	0.997	2.1920	0.6200
16	0.999	2.6100	0.6202
17	0.9993	2.7470	0.6203
18	0.9995	2.8760	0.6204
19	0.9997	3.0730	0.6205
20	0.9998	3.2300	0.6206

（2）取 MPMT = 9.3400，匹配 α_3 和 β_3，得到系统的波动特征参数，如表 7 - 14 所列。

表 7 - 14　MPMT = 9.3400 时不同的 (α_3, β_3) 组合对应的系统波动特征参数

试验	α_3	β_3	$\overline{A}$
1	0.65	0.5310	0.6531
2	0.7	0.5910	0.6514
3	0.75	0.6610	0.6497
4	0.8	0.7490	0.6486
5	0.85	0.8640	0.6477
6	0.9	1.0270	0.6469
7	0.93	1.1740	0.6466
8	0.95	1.3130	0.6464
9	0.96	1.4070	0.6464
10	0.97	1.5280	0.6463

（续）

试验	α_3	β_3	$\bar{A}$
11	0.98	1.7010	0.6463
12	0.99	2.000	0.6464
13	0.993	2.1550	0.6464
14	0.995	2.3020	0.6464
15	0.997	2.5260	0.6464
16	0.999	3.0130	0.6465
17	0.9993	3.1720	0.6465
18	0.9995	3.3220	0.6465
19	0.9997	3.5510	0.6466
20	0.9998	3.7330	0.6466

（3）取 MPMT = 4.413，匹配 α_3 和 β_3，得到系统的波动特征参数，如表 7 – 15 所列。

表 7 – 15　MPMT = 4.413 时不同的 (α_3, β_3) 组合对应的系统波动特征参数

试验	α_3	β_3	$\bar{A}$
1	0.65	0.7300	0.6868
2	0.7	0.8240	0.6865
3	0.75	0.9380	0.6863
4	0.8	1.0790	0.6861
5	0.85	1.2650	0.6859
6	0.9	1.5320	0.6858
7	0.93	1.7710	0.6857
8	0.95	2.0000	0.6857
9	0.96	2.1530	0.6857
10	0.97	2.3510	0.6857
11	0.98	2.6320	0.6856
12	0.99	3.1170	0.6856
13	0.993	3.3680	0.6856
14	0.995	3.6060	0.6856
15	0.997	3.9690	0.6856

将表 7 - 13 ~ 表 7 - 15 的数据结果用图的形式表示,如图 7 - 26 所示,横坐标为预防性维修时间分布的形状参数 β_3,纵坐标为系统平均可用度。从图 7 - 26 中可以很容易地看出,在预防性维修周期不变的情况下,MPMT 越大,系统平均可用度越小。对于固定的 MPMT,当 $\beta_3 \geq 1$ 时,系统平均可用度受预防性维修时间分布的参数影响不大;但当 β_3 在 1 左侧时,影响较大,特别是 β_3 越小,α_3 越小时,对应的系统平均可用度越大,这种变化随 MPMT 的增大而更加显著。

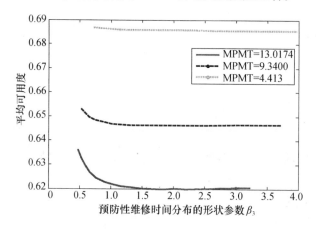

图 7 - 26   平均可用度的比较

7.3.4.2   预防性维修周期对系统可用度波动的影响

取 $\alpha_3 = 0.995$,$\beta_3 = 0$,根据系统故障率单调性的不同,将仿真再分成以下两组。

(1)系统 1:取 $\alpha_1 = 0.99998$,$\beta_1 = 3$,这时系统故障率为单调递增的。系统平均可用度随预防性维修周期 N 的变化情况如图 7 - 27 所示。

(2)系统 2:取 $\alpha_1 = 0.998$,$\beta_1 = 3$,这时系统故障率为单调递减的。系统平均可用度随预防性维修周期 N 的变化情况如图 7 - 28 所示。

从图 7 - 27 可以看出,随着预防性维修周期 N 的增大,系统平均可用度先增大再减小,在预防性维修周期取 29 时存在一个极大值,这时从平均可用度角度可以称预防性维修周期 29 为最优预防性维修周期。当预防性维修周期超过 50 以上时,预防性维修周期对系统平均可用度几乎没有多大影响。

从图 7 - 28 可以看出,系统平均可用度随着预防性维修周期 N 的增大而增大,当预防性维修周期足够大时,特别是超过我们研究的时间区间时,可以理解为系统不进行预防性维修,该系统就退化为一般的单部件可修系统。

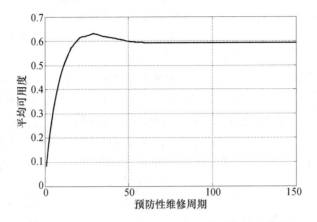

图 7 – 27　系统平均可用度随预防性维修周期的变化情况 1

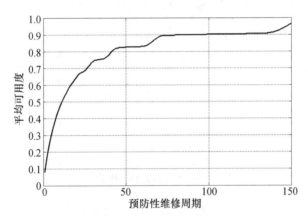

图 7 – 28　系统平均可用度随预防性维修周期的变化情况 2

对比图 7 – 27 和图 7 – 28 可以发现,从平均可用度的角度,系统 1 存在最优预防性维修周期,而系统 2 不存在最优预防性维修或最优预防性维修,可理解为不对系统施加预防性维修。这是因为预防性维修可以使役龄回退,对于递增故障率类的系统,预防性维修意味着降低系统的故障率,从而提高系统平均可用度,而对于递减故障率类的系统,预防性维修意味着增大系统的故障率。因此,对于递增故障率类的系统预防性维修是提高系统平均可用度的一种方法。

为了说明问题,我们在 $\alpha_1 = 0.99998, \beta_1 = 3, \alpha_2 = 0.999, \beta_2 = 2, \alpha_3 = 0.995$ 和 $\beta_3 = 3$ 时,给出不同预防性维修周期的两个系统的瞬时可用度比较,系统 1 取 $N = 29$,系统 2 取 $N = 55$,结果如图 7 – 29 所示。两个系统的寿命、修复性维修的

修复时间和预防性维修的修复时间遵从的分布均相同,但是不同的预防性维修周期却让系统平均可用度波动的累积程度产生了很大变化,如平均可用度,如图 7 – 28 所示。从图 7 – 29 可以看出,预防性维修导致了系统瞬时可用度的波动更加剧烈,预防性维修周期越小这种情况越明显,这是因为频繁的非故障停机时间造成的。虽然预防性维修周期越小,系统瞬时可用度波动越剧烈,但是役龄的提前,却可以让系统的故障率降低,从而提高系统的平均可用度,这时用可用度波动振幅、最小可用度的发生时间和适应时间来描述可用度的波动显然不甚合理,因此这里选取平均可用度作为参数来进行研究。

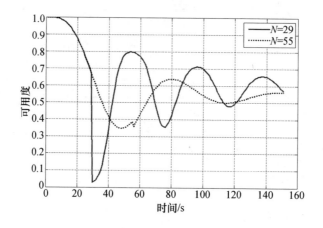

图 7 – 29 系统瞬时可用度比较

上面对截尾的离散 Weibull 分布条件下的离散时间单部件可修系统的瞬时可用度模型进行仿真,研究了系统瞬时可用度波动的相关特征,可以得到如下结论。

(1) 在评价系统性能时,仅考虑 MTBF、MTTR、MLDT 和 MPMT 这些参数时往往是不够的,因为在 MTBF、MTTR、MLDT 和 MPMT 固定作为一种约束情况下,相关时间概率分布的参数的不同组合仍然使得系统瞬时可用度的波动情况有较大的变动空间。因此,增加研究系统瞬时可用度波动的参数是合理的。

(2) 对于截尾的离散 Weibull 分布的假设下,当不发生类似预防性维修这种非故障性的停机事件时,可用度振幅、最小可用度的发生时刻和适应时间可以较好地刻画系统瞬时可用度波动的特征;当发生预防性维修这种非故障性的停机事件时,这能用平均可用度来刻画系统瞬时可用度波动的累积情况。因此,波动参数的选取将根据实际情况的不同而不同。

7.4 波动产生的机理

7.4.1 系统瞬时可用度波动机理解析分析

1. 解析分析的模型

为简化分析,选择单部件两状态的系统瞬时可用度模型,即

$$A(t) = P\{X(t) = 1 \mid \text{时刻 0 系统是新的}\}$$

通过全概率公式

$$
\begin{aligned}
A(t) &= P\{X_1 > t, X(t) = 1 \mid X(0) = 1\} \\
&+ P\{X_1 \leqslant t < X_1 + Y_1, X(t) = 1 \mid X(0) = 1\} \\
&+ P\{X_1 + Y_1 \leqslant t, X(t) = 1 \mid X(0) = 1\}
\end{aligned}
$$

得到更新方程

$$A(t) = 1 - F(t) = Q(t) * A(t)$$

其中

$$Q(t) = F(t) * G(t) = \int_0^t G(t - u)\,\mathrm{d}F(u)$$

式中:$F(t)$、$G(t)$ 为 X、Y 的概率分布函数。

系统稳态可用度为

$$\tilde{A} = \lim_{t \to \infty} A(t) = \frac{u}{\lambda + u}, \frac{1}{\lambda} = \int_0^\infty t\,\mathrm{d}F(t), \frac{1}{u} = \int_0^\infty t\,\mathrm{d}G(t)$$

2. X、Y 都服从均匀分布 $(M_1 = M_2 = M)$ 情况

$$
F(t) = \begin{cases} \dfrac{t}{M} & 0 \leqslant t \leqslant M \\ 1 & t > M \end{cases}
\qquad
G(t) \begin{cases} \dfrac{t}{M} & 0 \leqslant t \leqslant M \\ 1 & t > M \end{cases}
$$

$$Q(t) = \int_0^t G(t - u)\,\mathrm{d}F(u) = \int_0^t G(t - u)F'(u)\,\mathrm{d}u$$

$$
= \begin{cases}
\displaystyle\int_0^t \frac{t - u}{M} \cdot \frac{1}{M}\,\mathrm{d}u = \frac{t^2}{2M^2} & t \in [0, M] \\[3mm]
\displaystyle\int_0^M G(t - u)\frac{1}{M}\,\mathrm{d}u + \int_M^t G(t - u) \cdot 0\,\mathrm{d}u = -\frac{t^2}{M^2} + \frac{2t}{M} - 1 & t \in [M, 2M] \\[3mm]
\displaystyle\int_0^M G(t - u)\frac{1}{M}\,\mathrm{d}u + \int_M^t G(t - u) \cdot 0\,\mathrm{d}u = 1 & t \in [2M, \infty)
\end{cases}
$$

代入更新方程

$$A(t) = 1 - F(t) = Q(t) * A(t)$$

$$= \begin{cases} 1 - \dfrac{t}{M_1} + \displaystyle\int_0^t A(t-u)Q'(u)\,\mathrm{d}u & t \in [0,M] \\[3mm] \displaystyle\int_0^M A(t-u)Q'(u)\,\mathrm{d}u + \int_M^t A(t-u)Q'(u)\,\mathrm{d}u & t \in [M,2M] \\[3mm] \displaystyle\int_0^M A(t-u)Q'(u)\,\mathrm{d}u + \int_M^{2M} A(t-u)Q'(u)\,\mathrm{d}u + 0 & t \in [2M,\infty) \end{cases}$$

$$= \begin{cases} 1 - \dfrac{t}{M_1} + \displaystyle\int_0^t \dfrac{t-u}{M_1 M_2} A(u)\,\mathrm{d}u & t \in [0,M] \\[3mm] \displaystyle\int_{t-M}^t \dfrac{t-z}{M^2} A(z)\,\mathrm{d}z + \int_0^{t-M}\left(-\dfrac{t-z}{M^2} + \dfrac{2}{M}\right)A(z)\,\mathrm{d}z & t \in [M,2M] \\[3mm] \displaystyle\int_{t-M}^t \dfrac{t-z}{M^2} A(z)\,\mathrm{d}z + \int_{t-2M}^{t-M}\left(-\dfrac{t-z}{M^2} + \dfrac{2}{M}\right)A(z)\,\mathrm{d}z & t \in [2M,\infty) \end{cases}$$

对方程两边求导得

$$A''(t) = \begin{cases} \dfrac{1}{M^2}A(t) & t \in [0,M] \\[3mm] \dfrac{1}{M^2}A(t) - \dfrac{2}{M^2}A(t-M) & t \in [M,2M] \\[3mm] \dfrac{1}{M^2}A(t) - \dfrac{2}{M^2}A(t-M) + \dfrac{1}{M^2}A(t-2M) & t \in [2M,\infty) \end{cases}$$

得到时滞微分方程,分步求解:

$$A(t) = \begin{cases} e^{-\frac{1}{M}t} & t \in [0,M]; (A(0)=1,\text{满足初始积分方程}) \\[3mm] \left(1 - e + \dfrac{t}{M}e\right)e^{-\frac{1}{M}t} & t \in [M,2M]; (A(M)\ \text{连续,满足初始积分方程}) \\[3mm] \left(1 - (e - 2e^2) + (e - 2e^2)\dfrac{t}{M} + \dfrac{t^2}{2M^2}e^2\right)e^{-\frac{1}{M}t} & t \in [2M,3M]; (A(M) \\ & \quad\text{连续,满足初始积分方程}) \\[3mm] \qquad\qquad\qquad\vdots \end{cases}$$

结论分析:

$$\because A(t) = e^{-\frac{1}{M}t}, t \in [0,M]$$

$$\therefore A(M) = e^{-1} < \tilde{A} = 0.5$$

$$\therefore |A(t) - 0.5| < 0.5 - e^{-1} \quad t \to \infty$$

∴ 波动性存在，与 M 无关。

3. X、Y 都服从均匀分布（$M_1 < M_2 < 2M_1$）

$$F(t) = \begin{cases} \dfrac{t}{M_1} & 0 \leqslant t \leqslant M_1 \\ 1 & t > M_1 \end{cases} \qquad G(t) = \begin{cases} \dfrac{t}{M_2} & 0 \leqslant t \leqslant M_2 \\ 1 & t > M_2 \end{cases}$$

$$Q(t) = \int_0^t G(t-u)\,\mathrm{d}F(u) = \int_0^t G(t-u)F'(u)\,\mathrm{d}u$$

$$= \begin{cases} \displaystyle\int_0^t \dfrac{t-u}{M_2}\cdot\dfrac{1}{M_1}\mathrm{d}u = \dfrac{t^2}{2M_1 M_2} & t \in [0, M_1] \\[3mm] \displaystyle\int_0^{M_1} \dfrac{t-u}{M_2}\cdot\dfrac{1}{M_1}\mathrm{d}u = \dfrac{t}{M_2} - \dfrac{M_1}{2M_2} & t \in [M_1, M_2] \\ \qquad\qquad\vdots \end{cases}$$

代入更新方程：

$$A(t) = 1 - F(t) + Q(t) * A(t)$$

$$= \begin{cases} 1 - \dfrac{t}{M_1} + \displaystyle\int_0^t \dfrac{t-u}{M_1 M_2}A(u)\,\mathrm{d}u & t \in [0, M_1] \\[3mm] \displaystyle\int_{t-M_1}^t \dfrac{t-z}{M_1 M_2}A(z)\,\mathrm{d}z + \int_0^{t-M_1} \dfrac{1}{M_2}A(z)\,\mathrm{d}z & t \in [M_1, M_2] \\ \qquad\qquad\vdots \end{cases}$$

对方程两边求导：

$$A''(t) = \begin{cases} \dfrac{A(t)}{M_1 M_2} & t \in [0, M_1] \\[3mm] \dfrac{A(t)}{M_1 M_2} - \dfrac{1}{M_1 M_2}A(t - M_1) & t \in [M_1, M_2] \\ \qquad\qquad\vdots \end{cases}$$

求解二阶常微分方程：

$$A(t) = C_1 e^{\lambda t} + C_2 e^{-\lambda t} \ (t \leqslant M_1) \quad \lambda = \sqrt{\dfrac{1}{M_1 M_2}}$$

式中：C_1、C_2 可由 $A(0) = 1$，以及代入初始积分方程得出。

$$A(t) = \dfrac{1}{2}(1-\alpha)e^{\lambda t} + \dfrac{1}{2}(1+\alpha)e^{-\lambda t} \ (t \leqslant M_1) \quad \lambda = \sqrt{\dfrac{1}{M_1 M_2}},\ \alpha = \sqrt{\dfrac{M_2}{M_1}}$$

结论分析：

$$\because A(t) = \dfrac{1}{2}(1-\alpha)e^{\lambda x} + \dfrac{1}{2}(1+\alpha)e^{-\lambda x} \ (t \leqslant M_1) \quad \lambda = \sqrt{\dfrac{1}{M_1 M_2}},\ \alpha = \sqrt{\dfrac{M_2}{M_1}}$$

$$\therefore \ A(M_1) = \frac{1}{2}\left(1 - \sqrt{\frac{M_2}{M_1}}\right)e^{\sqrt{\frac{M_1}{M_2}}} + \frac{1}{2}\left(1 + \sqrt{\frac{M_2}{M_1}}\right)e^{-\sqrt{\frac{M_1}{M_2}}}$$

$$\because \ \widetilde{A} = \frac{M_1}{M_1 + M_2} = \frac{\dfrac{M_1}{M_2}}{\dfrac{M_1}{M_2} + 1}$$

设 $f(t) = \dfrac{1}{2}\left(1 - \dfrac{1}{t}\right)e^t + \dfrac{1}{2}\left(1 + \dfrac{1}{t}\right)e^{-t} - \dfrac{t^2}{t^2 + 1}$ $(t < 1)$

$$\therefore \ f(t) < 0, (\ \forall \, t < 1)$$

$$\therefore \ A(M_1) < \widetilde{A}$$

$$\therefore \ |A(t) - \widetilde{A}| < |A(M_1) - \widetilde{A}| \quad (t \to \infty)$$

$$\therefore \ 波动性存在。$$

4. X、Y 都服从指数分布

$$F(t) = 1 - e^{-\lambda_1 t}, G(t) = 1 - e^{-\lambda_2 t}$$

$$Q(t) = \int_0^t (1 - e^{-\lambda_2(t-u)})\lambda_1 e^{-\lambda_1 u}\mathrm{d}u = 1 - \frac{\lambda_2}{\lambda_2 - \lambda_1}e^{-\lambda_1 t}\frac{\lambda_1}{\lambda_2 - \lambda_1}e^{-\lambda_2 t}$$

代入更新方程

$$A(t) = e^{-\lambda_1 t} + \int_0^t A(t - u)Q'(u)\mathrm{d}u$$

$$= e^{-\lambda_1 t} + \int_0^t A(t - u)\frac{\lambda_1\lambda_2}{\lambda_2 - \lambda_1}(e^{-\lambda_1 u} - e^{-\lambda_2 u})\mathrm{d}u$$

$$= e^{-\lambda_1 t} + \int_0^t \frac{\lambda_1\lambda_2}{\lambda_2 - \lambda_1}(e^{-\lambda_1(t-u)} - e^{-\lambda_2(t-u)})A(u)\mathrm{d}u$$

$$X_1 = \int_0^t \frac{\lambda_1\lambda_2}{\lambda_2 - \lambda_1}e^{-\lambda_1(t-u)}A(u)\mathrm{d}u, X_2 = \int_0^t \frac{\lambda_1\lambda_2}{\lambda_2 - \lambda_1}e^{-\lambda_2(t-u)}A(u)\mathrm{d}u$$

$$A(t) = e^{-\lambda_1 t} + X_1 - X_2$$

对方程两边求导

$$A'(t) = -\lambda_1 e^{-\lambda_1 t} - \lambda_1 X_1 + \lambda_2 X_2$$

$$A''(t) = \lambda_1^2 e^{-\lambda_1 t} + \frac{\lambda_1\lambda_2}{\lambda_2 - \lambda_1}(-\lambda_1 A(t) + \lambda_2 A(t)) + \lambda_1^2 X_1 - \lambda_2^2 X_2$$

消去 X_1、X_2，得

$$A''(t) + (\lambda_1 + \lambda_2)A'(t) = 0$$

解方程得

$$A(t) = C_1 + C_2 e^{\lambda x}, \lambda = -\lambda_1 - \lambda_2$$

$$A(0) = 1$$

代入原积分方程

$$A(t) = \frac{\lambda_2}{\lambda_2 + \lambda_1} + \frac{\lambda_1}{\lambda_2 + \lambda_1} e^{-(\lambda_2 + \lambda_1)t}$$

结果分析:得出的解析解,无波动性。

5. X、Y 分别服从指数和均匀分布

$$F(t) = 1 - e^{-\lambda t}, G(t) = \frac{t}{M}$$

$$Q(t) = \begin{cases} \int_0^t \frac{t-u}{M} \lambda e^{-\lambda u} du = \frac{1}{M} \left(t + \frac{1}{\lambda} e^{-\lambda t} - \frac{1}{\lambda} \right) & t \in [0, M] \\ \int_0^t F(t-u) G'(u) du = 1 + \frac{1}{\lambda M} (1 - e^{\lambda M}) e^{-\lambda t} & t \in [M, \infty) \end{cases}$$

代入更新方程($t \in [0, M]$)

$$A(t) = R(t) + \int_0^t A(t-u) Q'(u) du$$

$$= e^{-\lambda t} + \int_0^t A(u) Q'(t-u) du$$

$$= e^{-\lambda t} + \int_0^t \frac{1}{M} (1 - e^{-\lambda(t-u)}) A(u) du \quad t \in [0, M]$$

对方程两边求导

$$A'(t) = -\lambda e^{-\lambda t} + \int_0^t \frac{\lambda}{M} e^{-\lambda(t-u)} A(u) du = -\lambda e^{-\lambda t} + X_1$$

$$A''(t) = \lambda^2 e^{-\lambda t} + \frac{\lambda}{M} A(t) - \int_0^t \frac{\lambda^2}{M} e^{-\lambda(t-u)} A(u) du = \lambda^2 e^{-\lambda t} - \lambda X_1 + \frac{\lambda}{M} A(t)$$

消去 X_1,得

$$A''(t) + \lambda A'(t) - \frac{\lambda}{M} A(t) = 0 \quad t \in [0, M]$$

解方程得

$$A(t) = C_1 e^{\beta_1 t} + C_2 e^{\beta_2 t} \quad t \in [0, M]$$

$$\beta_1 = \frac{-\lambda + \sqrt{\lambda^2 + \frac{4\lambda}{M}}}{2} > 0$$

$$\beta_2 = \frac{-\lambda - \sqrt{\lambda^2 + \dfrac{4\lambda}{M}}}{2} < 0$$

$$A(0) = 1$$

代入原积分方程

$$A(t) = \frac{(\beta_1 e^{\beta_1 t} - \beta_2 e^{\beta_2 t})}{\sqrt{\lambda^2 + \dfrac{4\lambda}{M}}} \qquad t \in [0, M]$$

结论分析:

$$\because A(t) = \frac{(\beta_1 e^{\beta_1 t} - \beta_2 e^{\beta_2 t})}{\sqrt{\lambda^2 + \dfrac{4\lambda}{M}}}, t \in [0, M]$$

$\therefore A(t)$ 先减后增

$$\therefore A'(t) = 0 \Rightarrow \beta_1^2 e^{\beta_1 t} - \beta_{22} e^{\beta_2 t} = 0$$

$$\therefore t_0 = \frac{2}{\beta_1 - \beta_2} \ln \left| \frac{\beta_2}{\beta} \right| = \frac{2}{\sqrt{\lambda^2 + \dfrac{4\lambda}{M}}} \ln \left| \frac{M\left(\lambda + \sqrt{\lambda^2 + \dfrac{4\lambda}{M}}\right) + 2}{2} \right|$$

$$\therefore t_0 < \frac{2}{\lambda} \ln\left(M \sqrt{\lambda^2 + \frac{4\lambda}{M}} + 1\right) = \frac{2}{\lambda} \ln\left(\sqrt{(M\lambda)^2 + 4M\lambda} + 1\right)$$

$\therefore$ 当 $t_0 < M, A(t)$ 在 $t \in [0, M]$ 存在一次波动

$$\therefore \frac{2}{\lambda} \ln\left(\sqrt{(M\lambda)^2 + 4M\lambda} + 1\right) - M = \frac{2}{\lambda}\left(\ln\left(\sqrt{(M\lambda)^2 + 4M\lambda} + 1\right) - M\lambda\right)$$

$$\therefore 原式 < \frac{2}{\lambda}(\ln(M\lambda + 3) - M\lambda) < 0$$

$\therefore t_0 < M \Rightarrow A(t)$ 在 $t \in [0, M]$ 存在一次波动

6. X、Y 分别服从 Weibull 和均匀分布

$$F(t) = 1 - e^{-\lambda t^\alpha} (设 \alpha \in Z); G(t) = \frac{t}{M}$$

$$Q(t) = \int G(t - u) F'(u) \, du = \int F(t - u) G'(u) \, du$$

$$= \begin{cases} \displaystyle\int_0^t \frac{1}{M}(1 - e^{-\lambda(t-u)^\alpha}) \, du & t \in [0, M] \\ \displaystyle\int_0^M \frac{1}{M}(1 - e^{-\lambda(t-u)^\alpha}) \, du & t \in [M, \infty) \end{cases}$$

$$Q'(t) = \begin{cases} \dfrac{1}{M}\displaystyle\int_0^t \lambda\alpha(t-u)^{\alpha-1}e^{-\lambda(t-u)^\alpha}du = \dfrac{1}{M}(1 - e^{-\lambda t^\alpha}) & t \in [0,M] \\[3mm] \dfrac{1}{M}\displaystyle\int_0^M \lambda\alpha(t-u)^{\alpha-1}e^{-\lambda(t-u)^\alpha}du = \dfrac{1}{M}(1 - e^{-\lambda(t-M)^\alpha} - e^{-\lambda t^\alpha}) & t \in [M,\infty) \end{cases}$$

代入更新方程

$$A(t) = R(t) + \int_0^t A(t-u)Q'(u)du$$

$$= R(t) + \int_0^t A(u)Q'(t-u)du$$

$$= e^{-\lambda t^\alpha} + \frac{1}{M}\int_0^t (1 - e^{\lambda(t-u)^\alpha})A(u)du \qquad t \in [0,M]$$

引入幂级数

$$e^t = 1 + t + \frac{t^2}{2!} + \cdots + \frac{t^n}{n!} + \cdots \qquad \forall t \in R \text{ 收敛}$$

$$e^{-\lambda(t-u)^\alpha} = 1 + (-1)(\lambda(t-u)^\alpha) + \frac{\lambda^2(t-u)^{2\alpha}}{2!} + \cdots + (-1)^n\frac{\lambda^n(t-u)^{n\alpha}}{n!} + \cdots$$

$$1 - e^{-\lambda(t-u)^\alpha} = \lambda(t-u)^\alpha + (-1)\frac{\lambda^2(t-u)^{2\alpha}}{2!} + \cdots + (-1)^{n+1}\frac{\lambda^n(t-u)^{n\alpha}}{n!} + \cdots$$

运用 n 阶级数近似

$$A(t) = e^{-\lambda t^\alpha} + \frac{1}{M}\int_0^t \left(\lambda(t-u)^\alpha + (-1)\frac{\lambda^2(t-u)^{2\alpha}}{2!} + \cdots + \right.$$

$$\left. (-1)^{n+1}\frac{\lambda^n(t-u)^{n\alpha}}{n!}A(u)du\right.$$

令

$$y = \int_0^t \frac{(t-u)^{n\alpha}}{n!}A(u)du\cdots$$

$$y^{(\alpha)} = \int_0^t \frac{(n\alpha(n\alpha-1)\cdots(n\alpha-\alpha+1)}{n!}(t-u)^{(n-1)\alpha}A(u)du$$

$$y^{(\alpha(n-1))} = \int_0^t \frac{(n\alpha)(n\alpha-1)\cdots(\alpha+1)}{n!}(t-u)^\alpha A(u)du$$

$$y^{(\alpha n)} = \int_0^t \frac{(n\alpha)}{n!}A(u)du$$

$$y^{(\alpha n+1)} = \frac{(n\alpha)!}{n!}A(t)$$

转化为常微分方程

$$\frac{n!}{(n\alpha)!}y^{(\alpha n+1)} - \frac{1}{M}\left(\frac{\lambda n!}{(n\alpha)(n\alpha-1)\cdots(\alpha+1)}y^{((n-1)\alpha)} + \right.$$

$$\frac{(-1)\lambda^2(n!)}{(2!)(n\alpha)(n\alpha-1)\cdots(2\alpha+1)}y^{((n-2)\alpha)} + \cdots + (-1)^{n+1}\frac{\lambda^n n!}{n!}y\Big) = e^{-\lambda t^\alpha}$$

$$y(0) = y^{(\alpha)}(0) = \cdots = y^{(n\alpha)}(0) = 0, y^{(\alpha n+1)}(0) = \frac{(n\alpha)!}{n!}, \lim_{t\to\infty} y^{(\alpha n+1)}(t)$$

$$= \frac{(n\alpha)!}{n!}A$$

举例验证$(\lambda=1, \alpha=1, n=3, M=20)$：

$$F(t) = 1 - e^{-t}, G(t) = \frac{t}{20}$$

$$A(t) = e^{-t} + \frac{1}{20}\int_0^t \Big(\lambda(t-u)^1 + (-1)\frac{\lambda^2(t-u)^2}{2!} + \frac{\lambda^3(t-u)^3}{3!}\Big)A(u)du$$

$$A'''(t) - \frac{A''(t)}{20} + \frac{A'(t)}{20} - \frac{A(t)}{20} = e^{-t}$$

误差分析：

$$A(t) = R(t) + \int A(t-u)Q'(u)du = R(t) + \int A(u)Q'(t-u)du$$

$$\tilde{A}(t) = R(t) + \int \tilde{A}(u)\sum_{k=1}^n \frac{Q^{(k+1)}(x_0)}{k!}(t-u-x_0)^k du$$

$$|A(t)-\tilde{A}(t)| = \Big|\int Q'(t-u)(A(u)-\tilde{A}(u)) + \tilde{A}(u)Rn(t-u)du\Big| \quad Rn(x)\text{ 为余项}$$

若 $0 < Q'(t) \leq \frac{1}{M}, t\in[0,b]$；$A(t)$、$\tilde{A}(t)$任意阶导函数连续，$S$、$s$ 为上下确界。

$$\lim_{n\to\infty}|A(t)-\tilde{A}(t)| \leq \frac{1}{M}\int|A(u)-\tilde{A}(u)|du \leq \frac{1}{M}(M-m)t$$

$$\leq \frac{1^k}{M}\frac{(S-s)t^k}{k!} \leq \frac{(S-s)}{k!}\Big(\frac{b}{M}\Big)^k \to 0$$

$A(t)$与$\tilde{A}(t)$收敛$(t\in[0,b](\forall b), n\to\infty)$

若 $n=n_0$ 逼近，则

$$\because |A(t)-\tilde{A}(t)| \leq \frac{1^2}{M}\int|A(u)-\tilde{A}(u)|du + \varepsilon(n_0) \leq (S-s)t + \varepsilon(n_0)$$

$$\therefore |A(t)-\tilde{A}(t)| \leq \frac{1^2}{M}\frac{(S-s)t^2}{2!} + \frac{1}{M}\varepsilon(n_0)t + \varepsilon(n_0)$$

$$\leq \frac{(S-s)}{k!}\Big(\frac{b}{M}\Big)^k + \Big(\varepsilon(n_0) + \varepsilon(n_0)\frac{b}{M} + \cdots + \frac{\varepsilon(n_0)}{k!}\Big(\frac{b}{M}\Big)^k\Big) \to 0 + \varepsilon(n_0)e^{\frac{b}{M}}$$

其中

$$\varepsilon(n_0)\,\mathrm{e}^{\frac{b}{M}} = \frac{\lambda^{n_0} b^{(n_0+1)\alpha}}{(n_0+1)!}\mathrm{e}^{\frac{b}{M}}$$

当 $\lambda=1, M=20, \alpha=1, n=3$ 时，$\varepsilon(n_0)\,\mathrm{e}^{\frac{b}{M}} > 20^4$，造成图像误差较大。

再次验证 $(\lambda=1, \alpha=1, n=6, M=1)$

误差 $\varepsilon(n_0)\,\mathrm{e}^{\frac{b}{M}} = \dfrac{M^{n_0+1}}{(n_0+1)!}\mathrm{e}$ 　　　$\lambda=1, \alpha=1, t\leqslant M=1$

当误差 $\dfrac{1}{(n_0+1)!}\mathrm{e} < 0.01 \Rightarrow n_0 > 5$

结论:存在波动性。与 F 指数, G 均匀的结论一致。

7. 解析波动分析小结

解析波动分析结论如表 7 – 16 所列。

表 7 – 16　解析波动分析结论

F 均匀分布 G 均匀分布	由于均匀分布的分布函数是分段函数,所以得到的 $A(t)$ 也为分段函数。通过计算第一段解析表达式得到,存在一点使得 $A(t) < A'$,有极限性质可以推出,$A(t)$ 至少存在一次波动(t 趋向无穷)
F 指数分布 G 指数分布	$A(t)$ 为连续可微函数,得到全局解析式,说明 $A(t)$ 不存在波动性
F 指数分布 G 均匀分布	$A(t)$ 也为分段函数,并且也能证明存在一点使得 $A(t) < A'$。所以,$A(t)$ 至少存在一次波动(t 趋向无穷)
F 韦布尔分布 G 均匀分布	$A(t)$ 为分段函数,通过级数逼近给出了常微分方程。理论上能够用常微分方程的解逼近,但是要求 n 足够大,而且要分段计算,当前只给出验证的,分段验证结果表明存在波动。

7.4.2　系统瞬时可用度波动机理数值分析

1. 数值分析模型

解析分析中,证明了几种特殊分布条件下瞬时可用度波动产生的条件,即当故障率和修复率均为常数时,没有波动发生。但还无法判断得到一般性的结论,进一步的解析分析由于受到解析研究手段的限制,难以深入。因此,下面采用数值分析方法做研究。为方便研究,仍采用单部件两状态的系统瞬时可用度模型。

$$\begin{cases} Q(t) = \int_0^t G(t-u)F'(u)\,\mathrm{d}u \\ Q'(t) = \int_0^t G'(t-u)F'(u)\,\mathrm{d}u \\ A(t) = 1 - F(t) + \int_0^t A(u)Q'(t-u)\,\mathrm{d}u \end{cases}$$

数值积分为:

对于 $Q'(t)$,运用复合梯形法对每个 t 进行模拟。

对于 $A(t)$,运用数值积分的方法进行模拟:

$A(t_i) = R(t_i) = \sum Q(t_i, u_k)A(u_k)h; h = 0.05; t = 0:0.05:15, u = 0:0.05:t$

$\therefore t - u = 0.05k$,即 $A(t_i) = R(t_i) + \sum Q(0.05k)A(u_k)h$

$\therefore$ 整理后 $Q^* A = R$,可求出 $A(t_i), t_i = 0, 0.05, 0.1, 0.15, \cdots$

误差与 h 和 t 有关,所以在下面具体数值模拟过程中只给出 $t < 15$ 的模拟。

2. 数值计算方案与结果

为了更好地研究故障率、修复率变化对瞬时可用度波动产生的影响,首先主要从故障率和修复率变化的配合角度来探讨波动是否发生,由此形成数值计算的设计方案(表7-17)。

表7-17 数值计算分析方案1

方案	故障率变化	修复率变化
1	常数	$at + b$(递增、递减)
2		$at^\alpha + b$(递增、递减)
3		$a\sin(\omega t + b)$(波动)
4	$at + b$(递增、递减)	常数
5	$at^\alpha + b$(递增、递减)	
6	$a\sin(\omega t + b)$(波动)	
7	$at + b$(递增、递减)	$at + b$(递增、递减)
8		$at^\alpha + b$(递增、递减)
9		$a\sin(\omega t + b)$(波动)
10	$at^\alpha + b$(递增、递减)	$at + b$(递增、递减)
11		$at^\alpha + b$(递增、递减)
12		$a\sin(\omega t + b)$(波动)
13	$a\sin(\omega t + b)$(波动)	$at + b$(递增、递减)
14		$at^\alpha + b$(递增、递减)
15		$a\sin(\omega t + b)$(波动)

利用数值积分进行计算,结果如图 7 − 30 ~ 图 7 − 34 所示。

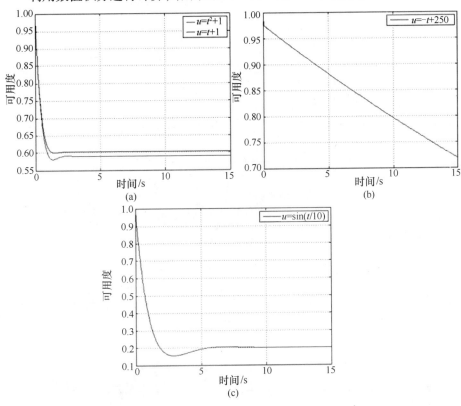

图 7 − 30 方案 1 ~ 3 数值计算结果

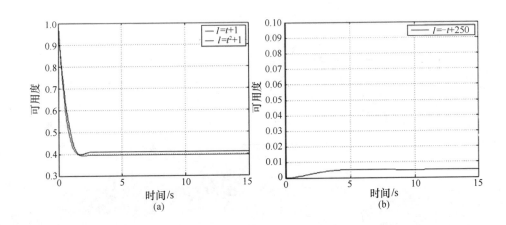

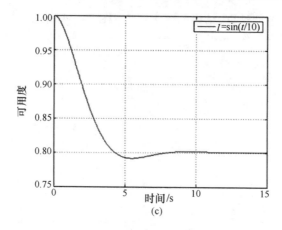

图7-31　方案4~6数值计算结果

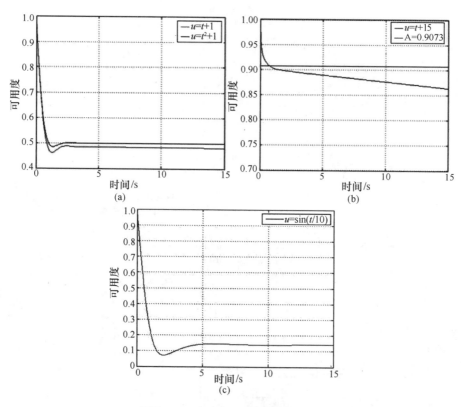

图7-32　方案7~9数值计算结果

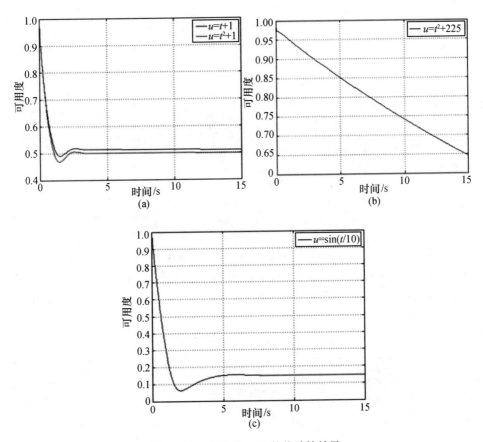

图 7 – 33 方案 10 ~ 12 数值计算结果

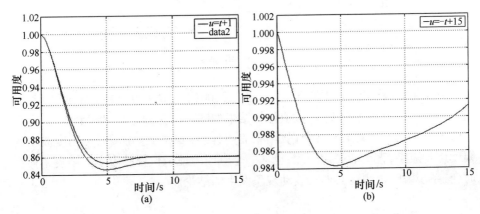

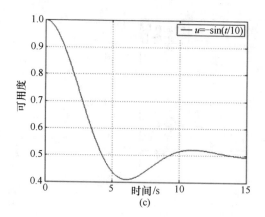

图 7 - 34　方案 13 ~ 15 数值计算结果

　　表 7 - 17 中方案 1 ~ 15 计算结果表明,瞬时可用度都存在着波动。综合考虑解析分析的结果可以发现,只要故障率或修复率存在时变,系统瞬时可用度必然有波动现象发生。为验证这一结论,进一步设计数值计算方案（表 7 - 18）。

表 7 - 18　数值计算分析方案 2

方案	故障率变化	修复率变化	参数变化
1	常数	$at + b$（递增、递减）	$a \to 0$
2		$at^{\alpha} + b$（递增、递减）	
3	$at + b$（递增、递减）	常数	$a \to 0$
4	$at^{\alpha} + b$（递增、递减）		
5	$at + b$（递增、递减）	$at + b$（递增、递减）	$a \to 0$
6		$at^{\alpha} + b$（递增、递减）	
7	$at^{\alpha} + b$（递增、递减）	$at + b$（递增、递减）	$a \to 0$
8		$at^{\alpha} + b$（递增、递减）	

　　分别仿真研究当 $a = 1, 0.5, 0.1, 0.01, 0.001, 0.0001, 0.0000001$ 时,瞬时可用度波动的情况。方案 1 ~ 8 数值计算结果如图 7 - 35 ~ 图 7 - 38 所示。

　　表 7 - 18 中方案 1 ~ 8 的计算结果表明,随着 $a \to 0$,系统瞬时可用度波动的幅度逐步减小,直至消失。因此,也从一个侧面验证了只要故障率或修复率存在时变,系统瞬时可用度必然有波动现象发生的结论。

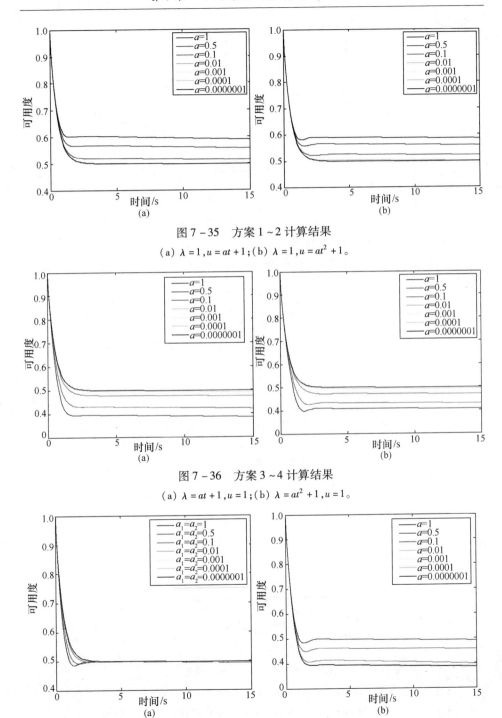

图 7 – 35　方案 1 ~ 2 计算结果

（a）$\lambda = 1, u = at + 1$；（b）$\lambda = 1, u = at^2 + 1$。

图 7 – 36　方案 3 ~ 4 计算结果

（a）$\lambda = at + 1, u = 1$；（b）$\lambda = at^2 + 1, u = 1$。

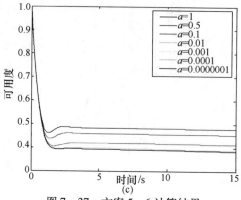

图 7 - 37 方案 5 ~ 6 计算结果

（a）$\lambda = a_1 t + 1, u = a_2 t + 1$；（b）$\lambda = t + 1, u = at + 1$；（c）$\lambda = t + 1, u = at^2 + 1$。

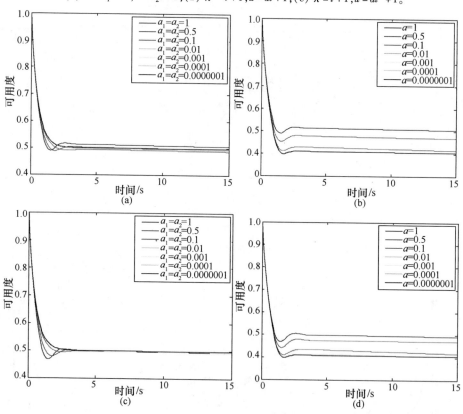

图 7 - 38 方案 7 ~ 8 计算结果

（a）$\lambda = a_1 t^2 + 1, u = a_2 t + 1$；（b）$\lambda = t^2 + 1, u = at + 1$；

（c）$\lambda = a_1 t^2 + 1, u = a_2 t^2 + 1$；（d）$\lambda = t^2 + 1, u = at^2 + 1$。

7.5 本章小结

　　本章通过对新装备在投入初期的系统瞬时可用度波动情况的研究,提出了一套刻画系统瞬时可用度波动的特征参数;对截尾的离散 Weibull 分布条件下的离散时间单部件可修系统的瞬时可用度模型进行仿真,研究了系统瞬时可用度波动的相关特征。分析表明:在评价系统性能时,仅考虑 MTBF、MTTR、MLDT 和 MPMT 这些参数时往往是不够的,因为在 MTBF、MTTR、MLDT 和 MPMT 固定作为一种约束情况下,相关时间概率分布的参数的不同组合仍然使得系统瞬时可用度的波动情况有较大的变动空间;当不发生类似预防性维修这种非故障性的停机事件时,可用度振幅、最小可用度的发生时刻和适应时间可以较好地刻画系统瞬时可用度波动的特征;当发生预防性维修这种非故障性的停机事件时,这能用平均可用度来刻画系统瞬时可用度波动的累积情况。对瞬时可用度波动机理从理论分析和离散时间模型数值计算进行了深入分析,研究表明只要故障率或修复率存在时变,系统瞬时可用度必然有波动现象发生,这一结论对瞬时可用度波动控制具有十分重要的指导意义。

第8章 装备保障工程全寿命实践的 基本问题与方法

8.1 概 述

装备可用度和任务可靠度是装备战备完好与任务持续性的重要度量参数，在装备全寿命过程中对装备保障要求的论证、研制要求的落实和使用中保障能力持续改进都具有十分重要的影响。从人们使用装备对可用度和任务可靠度的要求来看，通常都是希望装备具有稳定的可用度，且维持在较高的平均水平，同样也希望任务可靠度在任务期间下降不要过快并维持在较高的水平上。从可用度和任务可靠度自身变化规律看，可用度在$[0,T]$区间内存在波动的现象，而任务可靠度则表现为在复杂任务期间每个任务阶段不增，且而在每个阶段转换点上可能会出现阶跃升高或降低的不连续变化规律。从这些规律以及人们对装备使用要求分析可以大致将围绕装备全寿命过程中可用度和任务可靠度的问题归结为两大类，即稳态问题和动态问题，其中稳态问题将着力研究如何使装备最大的稳态可用度以及每个任务阶段或整个复杂任务过程获得最大的平均任务可靠度，动态问题将着力研究使瞬时可用度波动降到最低。下面分别研究两类问题。

8.2 稳态的问题

装备可用度和任务可靠度的稳态问题其核心就是围绕着装备全寿命各阶段稳态可用度和平均任务可靠度的综合权衡问题。从前面作用机理模型的研究可知，装备可用度和任务可靠度受到很多因素的影响，如装备使用要素和装备保障要素等。其中装备使用要素主要包括任务定义（含任务完成定义、任务时间等）、部署因素、使用寿命周期、性能参数、效能因素、运用方式和任务环境因素等；装备维修保障要素主要包括维修级别、维修策略、维修机构、维修资源、维修效能以及维修环境等因素。显然，上述各种要素随着装备全寿命过程的推进，不断地被确定下来，这也就使得稳态问题的综合权衡在装备全寿命各阶段参与权衡的参数也将随着不断变化。例如，在装备论证阶段，上述列出的使用要素和保障要素都没有确定下来,这些要素将转化为参数直接参与稳态问题的综合权衡。在研制阶段使用要素中有关任务的因素转化为任务剖面,装备的使用环境因素、运用方式等也已经确定下来,这个阶段参与综合权衡的主要是装备保障特性参数、保障策略和保障资源参数等。在使用阶段装备任务和使用环境更为明确,装备保障特性也进一步固化,这个阶段参数权衡的因素主要是保障要素,也就是说主要涉及的工作是装备保障系统的持续改进。为此,从装备保障工程目标出发,引入,稳态可用度 $\overline{A}$、平均任务可靠度 $\overline{R}_{\mathrm{PM}}$、保障规模 SZ 和全寿命费用 C 等四个顶层目标参数。显然,有

$$
\begin{aligned}
\overline{A} &= \text{Function}_A \{ \vec{O}, \vec{S} \} \\
\overline{R}_{\mathrm{PM}} &= \text{Function}_{\mathrm{PM}} \{ \vec{O}, \vec{S} \} \\
\text{SZ} &= \text{Function}_{\mathrm{SZ}} \{ \vec{O}, \vec{S} \} \\
C &= \text{Function}_C \{ \vec{O}, \vec{S} \}
\end{aligned}
\tag{8-1}
$$

式中: $\vec{O}$ 为装备使用要素; $\vec{S}$ 为装备保障要素。

稳态可用度和平均任务可靠度模型前面章节做过相关研究。保障规模和全寿命费用模型在相关文献中也有很多介绍,这里不再赘述。

对于论证阶段而言,首先要讲使用要素和保障要素具体化,即 $\vec{O}_{论证}$ 和 $\vec{S}_{论证}$,则论证阶段的综合权衡表示多目标决策问题:

$$
\text{OBJECT:} \{ \max\overline{A}, \max\overline{R}_{\mathrm{PM}}, \min SZ, \min C \}
$$

$$
\text{s. t.} \{ \vec{O}_{论证} \in O_{论证约束}, \vec{S}_{论证} \in S_{论证约束} \}
\tag{8-2}
$$

对于研制阶段而言,使用要素和保障要素具体化为 $\vec{O}_{研制}$ 和 $\vec{S}_{研制}$,则研制阶段的综合权衡表示多目标决策问题:

$$
\text{OBJECT:} \{ \max\overline{A}, \max\overline{R}_{\mathrm{PM}}, \min SZ, \min C \}
$$

$$
\text{s. t.} \{ \vec{O}_{研制} \in O_{研制约束}, \vec{S}_{研制} \in S_{研制约束} \}
\tag{8-3}
$$

对于使用阶段而言,使用要素和保障要素具体化为 $\vec{O}_{使用}$ 和 $\vec{S}_{使用}$,则使用阶段的综合权衡表示多目标决策问题:

$$
\text{OBJECT:} \{ \max\overline{A}, \max\overline{R}_{\mathrm{PM}}, \min SZ, \min C \}
$$

$$
\text{s. t.} \{ \vec{O}_{使用} \in O_{使用约束}, \vec{S}_{使用} \in S_{使用约束} \}
\tag{8-4}
$$

稳态问题在以往的相关研究中较为充分,这里不做更多的介绍。

8.3 动态的问题

系统可用性是装备系统的可靠性、维修性、保障性以及保障系统特性的综合度量,反映在数学表达式上是系统可用度由系统故障率、修复率和保障延迟率等指标决定,而这些指标除了自身约束外还受设计或使用等因素影响。在不同阶段,它们的影响因素各有不同,如在论证系统故障率、修复率和保障延迟率受论证中相关因素影响,在研制阶段系统故障率和修复率也受相关因素影响,但两个阶段的相关因素又各有不同,而在使用阶段系统故障率和修复率受使用因素影响,同时各阶段的经济成本约束也可能各不相同。

8.3.1 状态方程和约束条件

1. 论证阶段

状态方程为

$$P(k+1) = B(\lambda,\mu,\rho)P(k) \tag{8-5}$$

$$P(0) = (\delta_{1,n_1+n_2+n_3+2})^{\mathrm{T}} \tag{8-6}$$

$$A(k) = \delta_{n_1+1,n_2+n_3+2}P(k) \qquad k = 0,1,2,\cdots \tag{8-7}$$

给定稳态可用度指标 A_{i0},成本费用约束 C_1,要求系统固有可用度和成本费用函数满足

$$A_i(\lambda,\mu,\rho) \geqslant A_{i0}$$

$$C_1(\lambda,\mu,\rho) \leqslant C_1$$

故障率、修复率和保障延迟率还有约束条件 $(\lambda,\mu,\rho) \in \Theta$,而 Θ_1 又受论证因素影响,假定这些论证因素 $x_1 \in \Omega'_1$。那么,该阶段的约束条件为

$$\Omega_1 = \{(\lambda,\mu,\rho) \in \Theta(x_1) \,|\, A_i(\lambda,\mu,\rho) \geqslant A_{i0}, x_1 \in \Omega'_1\} \cap \{x \,|\, C_1(x) \leqslant C_1\}$$

2. 研制阶段

状态方程为

$$P(k+1) = B(\lambda,\mu)P(k) \tag{8-8}$$

$$P(0) = (\delta_{1,n_1+n_2+1})^{\mathrm{T}} \tag{8-9}$$

$$A(k) = \delta_{n_1+1,n_2+1}P(k) \qquad k = 0,1,2,\cdots \tag{8-10}$$

给定系统的平均故障间隔时间和平均修复时间指标 MTBF_0 和 MTTR_0,成本费用约束 C_2,要求平均故障间隔时间、平均修复时间和成本费用函数满足

$$\mathrm{MTBF}(\lambda) \geqslant \mathrm{MTBF}_0$$

$$\text{MTTR}(\mu) \leqslant \text{MTTR}_0$$
$$C_2(\lambda, \mu) \leqslant C_2$$

故障率和修复率还有约束条件$(\lambda, \mu) \in \Theta$,而$\Theta_2$又受设计因素影响,假定这些设计因素向量$x_2 \in \Omega'_2$。那么,该阶段的约束条件为

$$\Omega_2 = \{(\lambda, \mu) \in \Theta_2(x_2) \mid \text{MTBF}(\lambda) \geqslant \text{MTBF}_0, \text{MTTR}(\mu) \leqslant \text{MTTR}_0$$
$$x_2 \in \Omega'_2\} \cap \{x \mid C_2(x) \leqslant C_2\}$$

3. 使用阶段

一般情况下状态方程为

$$P(k + 1) = B(\lambda, \mu, \rho)P(k) \tag{8-11}$$
$$\boldsymbol{P}(0) = (\delta_{1, n_1 + n_2 + n_3 + 2})^{\mathrm{T}} \tag{8-12}$$
$$A(k) = \delta_{n_1 + 1, n_2 + n_3 + 2}P(k) \quad k = 0, 1, 2, \cdots \tag{8-13}$$

给定成本费用约束C_3,要求成本费用函数满足

$$C_3(\lambda, \mu, \rho) \leqslant C_3$$

故障率、修复率和保障延迟率还有约束条件$(\lambda, \mu, \rho) \in \Theta_3$,$\Theta_3$又受使用因素影响,假定这些使用因素向量为$x_3 \in \Omega'_3$。那么,该阶段的约束条件为

$$\Omega_3 = \{(\lambda, \mu, \rho) \in \Theta_3(x_3) \mid x_3 \in \Omega'_3\} \cap \{x \mid C_3(x) \leqslant C_3\}$$

当考虑预防性维修时,状态方程为

$$P(k + 1) = B(\lambda, \mu_1, \mu_2, n_1)P(k) \tag{8-14}$$
$$\boldsymbol{P}(0) = (\delta_{1, n_1 + n_2 + n_3 + 2})^{\mathrm{T}} \tag{8-15}$$
$$A(k) = \delta_{n_1 + 1, n_2 + n_3 + 2}P(k) \quad k = 0, 1, 2, \cdots \tag{8-16}$$

n_1为系统预防性维修周期。故障率、修复性维修的修复率和预防性维修的修复率还有约束条件$(\lambda, \mu_1, \mu_2, n_1) \in \Theta_3$,而$\Theta_3$又受使用因素影响,假定这些使用因素向量为$x_3 \in \Omega'_3$。那么,该阶段的约束条件为

$$\Omega_3 = \{(\lambda, \mu_1, \mu_2, n_1) \in \Theta_3(x_3) \mid x_3 \in \Omega'_3\} \cap \{x \mid C_3(x) \leqslant C_3\}$$

8.3.2　控制问题

将上述各个阶段的模型归纳为一个统一的模型:

$$\text{Control:} I = I(A(\cdot)) \tag{8-17}$$
$$\text{s. t. } P(k) = B(u)P(k - 1) \tag{8-18}$$
$$\boldsymbol{P}(0) = \delta_2 \tag{8-19}$$
$$A(k) = \delta_1 P(k) \quad k = 0, 1, 2, \cdots \tag{8-20}$$

式中:B、δ_1、δ_2和设计变量u根据可修系统的类型而定,在第4章中的各阶段系

统瞬时可用度模型已给出相关论述。

定义(可匹配性):给定系统式(8-17)~式(8-20),称系统是 T - 可匹配的,如果存在允许的 $u \in \Omega$,使得系统的可用度示性度量函数 $J(T) = 0$,称系统是完全可匹配的;如果对于任意的时刻 $T \geq 0$ 系统都是 T - 可匹配的,这时也称系统是匹配的。

使得系统 T - 可匹配的 T 所在点集的下确界记为 T^*,即

$$T^* = \inf_{T \in Z^+} \{T \mid 系统是 T - 可匹配的\}$$

则可匹配区间定义为 $[T^*, +\infty)$。

对任何新装备系统,都希望瞬时可用度尽早地达到指定要求,即其适应时间尽量的短或波动尽可能的小等,该问题可以转化为一个带约束的最优控制问题,即

$$\text{OPT}: I = I(A(\cdot)) \tag{8-21}$$

s. t. 式(8-18)~式(8-20)成立。

显然,这里的最优控制问题与经典优化问题不同,经典优化问题只是求取一组静态的参数点,而我们的问题是时间泛函的极值,所寻求的最优解是全时间段上的最优函数,而非仅仅是静态的参数点。因此,该问题属于最优控制,比经典优化问题更为困难。

8.4 动态示例问题

为了便于研究,本章假定系统的相关时间均遵从截尾的离散 Weibull 分布,取系统故障率、修复率和保障延迟率的影响因素为截尾离散 Weibull 分布的形状参数和尺度参数,这时基于系统瞬时可用度波动的最优控制问题转化为一个多变量的优化问题。

以论证阶段为例,假定系统寿命、修复性维修的修复时间和保障延迟时间分别遵从概率分布 Weibull(α_1, β_1)、Weibull(α_2, β_2) 和 Weibull(α_3, β_3),截尾点分别为 n_1、n_2 和 n_3。给定固有可用度指标 A_{i0},成本费用约束 C_1,系统故障率、修复率和保障延迟率的约束条件 $(\lambda, \mu, \rho) \in \Theta_1$ 为满足 Weibull 假定,Θ_1 又受论证因素 $(\alpha_1, \beta_1, \alpha_2, \beta_2, \alpha_3, \beta_3)$ 影响,设计变量中 α_1 和 β_1 反映装备本身的设计要求,α_2 和 β_2 反映装备的维修子系统的设计要求,α_3 和 β_3 反映装备的保障子系统的设计要求,假定这些论证因素的约束集为 Ω'_1。

那么,论证阶段的系统设计问题式(8-17)~式(8-20)可以表示为如下优化问题,即

$$\mathop{\text{OPT}}_{(\alpha_1,\beta_1,\alpha_2,\beta_2,\alpha_3,\beta_3)\in\Omega_1} I(\alpha_1,\beta_1,\alpha_2,\beta_2,\alpha_3,\beta_3) = I(A(\alpha_1,\beta_1,\alpha_2,\beta_2,\alpha_3,\beta_3))$$

$$(8-22)$$

$$\text{s. t. } \boldsymbol{P}(k+1) = \boldsymbol{BP}(k) \tag{8-23}$$

$$\boldsymbol{P}(0) = (\delta_{1,n_1+n_2+n_3+2})^{\mathrm{T}} \tag{8-24}$$

$$A(k) = \delta_{n_1+1,n_2+n_3+2}\boldsymbol{P}(k) \quad k = 0,1,2,\cdots \tag{8-25}$$

其中

$$\Omega_1 = \{(\alpha_1,\beta_1,\alpha_2,\beta_2,\alpha_3,\beta_3)\in\Omega_1' \mid A_s(\alpha_1,\beta_1,\alpha_2,\beta_2,\alpha_3,\beta_3)\geqslant A_{s0}\} \cap \{x \mid C_1(x)\leqslant C_1\}$$

$$B = \begin{bmatrix}
0 & 0 & \cdots & 0 & 0 & \mu(0) & \mu(1) & \cdots & \mu(n_2-1) & 1 & 0 & 0 & \cdots & 0 & 0 \\
1-\lambda(0) & 0 & \cdots & 0 & 0 & 0 & 0 & & 0 & 0 & 0 & 0 & \cdots & 0 & 0 \\
0 & 1-\lambda(1) & & 0 & 0 & 0 & 0 & & 0 & 0 & 0 & 0 & & 0 & 0 \\
\cdots & & \ddots & & & & & \ddots & & & & & \ddots & & \\
0 & 0 & \cdots & 1-\lambda(n_1-1) & 0 & 0 & 0 & & 0 & 0 & 0 & 0 & & 0 & 0 \\
0 & 0 & \cdots & 0 & 0 & 0 & & & 0 & 0 & \rho(0) & \rho(1) & \cdots & \rho(n_3-1) & 1 \\
0 & 0 & \cdots & 0 & 0 & 1-\mu(0) & & & 0 & 0 & 0 & 0 & & 0 & 0 \\
0 & 0 & \cdots & 0 & 0 & 0 & 1-\mu(1) & & 0 & 0 & 0 & 0 & & 0 & 0 \\
\cdots & & \ddots & & & & & \ddots & & & & & & & \\
0 & 0 & \cdots & 0 & 0 & 0 & \cdots & 1-\mu(n_2-1) & 0 & 0 & 0 & 0 & & 0 & 0 \\
\lambda(0) & \lambda(1) & \cdots & \lambda(n_1-1) & 1 & 0 & 0 & & 0 & 0 & 0 & 0 & & 0 & 0 \\
0 & 0 & \cdots & 0 & 0 & 0 & 0 & & 0 & 0 & 1-\rho(0) & 0 & & 0 & 0 \\
0 & 0 & \cdots & 0 & 0 & 0 & 0 & & 0 & 0 & 0 & 1-\rho(1) & & 0 & 0 \\
\cdots & & \ddots & & & & & & & & & & \ddots & & \\
0 & 0 & \cdots & 0 & 0 & 0 & 0 & & 0 & 0 & 0 & 0 & \cdots & 1-\rho(n_3-1) & 0
\end{bmatrix}$$

$$A_s = \frac{1}{D}\left(1 + \sum_{i=2}^{n_1+1}\left\{\prod_{j=0}^{i-2}\left[1-\lambda(j)\right]\right\}\right)$$

$$D = 3 + \sum_{i=2}^{n_1+1}\left\{\prod_{j=0}^{i-2}\left[1-\lambda(j)\right]\right\} + \sum_{i=2}^{n_2+1}\left\{\prod_{j=0}^{i-2}\left[1-\mu(j)\right]\right\} + \sum_{i=2}^{n_3+1}\left\{\prod_{j=0}^{i-2}\left[1-\rho(j)\right]\right\}$$

$$\lambda(k) = 1 - \alpha_1^{(k+1)\beta_1-k^{\beta_1}} \quad k = 0,1,2,\cdots n_1-1, \lambda(n_1) = 1$$

$$\mu(k) = 1 - \alpha_2^{(k+1)\beta_2-k^{\beta_2}} \quad k = 0,1,2,\cdots n_2-1, \mu(n_2) = 1$$

$$\rho(k) = 1 - \alpha_3^{(k+1)\beta_3-k^{\beta_3}} \quad k = 0,1,2,\cdots n_3-1, \rho(n_3) = 1$$

8.4.1　系统最小可用度振幅设计

　　一般来说,对任何新装备系统,都希望在保证稳态可用度的情况下,瞬时可用度的波动尽可能地小,即使得可用度振幅越小,那么系统最小可用度振幅设计可以描述为如下优化模型,即

$$\mathop{\min}_{(\alpha_1,\beta_1,\alpha_2,\beta_2,\alpha_3,\beta_3)\in\Omega_1} M(\alpha_1,\beta_1,\alpha_2,\beta_2,\alpha_3,\beta_3) = A - \min_k\{A(k)\} \tag{8-26}$$

s. t. 式(8-23)～式(8-25)成立。

8.4.2 系统最优匹配设计

系统匹配的物理含义就是系统中维修子系统、保障子系统和装备本身相互协调而使系统瞬时可用度保持在某一水平之上,系统适应时间在一定程度上反映了瞬时可用度到稳态可用度的收敛时间。匹配系统是适应时间为 0 的系统,系统最优匹配设计表示通过配置合理的设计变量,使得系统的适应时间最短,因此又称为系统最短适应时间设计。

该问题可以描述为一个有约束的六变量优化问题。

$$\min_{(\alpha_1,\beta_1,\alpha_2,\beta_2,\alpha_3,\beta_3) \in \Omega_1} T(\alpha_1,\beta_1,\alpha_2,\beta_2,\alpha_3,\beta_3) = T(A(\alpha_1,\beta_1,\alpha_2,\beta_2,\alpha_3,\beta_3))$$

$$(8-27)$$

s. t. 式(8-23)～式(8-25)成立。

针对其他波动参数的研究,只要对式(8-26)做出相应调整即可。

8.4.3 仿真试验

下面用实值编码的粒子群算法分别对模型式(8-26)和式(8-27)进行算例分析,仿真软件为 MATLAB7.3;粒子群规模 40,进化最大代数 100,加速度常数 $c_1 = c_2 = 1.4962$,惯性权重 $\omega = 0.7298$。

例 8-1 假定

$$\Omega_1 = \{(\alpha_1,\beta_1,\alpha_2,\beta_2,\alpha_3,\beta_3) \mid \alpha_{11} \leqslant \alpha_1 \leqslant \alpha_{12}, \beta_{11} \leqslant \beta_1 \leqslant \beta_{12}, \alpha_{21} \leqslant \alpha_2 \leqslant \alpha_{22}$$
$$\beta_{21} \leqslant \beta_2 \leqslant \beta_{22}, \alpha_{31} \leqslant \alpha_3 \leqslant \alpha_{32}, \beta_{31} \leqslant \beta_3 \leqslant \beta_{32}\}$$

约束条件中,取

$$\alpha_{11} = 0.95, \alpha_{12} = 0.99998, \beta_{11} = 0.95, \beta_{12} = 4$$
$$\alpha_{21} = 0.9, \alpha_{22} = 0.9998, \beta_{21} = 0.95, \beta_{22} = 3$$
$$\alpha_{31} = 0.9, \alpha_{32} = 0.9995, \beta_{31} = 0.95, \beta_{32} = 3$$

截尾点为 $n_1 = n_2 = n_3 = 200$,系统的研究时间段为 $N = 600$,为了表现系统瞬时可用度在稳态指标——稳态可用度一定的情况下的系统瞬时可用度的波动特性,本例稳态可用度的约束条件取为 $A = 0.75$。为了表述方便,本书所有算例将不考虑设计成本和费用,不失一般性,费用约束可以作为一个约束条件添加到模型式(8-26)和模型式(8-27)中。

针对系统最小可用度振幅的设计问题式(8-26),粒子的适应度可以定义为

$$\text{Fitness} = \begin{cases} 1 + (A - 0.75)^2 & |A - 0.75| > 0.001 \\ M & |A - 0.75| \leqslant 0.001 \end{cases}$$

利用粒子群算法,可以得到问题式(8-26)的近似最优解为

$$\alpha_1^* = 0.97404600744796, \beta_1^* = 1.18410316863168$$

$$\alpha_2^* = 0.93134004794793, \beta_2^* = 2.47185280112372$$

$$\alpha_3^* = 0.96432511721495, \beta_3^* = 2.49531088692593$$

近似最优值为

$$M^* = 8.850344845878766\text{e} - 007$$

这时对应的系统瞬时可用度曲线如图 8-1 所示。

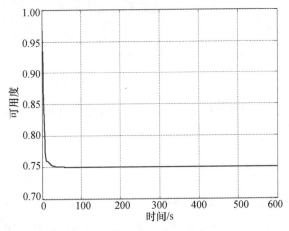

图 8-1　最小可用度振幅的近似最优解对应的系统瞬时可用度曲线

为了说明问题,我们把近似最优的设计结果和一个可行设计结果进行比较。假定系统 1 的设计变量取为近似最优解 $\alpha_1^*, \beta_1^*; \alpha_2^*, \beta_2^*; \alpha_3^*, \beta_3^*$;而可行设计对应的系统 2 的设计变量取为

$$\alpha_1 = 0.99995000000000, \beta_1 = 3.16899999999999$$

$$\alpha_2 = 0.93134004794793, \beta_2 = 2.47185280112372$$

$$\alpha_3 = 0.96432511721495, \beta_3 = 2.49531088692593$$

这两个系统的瞬时可用度比较如图 8-2 所示。

从图 8-2 中可以看出,系统 1 的瞬时可用度单调递减并趋于稳态可用度,而系统 2 的瞬时可用度在初期出现了剧烈波动,可用度振幅超过了 0.2,经过了大约 140 个单位的时间系统瞬时可用度才稳定到了稳态可用度处。在本例中两个系统都满足设计要求,两个系统的稳态可用度相同,但是考虑到瞬时可用度波

动的特性,系统1明显优于系统2。系统1的设计参数是通过粒子群算法优化得到,该参数使得系统瞬时可用度的振幅几乎等于0,即在约束条件范围内找到了使得满足系统匹配的一组设计。

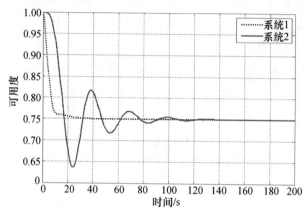

图 8 - 2   两系统的瞬时可用度比较

针对系统最优匹配设计问题式(8 - 27),取可用度标定水平 $\varepsilon_0 = 0.005$,粒子的适应度定义为

$$\text{Fitness} = \begin{cases} N + (A - 0.75)^2 & |A - 0.75| > 0.001 \\ T & |A - 0.75| \le 0.001 \end{cases}$$

利用粒子群优化算法求解,得到的近似最优解为

$$\alpha_1^* = 0.99388755485497, \beta_1^* = 1.40877172125705$$

$$\alpha_2^* = 0.90489072744946, \beta_2^* = 1.21816646480170$$

$$\alpha_3^* = 0.98348893754253, \beta_3^* = 2.61451071435671$$

近似最优值为

$$T^* = 0$$

近似最优解对应的系统瞬时可用度曲线如图 8 - 3 所示。对其变化剧烈处进行放大,如图 8 - 4 所示。

近似最优解对应的系统的适应时间为 0,即系统是匹配的。从图 8 - 3、图 8 - 4 中可以看出,系统瞬时可用度几乎也是单调递减并稳定在稳态可用度的值上,但是系统瞬时可用度在 50 ~ 100 个单位时间处出现了波动,在 200 个单位时间处也出现了小幅波动,其中在 50 ~ 100 个单位时间处出现了波动是由于装备系统的维修子系统,保障子系统和装备本身之间的磨合造成的,在第 200 个单位时间的出现的波动是由于截断离散 Weibull 分布的截断点在 200 个单位时间处造成的。但是,由于瞬时可用度的这些波动完全在可用度标度水平以内,因此系统仍然是匹配的。

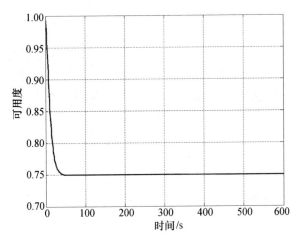

图 8-3　最短适应时间的近似最优解对应的系统瞬时可用度曲线 1

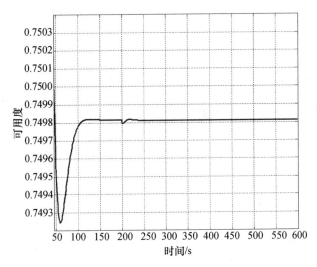

图 8-4　最短适应时间的近似最优解对应的系统瞬时可用度曲线 2

　　对照最小可用度振幅和最短适应时间的设计结果可以发现,设计变量虽然差别很大,但是它们都能使系统匹配,也就是说,满足系统匹配的设计并不是唯一的,在实际工程中将根据具体情况来进行选择。本例中的最小可用度振幅的设计和最短适应时间的设计使得系统匹配,这和约束条件有关。在实际的装备设计中,有时约束条件极其苛刻,任意可行设计都不能使系统匹配,这时求系统的最小适应时间将更有意义。

8.5　本章小结

　　本章明确了装备保障工程全寿命实践的两类问题,即稳态问题和动态问题。明确给出了稳态问题中稳态可用度、平均任务可靠度、全寿命费用和保障规模等四个顶层参数的多目标优化问题,初步分析了以瞬时可用度为重要参数的动态优化问题,并给出了计算实例,为今后该领域的进一步深入研究奠定一个基本的理论框架。

参 考 文 献

[1] 曹晋华. 可靠性数学引论[M]. 北京：高等教育出版社,2006.

[2] 钟玉泉. 复变函数论[M]. 北京:高等教育出版社,2001.

[3] 黄琳. 系统与控制理论中的线性代数[M]. 北京:科学出版社,1984.

[4] 封会娟. 装备作战单元保障对象系统 RM 建模研究[D]. 石家庄:军械工程学院,2010.

[5] 董岳. 面向装备保障的使用任务系统建模研究[D]. 石家庄:军械工程学院,2010.

[6] 刘文武. 基于本体论的装备保障系统建模研究[D]. 石家庄:军械工程学院,2010.

[7] 杨懿. 一般概率分布下系统瞬时可用度离散时间建模分析与应用[D]. 南京:南京理工大学,2008.

[8] 王立超. 基于系统可用度匹配的分析和设计[D]. 南京:南京理工大学,2008.

内 容 简 介

本书从装备保障工程国内外研究现状分析出发,深入研究了装备保障工程的概念内涵、外延,以及基本作用机理和基本问题,构建了基础理论与技术体系框架。针对保障对象任务系统、保障对象系统的保障特性和保障系统,明确了"三个系统"定性、定量描述,给出了模型和建模方法,给出了具体建模实例,详细分析了这些模型的在装备全寿命过程中的演化,为"三个系统"作用机理模型研究奠定了基础。针对"三个系统"作用机理,明确了作用机理的定性、定量描述,给出了瞬时可用度离散时间模型和复杂任务下任务可靠度模型的建模方法,建立了单部件一般概率分布下瞬时可用度模型、复杂任务下任务可靠度模型和平均任务可靠度模型,运用数学证明和数值计算方法初步分析了作用机理的基本运行规律,即**瞬时可用度稳定性规律和$[0,T]$区间内瞬时可用度波动规律**,详细分析了模型全寿命演化。围绕瞬时可用度波动规律,给出了波动的定量描述,通过大量的数值计算,详细分析了波动影响因素,从理论分析和数值分析两个方面明确了波动产生的机理,即**只要故障率或修复率存在时变,系统瞬时可用度必然有波动现象发生**。明确了装备保障工程全寿命实践两类基本问题,即稳态问题和动态问题,给出问题的数学描述,并对动态问题进行了实例研究。

本书既可作为装备保障工程领域研究生学习教材使用,还可以为从事装备保障工程理论与技术的研究人员和工程实践人员提供进一步深入研究的基础材料。